세상을 이해하는 경제학의 12 질문

PARADOXES & DILEMMAS IN ECONOMICS

세상을 이해하는
경제학의 *12* 질문

역설과 딜레마로 풀어보는 경제학

이대규 지음

들어가며

경제학은 물질생활의 논리학이자 자본주의의 역사입니다. 따라서 경제학은 우리가 살아가는 자본주의 사회를 이해하는 데 필요한 매우 중요한 학문입니다. 하지만 경제학의 논리를 꿰뚫고 역사를 조감하는 것이 그리 쉬운 일은 아닙니다. 게다가 다양한 지적 배경을 가진 일반인들이 경제학에 한 발 더 가까이 다가서기 어려운 이유도 있습니다. 경제학은 다른 사회과학이나 인문과학과 비교하면 재미가 덜하다는 것입니다. 비록 현실 경제에 대한 안목과 사회현상에 대한 통찰을 얻는 기회를 제공한다고 해도 경제학은 선뜻 대하기 어려운 학문입니다.

이처럼 어려운 상황에 직면했을 때 한 가지 해결책은 지금까지와는 전혀 다른 방법을 쓰는 것입니다. 경제학의 주요 이론을 정면 돌파하는 것이 어렵다면 역설이나 딜레마와 같은 예외적이거나 비정통적인 이론을 살펴보는 겁니다. 하나의 역설이나 딜레마를 알면 관련된 주요 이론도 함께 음미할 수 있으며, 더 깊은 사고를 할 수 있게 됩니다.

무엇보다 역설과 딜레마는 사람들의 지적 호기심을 자극하는 매력이 있습니다. 이런 의미에서 일반인들이 경제학의 역설과 딜레마를 통해 경제학을 대면하는 것은 아주 좋은 시도가 될 것입니다.

경제학에 관심을 가진 사람이라면 누구라도 할 만한 질문들이 있습니다. 개인의 이기심이 보이지 않는 손에 의해 정말로 공공의 이익이 되는가? 경제는 발전하는데 왜 빈곤은 사라지지 않을까? 소득이 증가하면 더 행복할까?와 같은 세속의 질문이죠. 이 책은 이러한 질문에 대한 답변을 찾는 방편으로 각 질문과 관련된 경제학의 역설 또는 딜레마를 다루고 있습니다. 이 책에서 다루는 역설과 딜레마는 경제학에서 빈번하게 언급되는 것으로 경제학의 논리와 역사에 대한 지적 토대를 쌓는 데 도움이 될 것입니다.

이 책은 크게 네 부분으로 나누어져 있습니다. 휴먼의 경제학, 선악의 경제학, 분배의 경제학, 그리고 행복의 경제학입니다. 이러한 분류는 정통 경제학이 아닌 저자의 주관적 판단에 따른 것이긴 하지만, 경제학의 기본 범주와 이와 관련된 질문들을 일목요연하게 아우르는 장점이 있습니다.

먼저 휴먼의 경제학은 인간의 합리성과 심리에 대한 역설적 상황을 다룹니다. 경제학 이론 속 인간의 모습과 현실 속 인간의 모습을 대비해 볼 수 있습니다. 다음으로 선악의 경제학은 시장과 정부의 역할을 중심으로 의도와 결과의 괴리 현상을 살펴봅니다. 보이지 않는 손과 보이는 손의 대립과 아울러 경제적 선과 악의 역전을 확인할 수 있습니다. 이어서 분배의 경제학은 상호작용을 하는 경제주체들 사이에 몫의 분배와 관련된 질문들을 검토합니다. 자신의 몫을 극대화하려는 경제주체의 협력과 갈등, 그리고 분배와 관련된 자본주의의 구조적 문제점을 확인할 수 있습니다. 끝으로 행복의 경제학은 성공과 풍요를 둘러싼 행복의 역설을 이야기합니다. 여기서는 성공과 실패가 서로 뒤바뀌는 반전의 역설을 통해 행복이란 무엇인지 다시 생각해 보는 시간을 가질 수 있습니다. 본문의 12개 질문과 관련된 역설과 딜레마의 목록은 별도의 표로 정리해 두었습니다.

이 책은 경제학의 역설과 딜레마를 통해 지적 즐거움을 느끼며 경제학에 한 발 더 다가서게 하려는 의도에서 기획된 것입니다. 하지만 주류 경제학에 대해서는 다소 비판적인 입장입니다. 어쩌면 이론과 현실 사이에 나타나는 괴리를 그렇게 표현한 것인지도 모르겠습니다.

『세상을 이해하는 경제학의 12 질문』이 마주한 세상은 잘 정리된 잔디 위에서 펼치는 여유 있는 사람들의 제로섬 게임이 아니라, 잡초가 우거진 풀밭에서 이루어지는 비제로섬 게임이 펼쳐지는 곳입니다. 따라서 우리가 지향해야 할 경제학은 매끄러운 곡선을 타고 오르내리며 승자와 패자를 가리는 경쟁 게임이 아니라 요철의 지면을 함께 건너야 하는 협력 게임이어야 한다는 생각입니다. 이 책이 개인과 사회가 처한 일상적인 경제문제에 대해 독자 여러분의 생각을 정리할 수 있는 유쾌한 지적 여정이 되기를 기대합니다.

【 세속의 질문과 관련 역설·딜레마 】

1. 우리는 정말 합리적일까?	• 알레의 역설 • 엘스버그의 역설
2. 가격은 가치의 거울인가?	• 가치의 역설 (물과 다이아몬드의 역설)
3. 가격이 오르는데 왜 소비가 늘어날까?	• 기펜의 역설 • 베블런의 역설

4. 개인의 이기심은 공공의 선인가?	• 맨더빌의 역설 • 절약의 역설
5. 의도가 좋으면 결과도 좋을까?	• 규제의 역설 • 사마리아인의 딜레마
6. 원하는 것을 모두 얻을 수 있을까?	• 트리핀 딜레마 • 트릴레마(불가능한 삼위일체)

7. 더 좋아질 텐데 왜 서로 협력하지 않을까?	• 사회적 딜레마
	  (죄수의 딜레마, 공유지의 비극,
	  집합행위의 논리)

8. 몫은 기여한 만큼 가져가는가?	• 털록의 역설
9. 경제는 성장하는데 왜 빈곤은 사라지지 않을까?	• 개발의 역설

10. 성공은 축복이고 실패는 저주인가?	• 이카루스의 역설 • 상승의 역설 • 파론도의 역설
11. 가진 게 많은데 왜 뒤처질까?	• 풍요의 역설(자원의 저주)
12. 소득이 증가하면 더 행복할까?	• 이스털린의 역설

목차

들어가며 004

휴먼의 경제학 : 합리성과 인간심리

1. 우리는 정말 합리적일까?

이콘과 휴먼 015 | 효용과 선호체계 016 | 불확실성과 기대효용 019 | 알레의 역설 022 | 엘스버그의 역설 025 | 호모 이코노미쿠스 029 | 야성적 충동 033 | 행동경제학 035 | 결혼의 경제학 039 | 신자유주의 041 | 집단 착각 043
【부록】알레의 역설 048 | 【부록】엘스버그의 역설 052

2. 가격은 가치의 거울인가?

튤립 광기 055 | 가치의 역설 059 | 공리주의와 한계효용 061 | 가치의 원천 066 | 가치의 블랙홀 070 | 금융화와 가치 신화 074
【부록】마르크스의 노동가치론 078

3. 가격이 오르는데 왜 소비가 늘어날까?

아일랜드 대기근 085 | 기펜의 역설 087 | 대체효과와 소득효과 089 | 기펜 행태 092 | 베블런의 역설 096 | 유한계급과 과시적 소비 096 | 계층 수요곡선 101 | 신호 효과와 포틀래치 105 | 모방적 소비 108 | 소비와 자존감 112

선악의 경제학 : 의도와 결과의 괴리

4. 개인의 이기심은 공공의 선인가?

보이지 않는 손 121 | 맨더빌의 역설 124 | 공정한 관찰자 127 | 손의 위치 129 | 보이는 손 133 | 시장 신앙 135 | 절약의 역설 142 | 독해력 회복 146

5. 의도가 좋으면 결과도 좋을까?

시장실패 149 | 독점 규제 150 | 새로운 길 153 | 규제의 역설 156 | 정부실패 163 | 규제와 거래비용 164 | 선택적 자유방임 166 | 구빈법과 맬서스 170 | 사마리아인의 딜레마 172 | 뒤틀린 익살극 175 | 이야기의 함정 180

6. 원하는 것을 모두 얻을 수 있을까?

잔인한 유산 185 | 국제통화제도 186 | 트리핀 딜레마 190 | 한국의 환율제도 192 | 환율의 영향 193 | 트릴레마 195 | 트릴레마의 역사적 실재성 200 | IMF 외환위기 202 | 트릴레마의 정치경제학 204

분배의 경제학 : 집합행위와 상호작용

7. 더 좋아질 텐데 왜 서로 협력하지 않을까?

죄수의 딜레마 215 | 공공재와 공유자원 218 | 공유지의 비극 220 | 역사적 공유지 225 | 집합행위의 논리 227 | 사회적 딜레마 232 | 공유지의 비극을 넘어 235 | 참호전 238 | 상호적 인간 240 | 팃포탯 243 | 사라진 손 248 | 게임이론의 가치 249

8. 몫은 기여한 만큼 가져가는가?

독점 255 | 지대 추구 258 | 규제 포획 263 | 합리적 무시 266 | 털록의 역설 268 | 지대 추구의 사회적 비용 274 | 학습된 지대 추구 277 | 지대 추구자 280 | 규제 완화와 지대 282 | 규제 프리즘 287

9. 경제는 성장하는데 왜 빈곤은 사라지지 않을까?

빈곤의 경제학 291 | 개발의 역설 295 | 인구원리 300 | 불평등의 기원 302 | 불평등과 지대 추구 306 | 쿠즈네츠 파동 308 | 진보와 빈곤 313 | 분배와 희소성 319 | 난소 로또 321 | 검이불루 324

행복의 경제학 : 소유와 존재의 이중주

10. 성공은 축복이고 실패는 저주인가?

이카루스의 역설 331 | 승자의 저주 334 | 상승의 역설 341 | 운 그리고 변신 344 | 3인 결투 347 | 파론도의 역설 348 | 차선의 이론 355

11. 가진 게 많은데 왜 뒤처질까?

제국의 몰락 359 | 풍요의 역설 361 | 네덜란드병 364 | 석유와 민주주의 368 | 석유와 분쟁 371 | 산업 다양성의 회복 377

12. 소득이 증가하면 더 행복할까?

국내총생산 383 | 이스털린의 역설 388 | 행복 체감의 법칙 395 | 비교와 적응 396 | 행복의 원천 399 | 휴먼의 행복경제학 403

나가며 408

PARADOXES & DILEMMAS IN ECONOMICS

휴먼의 경제학 : 합리성과 인간심리

PARADOXES & DILEMMAS IN ECONOMICS

1
우리는 정말 합리적일까?

이콘과 휴먼

경제학 역사의 한 줄기는 '이콘econ'과 '휴먼human' 사이에 펼쳐진 도전과 응전의 역사라고 할 수 있습니다. 경제학자들은 경제행위의 주체인 개인의 일반 특성이 이콘에 해당하는지 아니면 휴먼에 해당하는지를 두고 오랫동안 논쟁을 벌여왔습니다. 여기서 이콘은 수학과 통계학적 사고로 무장하고 합리적 이기심에 기반한 경제행위를 하는 경제적 인간, 즉 호모 이코노미쿠스homo economicus를 뜻합니다. 이콘은 자신의 이익을 극대화하는 관점에서 자신의 선택과 관련된 이해득실을 철저하게 비교하고 이를 바탕으로 일관성 있는 경제행위를 하는 이기적인 사람을 뜻합니다.

이콘의 특성은 '합리적 이기심'입니다. 반면 휴먼은 상황에 따라 변하는 인간심리의 영향을 받으며 경제행위를 하는 사람을 뜻합니다. 휴먼은 이성과 감정, 이기심과 이타심, 정밀분석과 어림짐작 등 양면적 속성을 가진 사람이지요. 그래서 휴먼의 특성을 '제한된 합리성bounded rationality' 이라고 합니다.

이콘의 세계에는 과식이나 과음이 없습니다. 결과적으로 손해가 된다는 판단 때문입니다. 놀이나 문화생활도, 연애나 결혼생활도 편익과 비용을 고려해서 이익이 될 때만 가능합니다. 이콘은 이익과 손실을 똑같은 크기의 잣대로 평가합니다. 만일 불확실한 상황이라면 기댓값을 계산해서 그 값이 큰 쪽을 선택합니다. 따라서 이콘의 경제학은 이따금 '사람 마음이 어디 다 그런가'라고 말하는 휴먼의 선택행위를 이해하거나 설명하지 못합니다.

이콘과 휴먼의 논쟁이 중요한 이유는 경제행위 주체가 어느 쪽인가에 따라 경제이론과 이에 따른 정책적 처방이 달라지기 때문입니다. 지금까지 대체적인 판세를 보면 '이콘의 경제학'이 경제분석의 틀로서 굳건한 우위를 차지하고 있기는 하지만 '휴먼의 경제학'이 점차 경제학의 저변으로 그 세력을 넓히고 있는 상황입니다.

효용과 선호체계

이콘이 경제학의 중심 자리에 서게 된 결정적 계기는 무엇일까요? 그것은 '효용utility' 개념의 도입일 것입니다. 효용이란 재화나 용역을 사용했을 때 얻을 수 있는 일종의 만족감 또는 행복감이라고 할 수 있습니다. 그 재화나 용역에 대한 개인의 선호preference를 나타내는 느낌인 거죠.

물론 그 느낌은 주관적입니다. 그런데 이 느낌을 구체적인 단위로 측정하려고 한 사람이 '최대 다수의 최대 행복'이라는 말로 유명한 영국의 공리주의 철학자 제레미 벤담(Jeremy Bentham, 1748~1832)입니다. 그는 『도덕과 입법의 원칙에 대한 서론』(1789년)에서 쾌락 혹은 고통의 가치와 측정 방법을 논하고 있습니다. 쾌락이나 고통의 강도, 지속성, 확실성 등을 기준으로 어떤 행위나 사건의 경향, 즉 좋음, 이익, 행복, 나쁨, 손해, 불행 등을 측정하기 위한 과정을 비교적 상세하게 기술하고 있습니다.* 뭔가 수학적 기법으로 이어질 것 같은 느낌이 들지 않나요?

실제로 몇몇 경제학자들이 효용 개념을 경제학에 도입하면서 효용 극대화에 기반한 새로운 이론이 탄생했습니다. 일종의 소비자이론입니다. 개인은 자신이 소비할 재화와 용역의 종류와 수량과 관련해서 최대의 만족감, 즉 최대의 효용을 주는 선택을 한다는 것입니다. 물론 효용 극대화를 어떻게 달성하는가가 문제겠지요. 이때 수학과 통계학 같은 분석 도구가 적극적으로 활용되고, 이론과 도구가 상승작용을 일으키면서 이콘의 경제학이라는 거대한 구축물을 쌓는 데 결정적으로 이바지하게 됩니다.

효용 극대화를 추구하는 소비자이론은 재화와 용역에 대한 개인의 선호가 일정한 구조, 즉 선호체계를 가지고 있다고 가정합니다. 이것이 이콘의 경제학에서 소비자이론을 전개할 때 필요한 선호체계의 공리axiom인데, 그중 하나가 선호의 이행성transitivity입니다. 간단한 예를 들어보겠습니다. 소주, 맥주, 막걸리 중에서 선호하는 술을 고른다고 합시다.

---

*　　제레미 벤담, 강준호 옮김, 『도덕과 입법의 원칙에 대한 서론』, 아카넷, 2023년, pp.95~101

먼저 소주(A)와 맥주(B) 중에서 선택하는 경우, 소주를 골랐다면 맥주보다 소주를 선호하는 것입니다(A>B). 이번에는 맥주(B)와 막걸리(C) 중에서 고른다고 할 때 맥주를 골랐다면 막걸리보다 맥주를 선호한다는 것입니다(B>C). 그렇다면 소주(A)와 막걸리(C) 중에서는 어떤 것을 고를까요?

이콘의 경제학에서는 이행성 공리에 따라 막걸리보다 소주를 선호해야 합니다(A>C). 만일 A보다 C를 선호한다면(A<C) 이러한 선택은 선호의 일관성을 위반한 것이 됩니다. 다시 말해 합리적 선택행위가 아니라는 거지요. 결국 이행성은 'A>B, B>C → A>C'라는 선호의 자연스러운 흐름을 뜻합니다. 예를 들어 A의 효용은 5, B의 효용은 3, C의 효용은 1처럼 효용을 수치로 표시할 수 있다고 가정하면 선호의 이행성은 너무도 자명한 사실인 것처럼 보입니다. '5 > 3 > 1'이니까요.

이콘의 세계에서 이러한 관계는 변하지 않습니다. 물론 선호를 구체적인 수치가 아니라 첫째, 둘째, 셋째 등과 같이 순서로 표시한다고 해도 마찬가지 논리가 적용됩니다. 많은 경제학 이론이 이와 같은 이콘의 합리성에 기반해서 만들어진 것입니다. 물론 이콘은 19세기에 확립된 고전학파 경제학이 상정하고 있는 인간상을 그 모태로 하고 있습니다.

그런데 휴먼이 이콘의 논리에 이의를 제기합니다. 소주와 맥주, 막걸리의 선호는 때때로 변한다는 것이죠. 개인의 몸 상태나 안주, 날씨, 장소, 그리고 누구와 함께 마시는가에 따라 선호가 달라진다는 겁니다. 안주가 삼겹살이나 치킨일 때와 파전이나 두부 두루치기일 때, 날이 찌는 듯 더울 때와 추적추적 비가 내릴 때, 친구와 편하게 마실 때와 직장 회식 자리에서 마실 때처럼 개인의 선호는 때때로 달라질 수 있기 때문입니다. 다시 말해 사람의 선호는 'u(A)=5, u(B)=3, u(C)=1'처럼 선호가 고정

불변이 아니라는 거지요. 어떤 때는 'u(A)=3, u(B)=1, u(C)=5'가 될 수도 있다는 거지요. 여기서 u(·)라는 기호는 각각의 재화나 용역을 소비할 때의 효용을 드러내는 가상의 장치라고 이해할 수 있습니다. 이 장치를 흔히 효용함수utility function라고 하지요. 이콘의 입장에서 보면 효용함수는 매우 안정된 경화성 장치이지만, 휴먼의 입장에서 효용함수는 상황에 따라 변하는 가소성 장치라고 할 수 있습니다.

위에서 마시는 술에 비유해서 휴먼의 목소리를 들었습니다. 그런데 정교한 이콘의 경제학에 도전하기에는 뭔가 부족한 느낌이 들지요? 이제 제대로 된 싸움을 해볼까요? 물론 내가 거는 싸움은 아니고 저명한 경제학자가 시작한 겁니다.

프랑스의 경제학자이자 물리학자인 모리스 알레(Maurice Allais, 1911~2010)와 미국의 경제학자이자 평화운동가인 대니얼 엘스버그(Daniel Ellsberg, 1931~2023)가 주인공들입니다. 이들은 이콘의 합리적 선호체계에 어긋나는 선택의 역설을 제시했습니다. 이들의 도전을 계기로 많은 경제학자가 이에 동참하거나 응전하면서 경제학의 범위가 확장되고 이론적 깊이를 더했습니다. 물론 이들에 앞서 이콘의 경제학에 도전장을 던진 저명한 경제학자가 있었지요. 그 내용은 나중에 다루기로 하고 지금은 알레와 엘스버그가 제시한 역설을 살펴보도록 하겠습니다.

불확실성과 기대효용

휴먼이 야기하는 역설을 살펴보기 전에 중요한 개념 하나를 소개하도록 하겠습니다. 바로 '기대효용expected utility'입니다.

기대효용은 이콘의 경제학에서 매우 중요하게 다루어지는 내용입니다. 앞서 언급했던 효용은 확실성의 세계에서 측정한 것이었습니다. 주어진 소비 대상인 재화나 용역을 선택하는 경제행위였다는 것입니다. 그런데 선택의 문제가 항상 이와 같지는 않습니다. 선택 대상의 존재 여부가 분명하지 않을 수 있다는 거지요. 예를 들어 수중에 있는 2만 원으로 좋아하는 시인의 시집을 살 것인지 아니면 로또 복권을 살 것인지 선택하는 문제를 볼까요. 이때 시집은 확정된 대상으로서 그 효용을 산출하는 데 큰 어려움이 없습니다. 반면 로또 복권의 효용은 어떻게 계산할 수 있을까요? 만일 1등에 당첨되면 수십억 원을 받아 막대한 효용을 얻겠지만 그것이 확실한 것은 아닙니다. 1등 당첨 가능성은 800만분의 1보다 작지요. 다른 예를 볼까요. 향후 1년간 주식에 투자할지 채권에 투자할지 선택하는 경우를 생각해 봅시다. 주식과 채권은 호황일지 불황일지 앞으로의 경기상황에 따라 가격이 크게 달라집니다. 따라서 투자 결과를 통해 얻을 것으로 기대되는 효용도 1년 후의 경기상황에 달려 있습니다. 이처럼 변화하는 상황에 따라 결과가 달라지는 대상과 관련된 선택행위는 각 상황이 발생할 가능성을 고려하게 됩니다. 그리고 그 발생 가능성은 확률probability로 나타냅니다. 흔히 p(·)로 표시하지요. 발생이 확실한 경우의 확률은 1(100%)이며, 발생하지 않을 것이 확실한 경우는 확률이 0입니다. 따라서 모든 사건의 발생 확률은 0과 1(0~100%) 사이의 값을 갖습니다. 예를 들어 A라는 사건이 발생할 가능성이 50%라면 p(A)=0.5라고 표시하는 거죠. 그렇다면 상황에 따라 내용이 달라지는 대상의 효용은 어떻게 계산할 수 있을까요? 이때 필요한 것이 기대효용입니다.

불확실한 상황에서 이루어지는 선택의 기준인 기대효용은 말 그대로 가능한 여러 가지 상황을 고려할 때 기대되는 효용입니다. 앞서 언급한 주식투자의 경우를 생각해 보겠습니다. 향후 1년간 경기가 호황일 확률이 30%이고 그때의 투자수익이 100인 반면, 불황일 확률이 70%이고 그때의 손실이 50이라면 이때의 기대효용은 다음과 같이 표시할 수 있습니다.

p(호황)×u(이익) + p(불황)×u(손실) = 0.3×u(100) + 0.7×u(-50).

이 계산식에서 효용함수의 값들을 구체적 수치로 나타낼 수 있다면 기대효용은 간단한 하나의 값이 됩니다. 일종의 '기댓값expected value'이죠.

여기서 한 가지 더 언급할 게 있습니다. 불확실한 상황이지만 위에서처럼 각 상황이 발생할 확률을 아는 경우와 그렇지 않은 경우는 다릅니다. 지금은 이 두 경우를 모두 넓은 의미의 '불확실성uncertainty'이라는 이름으로 묶어서 다루는 것이 보통입니다. 일상에서도 불확실성은 이처럼 확률을 아는지 모르는지와 관계없이 확실하지 않은 경우를 뜻하지요. 하지만 엄밀하게 말하면 두 경우는 다릅니다. 다시 말해 각 상황의 확률을 알 수 없는 경우는 (좁은 의미의) 불확실성이라 칭하고, 확률을 알 수 있는 경우는 '위험risk'이라는 말로 표현합니다. 따라서 위에서 언급한 기대효용은 위험하에서의 선택을 다루는 문제입니다. 이제 준비가 됐으니 알레의 역설을 살펴보겠습니다.

알레의 역설

알레는 두 번의 실험을 통해 일관되지 않은 선호에 의한 선택행위를 보여줍니다.* 사람들에게 다음의 표와 같이 선택 결과에 따라 상이한 상금과 확률을 가진 두 가지 선택안을 제시하고 어느 쪽을 선호하는지 묻습니다.

먼저 실험 1에서는 선택 A를 택하면 확실한 상금 100만 달러를 받지만 선택 B를 택하면 각각의 확률을 가진 세 가지 종류의 상금이 섞여 있습니다. 즉 선택 B를 고르면 89% 확률로 100만 달러를 받고 10% 확률로 500만 달러를 받을 가능성이 있지만 1% 확률로 상금을 전혀 받지 못할 수도 있습니다. 여러분이라면 어떤 선택을 할까요?

이제 실험 2를 볼까요. 이번에는 어느 쪽을 선택하든 100% 확실한 상금은 없습니다. 선택 C는 11% 확률로 100만 달러의 상금을 받지만 아무것도 받지 못할 확률이 89%입니다. 선택 D는 10% 확률로 500만 달러를 받지만 상금을 받지 못할 확률이 90%에 이릅니다. 여러분의 선택은 어느 쪽인가요?

---

*   Maurice Allais, "Le comportement de l'homme rationnel devant le risque: critique des postulats et axiomes de l'ecole americaine", Econometrica, Volume 21, October 1953, pp. 503~546

실험 1			
선택 A		선택 B	
상금	확률	상금	확률
$100만	100%	$100만	89%
		$0	1%
		$500만	10%

실험 2			
선택 C		선택 D	
상금	확률	상금	확률
$0	89%	$0	90%
$100만	11%		
		$500만	10%

· 기댓값 : 각 선택의 상금 × 확률의 합 ·

100만×1=100만	100만×0.89 + 0×0.01+500×0.1 = 139만
☞ **다수가 A 선택 (A 〉 B)**	

0×0.89+100×0.11 = 11만	0×0.9+500×0.1 = 50만
☞ **다수가 D 선택 (C 〈 D)**	

위의 표 아랫부분에 각 선택의 기댓값을 계산해 놓았습니다. 기댓값은 발생할 상황별 상금을 그 확률과 곱하여 모두 합한 것입니다. 여기서 상금이 모두 '돈'이라는 완전한 동질의 상품으로 주어졌기 때문에 그 자체를 효용으로 간주해도 무방할 듯합니다. 다시 말해 효용함수를 이용해 돈을 효용으로 전환하는 과정이 필요하지 않다는 얘기지요. 그렇다면 기댓값을 기대효용으로 간주해도 좋겠습니다.

이론의 논리에 따르면 기댓값이 높은 것을 선택하는 것이 합리적이므로 실험 1에서는 B를, 실험 2에서는 D를 선택해야 합니다. 그런데 알레에 따르면 실험 1에서는 대다수가 선택 A를 선호(A〉B)하고, 실험 2에서는 선택 D를 선호(C<D)한다고 합니다. 현실 세계의 선택이라고 할 수 있습니다.

알레는 두 실험에서 나타난 사람들의 현실의 선호(A>B, C<D)가 이콘의 기대효용이론으로 예측한 이론 세계의 선택과는 다르다고 말합니다. 이것이 '알레의 역설Allais paradox'입니다. 이콘의 논리에 따르면 실험 1과 실험 2의 선택이 서로 모순이라는 겁니다. 실험 1에서 A를 선호하고 실험 2에서 D를 선호한 것이 무슨 문제가 있을까요? 서로 다른 실험인데 직접 비교할 수는 없지 않을까요? 두 실험에서 상금의 크기 말고는 특별히 같은 것은 없는 것 같은데 말입니다. 그런데 만일 알레의 주장이 사실이라면 이콘의 경제학은 개인의 선택행위에 대해 잘못 이해하고 있는 것이고 따라서 그 경제적 처방은 효과가 없을 수도 있습니다. 이론 세계의 선택이 현실 세계의 선택과 어긋나 있다는 것입니다. 알레의 역설에 대한 자세한 설명은 이 장의 끝에 부록으로 첨부해 두었습니다. 부록에서 확인할 수 있듯이 실험 2는 실험 1을 재배치한 것인데, 선택 A는 선택 C와 구조가 같고, 선택 B는 선택 D와 구조가 같습니다.

여기서 한 가지 더 관심을 가지고 볼 것이 있습니다. 기댓값을 기준으로 선택한다면 실험 2에서는 선택 D를 선호하는 것이 당연합니다. 하지만 실험 1에서는 기댓값이 큰 선택 B 대신에 선택 A를 선호합니다. 이러한 선택 결과를 놓고 볼 때 우리의 눈길을 끄는 것은 선택 B에서 '1% 확률의 꽝'입니다. 겨우 1% 확률이 기댓값, 즉 기대효용을 기준으로 한 선호체계의 원리에 작은 균열을 일으켰고, 그 틈새를 통해 휴먼의 목소리가 이콘의 논리를 압박하고 있습니다.

엘스버그의 역설

사람은 자신이 모르는 상황에 부닥치면 불편함과 불안을 느낍니다. 심하면 공포에 떨기도 하지요. 색깔 맞추기 게임을 통해 이를 확인할 수 있습니다. 단지에 100개의 공이 들어 있는데 50개는 붉은 공, 50개는 검은 공입니다. 이 중에서 하나를 뽑아 색깔을 맞추면 1만 달러의 상금을 받고 맞추지 못하면 아무런 보수가 없는 게임을 하기로 합니다. 그렇다면 이 게임에 참가하기 위해 돈을 걸어야 한다면 최대 얼마를 걸 수 있을까요?

학생들을 대상으로 한 실험에서 모든 학생은 5,000달러보다 약간 낮은 금액을 판돈으로 걸었다고 합니다. 이제 같은 학생들을 대상으로 두 번째 게임을 합니다. 단지에 붉은 공과 검은 공을 합해 총 100개의 공이 들어 있는데, 각 공의 개수를 모릅니다. 100개 모두 붉은 공 또는 검은 공일 수도 있다는 것이지요. 이 게임에서 학생들은 얼마를 걸까요? 첫 번째 게임보다 현저히 낮은 금액을 제시했다고 합니다. 확률을 몰라서 불편하다는 것이 그 이유였습니다. 사실 두 번째 게임에서도 첫 번째 게임처럼 50대50의 확률입니다. 각각의 개수는 모르지만 붉은 공과 검은 공의 비율은 100대0, 99대1, 98대2 … 2대98, 1대99, 0대100 등이 모두 가능합니다. 이를 평균하면 정확히 두 공의 비율은 확률적으로 50대50이 됩니다. 하지만 이런 설명을 듣고서도 많은 학생이 두 번째 게임을 꺼렸다고 합니다. 논리와 느낌이 같지 않다는 거죠.[*]

알레의 선택 실험에서는 각 상황의 확률을 모두 알고 있습니다. 그런

---

[*]   앤드류 로, 강대권 옮김, 『금융시장으로 간 진화론』, 부크온, 2020, p.76~79

데 현실에서 선택할 때 확률을 모르는 경우도 적지 않습니다. 앞서 언급했던 것처럼 발생 상황의 확률을 모르는 상태를 불확실성이라고 합니다. 엘스버그는 우리에게 불확실성하에서 이루어지는 선택이 이콘의 논리와는 다르다고 말합니다.

엘스버그의 실험을 살펴보겠습니다.[*] 하나의 단지에 세 가지 색의 공이 들어 있습니다. 붉은 공(R)은 30개이고, 검은 공(B)과 노란 공(Y)은 합해서 60개입니다. 검은 공과 노란 공이 각각 몇 개씩인지는 모릅니다. 다시 말해 붉은 공을 뽑을 확률은 90분의 30이라는 것을 알지만 검은 공과 노란 공 각각의 확률은 알지 못합니다. 다만 검은 공이나 노란 공을 뽑을 확률은 둘이 합해서 90분의 60이라는 것만 알 수 있습니다. 극단적으로는 60개 모두 검은 공일 수도 있고 노란 공일 수도 있다는 말입니다.

게임은 다음과 같이 진행됩니다. 참가자는 베팅할 공에 따라 선택안을 고른 후 불투명한 단지에 손을 넣어 공 하나를 뽑습니다. 이때 자신이 고른 공과 베팅한 공의 색깔이 일치하면 100달러의 상금을 받고 일치하지 않으면 상금은 못 받습니다. 실험 1은 붉은 공 아니면 검은 공 중 어느 하나에 베팅하는 게임입니다. 실험 2는 두 개의 공에 베팅할 수 있습니다. 붉은 공과 노란 공을 선택하거나 검은 공과 노란 공을 선택하는 거지요. 뽑은 공의 색이 선택한 두 가지 색 중 어느 하나에 해당하면 상금을 받습니다.

---

[*] Daniel Ellsberg, "Risk, Ambiguity, and the Savage Axioms", The Quarterly Journal of Economics, Vol. 75, No. 4. Nov. 1961, pp.643-669

026   휴먼의 경제학 : 합리성과 인간심리

<h2>〈 엘스버그의 3색공 단지 게임 〉</h2>

실험 1	30개(R)	60개(B+Y)	
(베팅 공)	붉은 공	검은 공	노란 공
선택 Ⅰ (붉은 공)	$100	$0	$0
선택 Ⅱ (검은 공)	$0	$100	$0

실험 2	30개(R)	60개(B+Y)	
(베팅 공)	붉은 공	검은 공	노란 공
선택 Ⅲ (붉은 공이나 노란 공)	$100	$0	$100
선택 Ⅳ (검은 공이나 노란 공)	$0	$100	$100

선택 Ⅰ	선택 Ⅱ	선택 Ⅲ	선택 Ⅳ
R (30개) B + Y (60개)	R (30개) B + Y (60개)	R (30개) B + Y (60개)	R (30개) B + Y (60개)

　　엘스버그에 따르면 실험 1에서는 붉은 공에 베팅하는 선택 Ⅰ이 검은 공에 베팅하는 선택 Ⅱ보다 선호된다고 합니다(Ⅰ〉Ⅱ). 실험 2에서는 선택 Ⅳ가 선택 Ⅲ보다 선호되는 것으로 나타났습니다(Ⅳ〉Ⅲ). 그런데 이러한 결과는 과연 이콘의 논리에 부합하는 것일까요? 이 실험의 실제 선택 결과와 각 선택안의 기대효용을 대비하면 선호가 역전되는 결과를 확인할 수 있습니다. 이콘의 논리에 따르면 실험 1에서 선택Ⅰ이 선호되었다면 실험 2에서는 선택 Ⅲ이 선호되어야 하고(Ⅰ〉Ⅱ, Ⅲ〉Ⅳ), 실험 1에서 선택 Ⅱ가 선호되었다면 실험 2에서는 선택 Ⅳ가 선택되어야 합니다(Ⅰ〈Ⅱ, Ⅲ〈Ⅳ). 하지만 실제 실험에서는 이와 같은 기대효용이론에 어긋나는 선택이 이루

어졌습니다. 이것을 '엘스버그의 역설Ellsberg paradox'이라고 합니다. 자세한 내용은 이 장의 끝에 부록으로 첨부해 두었습니다.

왜 이처럼 이론의 논리에 어긋나는 결과가 발생한 걸까요? 그 이유를 알아보기 위해 각 선택안의 승률을 살펴보도록 하겠습니다. 실험 1에서 붉은 공에 베팅하는 선택 Ⅰ은 승률이 3분의 1인 것이 분명합니다. 반면 선택 Ⅱ는 승률이 최저 0(60개 모두 노란 공인 경우)에서 최고 3분의 2(60개 모두 검은 공인 경우)까지 걸쳐 있습니다. 즉 승률이 모호한ambiguous 상태입니다. 선택 Ⅲ의 승률은 최저 3분의 1(60개 모두 검은 공이었을 경우)에서 최고 1(100%, 60개 모두 노란 공이었을 경우)에 걸쳐 있는 모호한 상태입니다.

반면 선택 Ⅳ는 검은 공과 노란 공의 비율과 관계없이 승률이 3분의 2로 분명합니다. 위에서 언급한 대로 선택 결과와 함께 각 선택안의 승률을 보면 다음과 같습니다. 참고로 범위로 주어진 선택 Ⅱ의 평균 승률은 선택Ⅰ의 승률과 같고, 선택 Ⅲ의 평균 승률은 선택 Ⅳ의 승률과 같습니다.

Ⅰ (승률 1/3) 〉 Ⅱ (승률 0 ~ 2/3)

Ⅳ (승률 2/3) 〉 Ⅲ (승률 1/3 ~ 1)

이를 통해 확인할 수 있는 것은 최고 승률이 상대적으로 높다고 해도 승률이 모호한 선택안보다는 승률이 분명한 선택안을 선호한다는 사실입니다. 효용이 작아도 계산 불가능한 모호한 위험보다는 계산 가능

휴먼의 경제학 : 합리성과 인간심리

한 분명한 위험을 선호한다고 해석할 수 있습니다. 이것을 '모호성 회피ambiguity aversion'라고 합니다. 주식시장에서 널리 쓰이고 있는 '위험 회피risk aversion'와 비슷한 말이지요. 여기서 모호성이란 확률이 특정되지 않고 범위로 주어지는 경우처럼 확률을 전혀 모르는 불확실성과 각각의 확률을 모두 아는 위험 사이에 있는 상태라고 할 수 있습니다.

호모 이코노미쿠스

지금까지 우리는 두 가지 역설을 통해 상황의 재배치에 민감하게 반응하고 불확실성을 싫어하는 휴먼의 특성을 확인했습니다. 아울러 휴먼이 들춰낸 이콘의 경제학의 약점 하나를 보았습니다. 하지만 휴먼과 이콘 사이에 전개된 도전과 응전의 역사는 몇 가지 계산식으로 정리될 만큼 그렇게 간단하지도, 개인 차원에 국한될 정도로 그렇게 미시적이지도 않습니다.

유럽의 16세기 대항해시대부터 탄생의 조짐을 보였던 자본주의는 영국을 필두로 한 산업혁명을 거치며 본격적으로 시대에 어울리는 새로운 인간상을 빚어왔습니다. 애덤 스미스(Adam Smith, 1723~1790)의 『국부론』(1776년)은 현대 경제학의 출발이라고 여겨집니다. 스미스의 본래 의도에 대해 여러 가지 왜곡과 오해가 있기는 하지만 그는 이 책에서 타인을 고려하지 않고 자기 이익을 추구하는 합리적 인간상을 그리고 있습니다.

이렇게 시작된 경제적 인간, 즉 호모 이코노미쿠스라는 희미한 형상은 토머스 맬서스(Thomas Malthus, 1766~1834)의 『인구론』(1798년)과 데이비드 리카도(David Ricardo, 1772~1823)의 『정치경제학과 과세의 원리에 대하여』(1817년)를 거치며 보다 뚜렷한 윤곽을 드러냅니다. 인구법칙과 임금철칙을 통해서 말입니다. 이들 경제법칙은 자연의 법칙을 인간사회에 재현한 것이며, 그 매개체가 호모 이코노미쿠스라는 것이죠. 애덤 스미스로부터 시작되는 고전학파 경제학은 존 스튜어트 밀(John Stuart Mill, 1806~1873)의 『정치경제학 원리』(1848년)에서 집대성됩니다. 밀은 호모 이코노미쿠스를 기본 단위로 자신의 논리를 전개합니다.[*]

이렇게 시작된 호모 이코노미쿠스는 그래도 초기에는 굴곡진 얼굴을 한 인간적인 경제인의 면모를 어느 정도 유지하고 있었지만, 점차 아주 매끄러운 추상적 인간의 모습을 띠게 됩니다. 시작은 쾌락pleasure을 출발점으로 하여 효용원리를 도덕의 기초로 삼는 공리주의utilitarianism였습니다. 존 스튜어트 밀은 공리주의 철학자이기도 합니다. 그의 아버지도 공리주의자였는데, 제레미 벤담의 후원을 받아 공리주의를 퍼뜨리는 활동을 한 바 있습니다. 밀도 어린 시절 수년간 벤담의 거처에 머물기도 했다고 합니다. 밀도 공리주의자인 거죠. 하지만 "만족하는 돼지보다 불만족스러워하는 인간이 되는 것이 더 낫다. 만족하는 바보보다 불만을 느끼는 소크라테스가 더 나은 것이다."[**]라고 말하는 것처럼 밀은 인간으로서의 품위를 유지하고자 했던 질적 공리주의자라고 여겨집니다. 양적 공리주의자인 벤담과는 좀 다르다는 거죠.

그런데 일단의 학자들이 수학을 경제학에 접목해 인간의 경제행위

---

[*]   홍기빈, 『위기 이후의 경제철학』, EBS Books, 2023, pp.62~67
[**]   존 스튜어트 밀, 서병훈 옮김, 『공리주의』(1863년), 책세상, 2023년, p.32

에 정교한 분석 도구를 들이대기 시작합니다. 미분을 활용하여 쾌락과 고통의 공리주의 철학을 경제행위에 섬세하게 투영한 겁니다. 이것은 한계효용을 필두로 한 한계주의 혁명으로 이어지고, 개인의 경제행위는 효용 극대화라는 최고선을 기준으로 평가받게 됩니다. 인간이 쾌락기계 pleasure machine라는 거죠. 아울러 사회 전체적으로 수요와 공급의 문제도 수학을 활용해 풀어냅니다. 가격 조정을 통해 수요와 공급이 균형을 찾아가는 과정을 연립방정식으로 푼 거죠. 이 모든 일이 19세기에 일어났습니다. 이때 형성된 경제학을 흔히 신고전학파 경제학이라고 부릅니다. 이제 호모 이코노미쿠스의 얼굴에서 삶의 주름은 거의 사라지고 미분 가능한 매끈한 표면이 확고하게 터를 잡습니다. 이처럼 수학을 이용한 경제모델이 발달하면서 인간의 이미지는 급속히 추상화되고 그 역사성은 탈색되고 맙니다.

호모 이코노미쿠스는 19세기를 거치며 확실한 이콘의 모습으로 전면에 등장하게 됩니다. 이와 함께 휴먼도 서서히 목소리를 내기 시작합니다. 카를 마르크스(Karl Marx, 1818~1883)와 독일의 역사학파 경제학자들이 앞장섰습니다. 마르크스의 이야기는 다른 곳에서 하기로 하고 여기서는 독일 역사학파의 주장을 살펴보기로 하겠습니다.

산업혁명기인 18세기를 거치며 경제학이 태동하고 이콘의 모습이 부상하면서 자유방임주의laissez-faire가 영국에 널리 퍼졌습니다. 이것은 정부가 개입하지 말고 그냥 내버려두면 이콘이 모인 시장이 알아서 최선의 결과를 가져온다는 생각입니다. 자유무역도 이러한 생각을 기반으로 했습니다.

하지만 독일 역사학파의 생각은 달랐습니다. 예를 들어 독일 역사학파를 이끈 구스타프 슈몰러(Gustav Schmoller, 1838~1917)는 산업화가 뒤처진 독일이 영국의 자유방임주의와 자유무역을 따라 한다면 사회문제가 악화될 것으로 생각했습니다. 그래서 경제적 관습과 제도를 중시하고 국가의 개입이 필요함을 역설했습니다. 그들은 제대로 된 경제학이라면 '총체적 인간상'을 파악하는 것이 중요하다고 말합니다. 이를 위해 5,000년 넘게 진행된 인류의 경제생활을 역사적, 종합적으로 구성할 필요가 있다고 보는 거죠. 이에 더해 20세기 전반에 경제인류학의 연구가 활발하게 이루어지면서 하나의 중요한 결론을 얻게 됩니다. 이콘은 현실에 존재한 적이 없다는 거죠. 경제인류학자들은 이콘은 현실에 존재하는 휴먼과 동떨어진 추상적이고 사변적인 구성물이라고 주장합니다.*

하지만 결과적으로 휴먼의 반격에 잠시 흔들리던 이콘의 경제학은 아픔을 훌훌 털고 다시 일어섭니다. 시카고 대학의 경제학자 프랭크 나이트(Frank H. Knight, 1885~1972)가 정면 대응을 피하고 우회 전략을 쓴 겁니다. 나이트는 신자유주의 경제학의 산실인 시카고학파의 1세대 선두주자였습니다. 그에 따르면 이콘은 현실에 존재하는 인간이 아니라 시장경제의 작동원리를 과학적으로 설명하기 위해 만든 가상의 존재입니다. 그는 역사적, 사회적 현실의 인간과 전혀 다른 가상의 인간을 통해 경제법칙을 구성하는 것은 전혀 문제가 되지 않는다고 말합니다. 중요한 것은 그렇게 구성한 경제법칙을 통해 경제 현상을 설명하고 예측할 수만 있다면 얼마든지 좋다는 겁니다. 한술 더 떠 밀턴 프리드먼(Milton Friedman, 1912~2006)은 경제 현상을 예측할 수만 있다면 아무리 비현실

---

*   홍기빈, 『위기 이후의 경제철학』, EBS Books, 2023, pp.73~75

적인 가정이라도 무방하다고 주장합니다.**

야성적 충동

시카고학파가 급부상하기 전에 휴먼의 목소리를 지닌 한 경제학자가 세계 경제학계를 강력하게 사로잡은 적이 있습니다. 앞에서 이콘의 경제학에 도전장을 던진 저명한 경제학자의 이야기를 했는데요, 그가 바로 존메이너드 케인스(John M. Keynes, 1883~1946)입니다. 케인스는 『고용, 이자, 화폐의 일반이론』(1936년)을 통해 경제의 복합적이고 동태적인 모습을 그려냅니다. 신고전학파 경제학자들이 주장하는 것처럼 시장에서 수요와공급의 균형이란 자연스러운 현상이 아니라고 역설합니다.

   케인스에 따르면 1930년대 초반의 대공황은 사회 전체적으로 총공급에 비해 총수요가 부족한 불균형 때문인데, 자유시장을 통해서는 이를해결할 수 없다고 본 겁니다. 당시 이콘의 경제학은 이에 대해 할말을 찾을 수가 없었습니다. 케인스가 제시한 방법은 정부의 개입입니다. 정부가공공사업 등의 재정지출을 통해 수요를 늘리는 경기 부양책을 사용해야한다는 거죠. 이후 케인스 경제학은 제2차 세계대전을 거치며 그 정책적유효성을 증명했고, 1970년대까지 경제학에 막강한 영향력을 끼칩니다. 영국과 미국이 신자유주의 경제정책을 채택하면서 이콘의 경제학이 대대적인 반격을 가하기 전까지는 그랬습니다.

**   홍기빈, 같은 책, pp.76~77

케인스는 사람들의 행동이 완벽하게 합리적인 결정으로 이루어지는 것은 아니라고 말합니다. 그는 투자에 관한 결정이 왜 불안정한가를 설명하면서 주식시장에서 투기와 함께 휴먼의 심리를 포착하는 중요한 이야기를 들려줍니다. "그러한 결정 자체는 수량화된 이익을 수량화된 확률과 곱해서 얻은 수량화된 이익의 가중평균에 따른 결과로서가 아니라 오직 야성적 충동, 즉 행동하지 않고 가만히 있기보다는 행동하고자 하는 내발적 충동의 결과로서만 내려질 수 있다. … 만약 야성적 충동이 희미해지고 내발적인 낙관주의가 위축되어 수학적 예상을 제외하고는 우리가 의존할 것이 아무것도 남아 있지 않게 된다면 기업은 쇠퇴해버리고 말 것이다."[*]

여기서 '야성적 충동'은 animal spirit을 옮긴 말인데, 동물적 활기나 야성적 활기 등으로 옮기기도 합니다. 케인스는 경제가 단순히 수학적 계산에 의존하는 이콘의 차가운 이성만으로 움직이는 것은 아니라고 말하는 겁니다. 많은 경제행위가 합리적인 경제적 동기에 기반을 두지만, 이와 더불어 불확실한 상황이 일상인 현실에서 야성적 충동의 영향도 크다는 거죠. 야성적 충동은 경제가 불안정해지는, 달리 말해 변동성이 심해지는 원인이 되기도 하지만 경제가 발전하는 동인이 되기도 합니다.

---

[*] 존 메이너드 케인스, 이주명 옮김, 『고용, 이자, 화폐의 일반이론』(1936년), 필맥, 2013년, pp.198~199 (일부 수정)

휴먼의 경제학 : 합리성과 인간심리

행동경제학

야성적 충동이 경제에서 차지하는 중요성에도 불구하고 경제학계에서는
점차 잊혀 갔습니다. 케인스 추종자들이 주류 경제학과의 접목을 시도하
면서 야성적 충동이라는 비경제적 동기와 비합리적 행동을 거의 제거해
버린 겁니다.[**] 그렇다고 휴먼의 특성이 사라지는 건 아닙니다. 물론 나
이트나 프리드먼이 주장하듯이, 야성적 충동을 가진 휴먼을 제거하고 수
량화된 이익과 수량화된 확률로 무장한 이콘만으로 경제 현상을 훌륭하
게 설명하고 예측한다면 아무 문제가 없을지도 모릅니다.

그러나 주가가 급락했던 블랙 먼데이나 대침체Great Recession를 불러온
서브프라임 사태를 통해 알 수 있듯이 그들이 받은 신탁은 현실과는 크
게 어긋난 것으로 밝혀졌습니다. 이를 보면 경제는 매끈한 외피를 두른
기계적 인간이 아니라 야성적 충동과 같이 요철凹凸이 있는 심리의 영향
을 받는 인간이 주체임을 알 수 있습니다. 심리학이 경제학으로 들어온
지점이 바로 여깁니다.

심리학과 경제학의 만남은 1950년대부터 시작되었다고 합니다. 하지
만 경제학의 한 분야로 생각될 만큼 존재감을 보인 시점은 1979년입니
다. 그해 대니얼 카너먼(Daniel Kahneman, 1934~2024)과 아모스 트버스키
(Amos Tversky, 1937~1996)가 기념비적인 논문 「전망이론Prospect Theory: An
Analysis of Decision under Risk」을 발표한 것입니다. 이후 심리학의 통찰력을

[**]　조지 애커로프·로버트 쉴러, 김태훈 옮김, 『야성적 충동 – 인간의 비이성적 심리가 경제에 미
치는 영향』, 랜덤하우스, 2009년, p.21

경제행위 연구에 적용하려는 커다란 움직임이 일었습니다. 특히 경제학자 리처드 세일러(Richard Thaler, 1945~)가 이런 움직임에 가세하면서 '행동경제학behavioral economics'이라는 새로운 분야가 탄생하게 됩니다. 우리가 지금까지 출처 없이 사용하고 있는 '이콘'과 '휴먼'이라는 단어도 세일러가 사용하면서 널리 퍼진 말입니다.

카너먼은 「전망이론」의 목적이 "도박 사이의 선택에서 합리성 원칙들이 체계적으로 위반되는 걸 문서화하고 설명"하기 위한 것이라고 밝히고 있습니다.* 전망이론은 인간의 행동이 주변 환경이나 심리에 따라 영향을 받기 때문에 때때로 합리성과는 거리가 멀다는 것이 핵심 주장입니다. 사실 우리는 알레의 역설과 엘스버그의 역설을 통해 이미 전망이론을 부분적으로 접했다고 할 수 있습니다. 이들 역설과 마찬가지로 「전망이론」도 위험하의 선택에서 나타나는 선호역전 현상을 보여줍니다.

다음의 표에서는 이익을 보는 긍정적 전망prospect과 손실을 보는 부정적 전망하에서 사람들이 어떤 선택을 하는지 간단한 문제를 통해 살펴보기로 하겠습니다. 매우 직관적인 문제입니다. 사람들은 아래 표에 제시된 각 게임에서 어떤 선택을 할까요?

〈 긍정적·부정적 전망과 선택 〉

이익을 기대하는 긍정적 전망			손실이 예상되는 부정적 전망		
게임 1	선택 A	선택 B	게임 2	선택 C	선택 D
결과	$1,000	$500	결과	-$1,000	-500
확률	0.5	1.0	확률	0.5	1.0

---

* 　대니엘 카너먼, 이진원 옮김, 『생각에 관한 생각』, 김영사, 2012년, p.347

　　　　　　　　　　　　휴먼의 경제학 : 합리성과 인간심리

선택 결과를 보면 게임 1에서는 84%가 B를, 게임 2에서는 69%가 C를 선택했습니다. 각 게임에서 선택안의 기댓값은 같습니다. 게임 1의 선택 A와 B의 기댓값은 500달러로 같고, 게임 2의 선택 C와 D의 기댓값은 모두 -500달러입니다. 이론의 논리에 따르면 각 게임에서 두 선택안은 서로 무차별하지요.

하지만 선택 결과에서 알 수 있듯이 사람들은 이익을 기대하는 긍정적 전망에서는 위험을 회피하는risk averse 성향을 보인 반면, 손실이 예상되는 부정적 전망에서는 위험을 선호하는risk seeking 성향을 보입니다.[**] 전통적인 기대효용이론이 예측하는 결과와는 다르지요.

전망이론은 확률로 표현되는 상황, 즉 위험하에서 이루어지는 다양한 선택행위의 특징을 보여줍니다. 인간의 행동이 어떤 경우에는 합리성과는 거리가 있으며, 주변환경이나 심리적 요인에 영향을 받는다는 거지요. 가장 대표적인 것이 '손실 회피loss aversion'입니다. 이것은 '손실'에 대한 반응이 같은 크기의 '이익'에 대한 반응과 다르다는 뜻입니다.

예를 들어 주식투자에서 100만 원의 이익에서 맛보는 기쁨과 100만 원의 손실에서 느끼는 아픔의 강도(가치, 효용)가 같지 않다는 거지요. 전망이론에 따르면 절대적인 크기가 같아도 손실이 이익보다 1.5~2.5배 정도 더 강한 느낌을 줍니다. 이 때문에 주식투자자는 이익이 난 종목은 서둘러 처분하면서도 손실이 난 종목은 아주 오래도록 보유하는 모습을 보이게 됩니다. 투자주식을 처분한 후 느끼는 손실의 아픔을 회피하고

[**] Daniel Kahneman and Amos Tversky, 「Prospect Theory: An Analysis of Decision under Risk」, Econometrica, March 1979, p.273

싶은 거죠.

「전망이론」에서는 이 내용을 '가치함수value function'를 이용해 시각적으로 보여줍니다. 가치함수는 이익과 손실이 가치, 즉 효용에 미치는 비대칭적 영향을 보여주는 그래프입니다. 예를 들어 다음 그림에서처럼 이익과 손실의 크기는 모두 100달러로 같지만 각 효용의 절대적 크기는 매우 다릅니다. 아울러 가치함수의 형태와 더불어 주목해야 할 점이 있습니다. 가치를 결정하는 것은 부의 최종 상태, 즉 부의 절대적 크기가 아니라 부의 변화 즉, 이익과 손실이라는 것입니다. 사람들이 절대적인 크기보다 상대적인 차이에 더 민감하기 때문이죠.

그렇다고 절대적인 크기가 중요하지 않은 것은 아닙니다. 이익과 손실의 가치를 평가할 때 기준이 되는 준거점reference point 또한 중요하지요. 같은 100달러의 손익이라고 해도 투자금액이 1,000달러일 때와 1만 달러일 때 느끼는 손익의 가치는 다릅니다. 기온이 0도에서 3도로 변할 때와 20도에서 23도로 변할 때 그 변화의 느낌이 다른 것처럼요. 오른쪽 그래프에서 가로축과 세로축이 만나는 교차점이 바로 준거점입니다.

지금까지 언급한 내용에서 알 수 있듯이 행동경제학의 설명력이 돋보이는 한 분야는 주식시장입니다. 주식시장에서는 이콘의 경제학으로는 설명하기 어려운 현상들이 적지 않습니다. 위에서 언급한 손실회피 이외에 자기과신, 군집행동, 과잉반응 등도 휴먼의 특성에 기인하는 현상입니다. 행동경제학은 이러한 투자자의 심리와 행태를 이해하는 데 보다 현실적인 시각을 제공합니다.

휴먼의 경제학 : 합리성과 인간심리

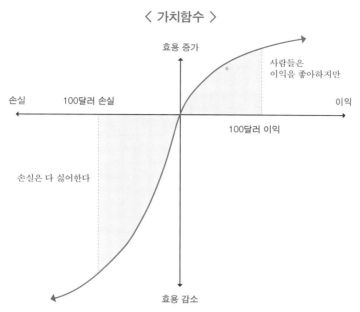

< 가치함수 >

효용 증가

사람들은
이익을 좋아하지만

손실   100달러 손실   이익

100달러 이익

손실은 다 싫어한다

효용 감소

출처 : 리처드 세일러, 박세연 옮김, 『행동경제학』, 웅진지식하우스, 2021년, p.70

결혼의 경제학

알레의 역설과 엘스버그의 역설은 이콘의 이기심과 효용 극대화를 추구
하는 합리성에 의문을 제기합니다. 행동경제학은 인간을 효용 극대화를
추구하는 자maximizer가 아니라 상황에서 맞춰 충분히 좋은 선택을 통해
만족을 추구하는 자satisfier라는 것을 역설합니다. 사람들은 이론적으로
최적화된 기준에 따라 선택하는 게 아니라 현실적으로 일정 수준이 되
면 충분한 것으로 만족한다는 것이죠. 제한된 합리성을 특징으로 하는
휴먼의 성향이라고 할 수 있습니다.

그런데 어떤 경제학자도 이콘의 경제학이 가정하고 있는 것처럼 모든 사람이 완벽하게 합리적이라고 생각하지는 않습니다. 게다가 이콘의 경제학은 휴먼의 도전에 응전하는 과정에서 이론의 경쟁력을 높였고 휴먼의 목소리를 일부 반영하면서 현실 적응력을 강화했습니다. 지금도 여전히 이콘의 경제학은 경제 현상을 설명하고 예측하는 가장 강력한 도구입니다.

그럼에도 불구하고 이콘의 경제학은 여전히 인간의 합리성에 깊이 뿌리박고 있습니다. 심지어 결혼을 이콘의 경제학적 논리로 설명하기도 합니다. 시카고학파 경제학자인 게리 베커Gary S. Becker는 『인간행동에 대한 경제학적 접근The Economic Approach to Human Behavior』(1976년)에서 물적 재화의 생산과 소비라는 전통적 경제학의 경계를 거부하고 경제학을 삶의 모든 영역에서 인간행동을 설명하는 학문으로 생각합니다. 경제학이 결혼, 출산, 육아, 법률, 정치, 전쟁, 범죄, 자살, 의료 등 거의 모든 분야의 인간행동에 대한 가장 포괄적인 접근이라는 겁니다.

베커는 결혼과 이혼을 경제학적으로 다음과 같이 분석합니다.

"경제학적 접근법에 따르면 결혼에서 기대하는 효용이, 독신으로 남거나 좀 더 나은 짝을 찾는 경우에 기대하는 효용을 초과할 때 결혼하기로 결정한다. 이와 비슷하게 기혼자는 독신이 되거나 다른 사람과 결혼하는 경우에 기대하는 효용이 자녀와의 물리적 별거, 공동자산의 분리, 법률비용 등 이별로 상실하는 효용을 초과할 때 결혼생활에 종지부를 찍는다. 많은 사람이 배우자를 찾고 있기에 결혼에도 시장market이 존재한다고 말할 수 있다."[*]

---

* 마이클 샌델, 안기순 옮김, 『돈으로 살 수 없는 것들』, 미래엔, pp.79~80

040   휴먼의 경제학 : 합리성과 인간심리

베커는 이를 증명하기 위해 확률, 미분, 행렬 등 복잡한 수학을 광범위하게 활용합니다. 베커의 결혼의 경제학에는 휴먼이 끼어들 틈이 없습니다. 일반인의 눈에 베커의 경제학은 '경제적 물리학'에 가깝게 느껴집니다.

신자유주의

이처럼 이콘의 경제학이 굳건한 지위를 누리고 있는 상황에서 휴먼의 목소리를 들려주며 우리가 과연 합리적인가를 묻는 이유가 무엇일까요? 그것은 먼저 이콘의 경제학이 설명하지 못하는 경제행위가 있다는 것을 직시하는 겁니다. 만능이 아니라는 걸 인식하는 거죠. 나아가 이콘의 논리에 따르지 않는 경제행위의 원인과 과정을 파악하는 겁니다. 이를 바탕으로 효과적인 선택안이나 경제정책을 마련하는 거죠.

그러나 인간의 합리성을 따지는 가장 큰 이유는 인간 이미지의 왜곡에 따른 부작용을 방지하는 것이라고 할 수 있습니다. 앞서 말했듯이 수학을 이용한 이콘의 경제 모델이 발달하면서 인간의 이미지는 급속히 추상화되고 그 역사성은 탈색되었습니다. 인류 역사를 보면 개인의 이기심과 이익 추구는 인간의 타고난 본성이 아니었고 시장도 조화로운 자연법칙이 실현되는 장소라고는 할 수 없습니다. 프랭크 나이트와 밀턴 프리드먼의 말처럼 과학적인 경제법칙을 구성하고 경제 현상을 예측하기 위해 이콘과 같은 비현실적인 가정을 너무도 당연하게 받아들인다면 인간의 이미지는 왜곡되고 말 것입니다. 그렇게 왜곡된 이미지는 시장을 왜곡하고, 경제정책을 왜곡하고, 궁극적으로는 인간의 생각을 왜곡합니다.

경제이론을 위해 고도로 추상화되어 왜곡된 이미지는 철학적 도그마로 이어질 위험이 있습니다.

우리는 얼마 전까지 이콘 중심의 시장이 조화와 균형, 진보를 가져온다고 생각하는 시장 근본주의, 즉 신자유주의를 통해 그 왜곡의 심각성을 경험한 바 있습니다. 영국의 대처 총리(재임 1979~1990)의 대처리즘과 미국의 레이건 대통령(재임 1981~1989)의 레이거노믹스는 복지 축소, 감세, 규제 철폐를 통해 정부와 사회의 역할을 시장이 대신하도록 했습니다. 우리는 대처의 입을 통해 신자유주의가 어떤 것인지를 확인할 수 있습니다. 대처는 1987년 한 잡지와의 인터뷰에서 정부 보조금이나 주택 공급과 같은 문제를 언급하면서 모든 문제를 사회의 탓으로 돌리는 사람들을 질타합니다. 그러면서 이렇게 말합니다.

"사회란 누구입니까? 그런 것은 세상에 없습니다! 세상에는 개인으로서의 남성과 여성과 가족이 있을 뿐입니다. 사람을 통하지 않고서는 어떤 정부도 아무런 일을 할 수 없습니다. 그리고 사람은 먼저 스스로 돌봐야 합니다. … 사람들은 의무는 없이 마음속에 너무나 많은 권리를 가지고 있습니다. … 이것이 우리의 비극입니다."[*]

Who is society? There is no such thing! 대처의 이 말은 자유방임의 귀환이자 현대사회가 요구하는 최소한의 정부 역할마저 포기한다는 선언이라고 할 수 있습니다.

이제 개인은 보이지 않는 손을 믿으며 언제 어디서나 이콘이 되기 위

---

*   송병건, 『세계경제사 들어서기』, 도서출판 해남, 2013년, p.380 (일부 수정) (*원출처 : https//www.margaretthatcher.org/document/106689)

해 엄청난 긴장 속에서 살아야 합니다. 비록 서브프라임 사태를 계기로 신자유주의에 대한 많은 비판이 제기되었지만, 여전히 '사회'가 아닌 '시장' 개념이 큰 힘을 발휘하고 있고, 그 힘은 더 강력해지고 있습니다.

우리에게 『정의란 무엇인가』로 유명한 마이클 샌델은 그 이유가 사회문제를 돈으로 해결하려는 경향이 커졌기 때문이라고 말합니다.[**] 그런데 이런 경향의 근본 원인은 무엇일까요? 나는 사람들 사이에 이콘의 이미지가 너무 강력하게 각인되었기 때문이라고 생각합니다. 합리적 이기심에 의해 파편화된 개인은 이익이나 효용 극대화를 최고 선으로 믿고 이를 추구합니다. 모든 사회문제는 시장이 알아서 해결할 것이라고 믿으면서 말이죠.

집단 착각

이콘의 경제학자들도 때로는 휴먼의 목소리에 귀를 기울이기도 합니다. 특히 개인으로서 내는 목소리일 경우에 그렇습니다. 하지만 그들의 최종 결론은 대체로 같습니다. 어느 개인이 다소 비합리적인 면이 있다고 해도 다수의 개인이 참여하는 '시장'을 형성하면 각 개인의 비합리성이 상쇄되어 전체적으로는 합리성이 확보된다는 거지요. 대표적인 예가 주식시장이 효율적이냐 비효율적이냐를 놓고 벌이는 논쟁입니다. 여기서 효율적이라는 것은 주식시장이 세상의 모든 정보를 즉각적으로 주가에 반영

[**]   마이클 샌델, 안기순 옮김, 『돈으로 살 수 없는 것들』, 미래엔, p.81

하는 걸 말합니다. 이것은 주식이 항상 제값을 받고 있다는 것을 의미합니다. 이런 상황이라면 내부 정보조차도 이익을 내는 데는 쓸모가 없습니다. 시장이 효율적이라고 주장하는 사람들도 세상의 모든 정보를 실시간으로 아는 이콘형 투자자들 이외에 정보가 부족한 휴먼형 투자자들이 있다는 것을 인정합니다. 하지만 휴먼형 투자자들의 비합리적 투자행위, 즉 비효율성은 서로 상쇄되어 사라진다고 주장합니다. 결국 투자 대중의 총합이라고 할 수 있는 시장은 효율적이라는 거죠.

과연 그럴까요? 자본주의의 씨앗이 뿌려지기 시작한 때부터 인류는 반복해서 자산 버블을 경험했습니다. 17세기 네덜란드에서 벌어진 튤립 버블, 18세기 프랑스와 영국에서 발생했던 미시시피 버블과 사우스 시 버블, 19세기 영국에서 퍼졌던 신흥시장 투자 열기와 철도 주식투기 광풍, 20세기 IT 버블과 21세기 서브프라임 사태로 이어진 부동산 버블에 이르는 사건에서 알 수 있듯이, 투자 대중의 비합리성은 서로 상쇄되어 사라진 것이 아닙니다. 귀스타브 르 봉(Gustave Le Bon, 1841~1931)은 『군중심리』(1895년)에서 집단화된 개인들을 '군중'이라 칭하고 그 특성을 이야기하고 있습니다. 군중이 되면 개인의 개성은 사라지지만 '군중의 정신을 단일화시키는 심리법칙'이 작동하는 현상이 일어난다고 말합니다.

"군중은 의식의 개성이 소멸하는 경향, 무의식의 개성이 우위를 점하는 경향, 감정과 생각이 암시에 걸리고 감염됨으로써 동일한 방향으로 집중되는 경향, 암시된 생각을 즉시 행동으로 옮기는 경향을 지녔음이 밝혀졌다."[*] 비합리성이 상쇄되어 사라지기보다 한층 강화된다는 것이

---

[*] 귀스타브 르 봉, 김성균 옮김, 『군중심리』, 이레미디어, 2011년, p.53

휴먼의 경제학 : 합리성과 인간심리

죠. 이는 앞서 열거한 버블의 배경이라고 할 수 있습니다.

교육학자이자 신경과학 분야의 선도적인 사상가인 토드 로즈(Todd Rose, 1974~)는『집단 착각』에서 사람들이 다른 사람의 생각을 잘못 넘겨 짚는 경우가 적지 않다고 말합니다. 그는 실험 참가자들에게 '성공적인 삶이란 무엇인가'를 묘사하는 두 개의 진술을 제시하고 선택하도록 했습 니다. 자신이 생각하는 성공적인 삶과 다른 사람들이 생각할 것으로 여 기는 성공적인 삶이 어떤 것인지 답변하도록 한 것입니다.

'가장 좋아하는 분야에서 최고의 성취를 이루는 것'과 '높은 사회적 지위를 얻거나 유명인사가 되는 것' 중에서 참가자의 97%는 첫 번째 진 술이 자신이 생각하는 성공적인 삶이라고 답했습니다. 그런데 놀랍게도 참가자의 92%는 다른 사람들 대다수는 두 번째를 성공적인 삶이라고 생각할 거라고 응답했다는 겁니다. 이것은 일종의 사회적 거짓말로 다 른 사람들의 생각을 잘못 넘겨짚는 것입니다. 로즈는 '집단 착각collective illusion'이라고 부르는 이런 현상이 오늘날 보편적으로 발생하고 있으며 점 점 더 위험하게 변하고 있다고 지적합니다.**

우리가 이콘인가 휴먼인가에 대해서도 비슷한 이야기를 할 수 있을 것입니다. 많은 사람이 인간은 휴먼이라고 생각하면서도 다른 사람들은 인간을 이콘이라고 생각할 거라고 넘겨짚고 있는지도 모릅니다. 특히 이 콘의 경제학이 쌓아올린 논리적 명료성과 수리적 정밀함에 주눅이 들거 나 이콘의 경제학자들이 외워대는 시장 근본주의 복음에 침묵으로 대 응하는 다수가 집단 착각을 불러일으키는지도 모릅니다. 순응이나 침묵

**   토드 로즈, 노정태 옮김,『집단 착각』, 21세기북스, 2024년, pp.16~18

또한 집단 착각을 일으키는 원인이 되기 때문입니다. 만일 우리가 집단 착각에서 벗어나지 못한다면 분산된 다수인 휴먼과 집중된 소수인 이콘의 싸움이 벌어지는 경제학에서 휴먼이 승리할 가능성은 크지 않을 것입니다.

[부록] 알레의 역설

〈 알레의 선택 실험 〉

실험 1				실험 2			
선택 A		선택 B		선택 C		선택 D	
상금	확률	상금	확률	상금	확률	상금	확률
$100만	100%	$100만	89%	$0	89%	$0	90%
		$0	1%	$100만	11%		
		$500만	10%			$500만	10%

알레의 주장을 확인하기 위해 실험 1과 실험 2에 약간 변형을 가하도록 하겠습니다. 먼저 각 실험에서 공통된 부분을 제거해 보죠. 실험 1의 두 선택안에서 100만 달러의 상금을 받는 확률이 최소 89%이고, 실험 2의 두 선택안에서는 상금을 받지 못하는 확률이 최소 89%입니다. 이처럼 각 실험에서 공통된 부분을 제거해도 실험의 결과에는 영향을 주지 않아야 합니다. 그것이 이콘의 경제학입니다. 그럼 공통부분을 제거하면 실험 구조는 어떻게 변하는지 살펴보도록 하겠습니다.

　다음의 표는 실험 1의 두 선택안에서 상금이 100만 달러인 경우의 확률을 89% 차감한 것과, 실험 2의 두 선택안에서 상금이 없는 경우의 확률을 89% 차감한 결과입니다.

〈 공통부분($100만, 89%)을 제거한 실험 1의 구조 〉

선택 A		선택 B	
상금	확률	상금	확률
$100만	11% (100%-89%)	$100만	0% (89%-89%)
		$0	1%
		$500만	10%

〈 공통부분($0, 89%)을 제거한 실험 2의 구조 〉

선택 C		선택 D	
상금	확률	상금	확률
$0	11% (100%-89%)	$0	1% (90%-89%)
$100만	11%		
		$500만	10%

    수정된 후의 실험 1과 실험 2에서 확률이 0인 항목을 제외하고 보면 놀랍게도 두 실험은 정확히 같은 구조인 것으로 드러납니다.

    다음의 표는 위의 두 표를 재정리한 것입니다. 표에서 보는 것처럼 선택 A는 선택 C와 같고, 선택 B는 선택 D와 같습니다. 이 경우 실험 1에서 선택 A를 고른 이콘은 실험 2에서 선택 C를 골라야 하지 않을까요? 그런데 알레의 실험에서는 대다수가 선택 D를 선호합니다. 거꾸로 말해도 좋을 것입니다. 실험 2를 먼저 실행했을 때 그 결과가 선택 D라면 실험 1에서는 당연히 선택 B를 선호해야 하는 것 아닐까요? 어쨌든 알레의 실험 결과는 이콘의 선택 결과와 다릅니다. 선호역전preference reversal이 일어났습니다. 무언가 어긋난 겁니다.

〈 공통부분을 제거한 두 실험의 구조 〉

선택 A = 선택 C		선택 B = 선택 D	
상금	확률	상금	확률
$100만	11%	$0	1%
		$500만	10%

왜 이런 일이 벌어진 걸까요? 먼저 공통부분을 제거하지 않은 원래의
실험 구조에서 실험 2를 살펴보겠습니다. 이때는 누구라도 선택 D를 선
호할 것입니다. 선택 D의 기댓값은 50만 달러인데 선택 C의 기댓값은 11
만 달러에 불과합니다. 게다가 상금 100만 달러와 500만 달러의 확률은
각각 10%와 11%로 큰 차이가 없습니다. 이콘이든 휴먼이든 실험 2에서
는 선택 D를 선호하는 것이 자연스럽습니다. 그런데 공통부분을 제거하
면 실험 1에서는 왜 선택 D와 같은 구조를 가진 선택 B보다 선택 A를 선
호하는 걸까요?

비밀의 열쇠를 찾기 위해 알레의 실험 구조를 한 번 더 살펴보도록
하겠습니다. 두 실험에서 동일 요소인 '10% 확률의 500만 달러'를 제외
하면 선택 결과는 어떻게 될까요? 먼저 실험 1에서는 당연히 선택 A가,
실험 2에서는 선택 C가 선호될 것입니다. 이러한 선택 결과는 앞서 공통
부분을 제거했을 때 두 실험의 구조가 같다는 점을 고려하면 너무도 당
연하다고 할 것입니다. 그렇다면 'A=C > B=D'인 상태에서 양쪽 모두에

휴먼의 경제학 : 합리성과 인간심리

'10% 확률의 500만 달러'를 추가해서 재구성한 실험에서도 이 선호관계가 유지되는 게 당연한 것이 아닐까요? 하지만 그 선택 결과는 우리가 위에서 본 바와 같이 달라집니다. 이것이 '알레의 역설Allais paradox'입니다.

실험 1				실험 2			
선택 A		선택 B		선택 C		선택 D	
상금	확률	상금	확률	상금	확률	상금	확률
$100만	100%	$100만	89%	$0	89%	$0	90%
		$0	1%	$100만	11%		
		$500만	10%			$500만	10%

　　다소 복잡한 듯 보이는 위의 분석을 머릿속에서 좀 더 간단한 그림으로 그려볼 수 있도록 실험 결과를 일반화해서 생각해 보겠습니다. 이콘의 논리에 따르면 L1 > L2인 상태에서 양쪽에 L3이라는 같은 값을 더했을 때 L1+L3 > L2+L3가 되는 것은 자명한 결과입니다.

　　알레의 실험에서 L3은 '10% 확률의 500만 달러'이고, 이 동일 요소를 제외한 선택 A와 선택 C의 나머지 부분이 L1, 선택 B와 선택 D의 나머지 부분이 L2가 됩니다. 그런데 알레는 이런 논리가 항상 옳지는 않다는 점을 보여준 겁니다. L1 > L2인데도 L1+L3 < L2+L3가 될 수 있다는 것이죠. 우리는 여기서 이콘의 일관성보다는 휴먼의 상황 적응성이 힘을 발휘하는 모습을 볼 수 있습니다. '10% 확률의 500만 달러'가 선택의 세계를 재배치하면서 결정적 영향 요인으로 부상하기 때문입니다.

【부록】 엘스버그의 역설

⟨ 엘스버그의 3색공 단지 게임 ⟩

실험 1	30개(R)	60개(B+Y)	
(베팅 공)	붉은 공	검은 공	노란 공
선택 Ⅰ (붉은 공)	$100	$0	$0
선택 Ⅱ (검은 공)	$0	$100	$0

실험 2	30개(R)	60개(B+Y)	
(베팅 공)	붉은 공	검은 공	노란 공
선택 Ⅲ (붉은 공이나 노란 공)	$100	$0	$100
선택 Ⅳ (검은 공이나 노란 공)	$0	$100	$100

엘스버그의 실험에서 기대효용을 분석해 이콘의 논리가 적용되는지를 확인해 보도록 하겠습니다. 아래 표는 각 선택안의 기대효용을 계산한 것입니다. 각 선택안의 기대효용은 발생할 수 있는 상황별 보수의 효용에 관련 확률을 곱한 후 이를 합한 것입니다. 다소 복잡한 것처럼 보이지만 '3색공 단지 게임' 표에 나타난 상금을 보면서 차근히 따라가면 다음의 표를 이해할 수 있습니다.

효용의 계산과 관련해 특별히 언급할 사항은 계산 중에 나타나는 효용 u(100)과 u(0)을 계산의 편의상 각각 1과 0으로 간주한 것입니다. 앞서 이미 언급한 바 있는 것처럼 일반 재화가 아닌 돈은 완전히 동질적이므로 효용함수를 거치지 않고 금액을 그대로 효용으로 간주해도 무방합니다. 따라서 u(100)과 u(0)을 각각 100, 0으로 수치화해서 사용해도 동일한 결과로 나타납니다. 여기서는 단순히 편의상 1과 0을 사용한 것입니다. 여기서 정확히 알 수 없는 검은 공일 확률 p(B)를 ρ라고 하면 노란 공일 확률 p(Y)는 2/3-ρ가 됩니다.

선택안		이론의 기대효용	휴먼의 선택	결과 : 선호 역전
실험 1	I	p(R) • u(100) + p(B) • u(0) + p(Y) • u(0) = 1/3 • u(100) + ρ • u(0) + (2/3-ρ) • u(0) = 1/3 • 1 = 1/3	I > II	1/3 > ρ
	II	p(R) • u(0) + p(B) • u(100) + p(Y) • u(0) = 1/3 • 0 + ρ • 1 + (2/3-ρ) • 0 = ρ		
실험 2	III	p(R) • u(100) + p(B) • u(0) + p(Y) • u(100) = 1/3 • 1 + ρ • 0 + (2/3-ρ) • 1 = 1-ρ	III < IV	1/3 < ρ (1-ρ<2/3)
	IV	p(R) • u(0) + p(B) • u(100) + p(Y) • u(100) = 1/3 • 0 + ρ • 1 + (2/3-ρ) • 1 = 2/3		

위의 표를 보면 실험 1의 결과(I>II, 1/3>ρ)와 실험 2의 결과(IV>III, ρ>1/3)에서 선호가 역전된 것을 확인할 수 있습니다. 이콘의 이론에 따르면 실험 1의 결과인 1/3>ρ가 실험 2에서 1/3<ρ처럼 부등호 방향이 바뀌면 안 됩니다. 그런데 선택실험에서는 방향이 역전된 것이죠. 이것이 '엘스버그의 역설Ellsberg paradox'입니다.

PARADOXES & DILEMMAS IN ECONOMICS

2
가격은 가치의 거울인가?

튤립 광기

셈페르 아우구스투스Semper Augustus! 흰 바탕에 빨간색 무늬가 화려한 이 꽃은 언제까지나 숭고한 '영원한 황제'로 불리는 튤립 품종입니다. 어떤 사람은 이 꽃을 다음과 같이 묘사했습니다. "꽃을 지탱하고 있는 가느다란 줄기가 잎과 분명하게 구분이 되어 있었고 그 선명한 색상을 가장 효과적으로 드러내고 있었다. … 여섯 개의 꽃잎 모두 가운데에 가느다란 핏빛 불꽃이 솟아올라 있었고 꽃의 가장자리는 그 핏빛 음영으로 장식되어 있었다. 셈페르 아우구스투스가 핀 것을 실제로 보았던 대단한 행운아들은 그 꽃이 아프로디테만큼 유혹적인 경이로움 그 자체라고 생각했다."[*]

---

[*]   마이크 대시, 정주연 옮김, 『튤립, 그 아름다움과 투기의 역사』, 지호, 2002년, p.108

네덜란드에 튤립이 전해진 건 16세기 후반이라고 합니다. 처음에 튤립은 그 독특한 아름다움 때문에 사랑을 받았습니다. 네덜란드는 17세기 들어 중상주의 선도국으로 발돋움하며 유럽의 강국이 됩니다. 원거리 무역으로 부가 쌓이면서 상업과 금융이 발전하고 있었고, 동인도회사 지분을 거래하는 주식시장이 생기면서 투자로 이익을 챙기는 사회 분위기도 퍼지고 있었습니다. 풍요와 자만심에 젖은 사람들은 과시욕과 치부욕을 충족시켜줄 대상을 찾았습니다. 그때 사람들의 눈에 들어온 것이 튤립입니다.

튤립은 꽃이 피는 기간이 짧아서 뿌리 형태로 거래되는 것이 보통이었습니다. 당시 사람들이 튤립에 빠진 건 그 아름다움 때문이라기보다는 매매차익을 원했기 때문입니다. 서서히 투기 열풍이 불면서 튤립 가격은 1634년부터 본격적으로 오르기 시작했고, 이에 너도나도 투기에 뛰어든 것입니다. 아름다움을 기준으로 가격이 정해졌던 튤립은 이제 과도한 투기수요가 가격을 결정하게 되었습니다. 모두가 "매수! 매수! 매수!"를 외쳤습니다.

투기 광란은 1636년 12월에서 1637년 1월까지 두 달 동안 극에 달했습니다. 하지만 치솟았던 튤립 가격은 1637년 2월 첫 번째 화요일을 고비로 폭락하기 시작했습니다. 튤립 거래의 중심지였던 암스테르담 근교의 하를럼에서 꽃장수들이 여느 때와 같이 한 여인숙에 모여 튤립 경매를 시작했습니다. 그런데 그날은 평소와 달리 매수하려는 상인이 없었습니다. 경매가격을 내렸는데도 여전히 매수자가 나서지 않았습니다. 잠시 어색한 침묵이 흐른 뒤 경매장은 갑자기 공포로 뒤덮였습니다. 모두가 "매도! 매도! 매도! 오직 매도!"를 생각했겠지요. 이 공포가 다른 지방으로 퍼지는 데는 2~3일밖에 걸리지 않았습니다. 절정기에 5,000길더에 팔렸던 튤립이 단돈 50길더에 팔리기도 했습니다. 최고가의 100분의 1 수준으로 떨어진 겁니다.*

사람들이 공황 상태에 빠지고 전 재산을 날린 사람들이 속출하면서 사태가 심각해졌습니다. 이에 정부와 상인 등 관계자들의 논의를 거쳐 해결 방안이 마련되었습니다. 투기가 절정에 오르기 직전인 1636년 11월 이전의 계약은 모두 무효화하고, 그 이후에 체결된 계약은 구매자가 판매자에게 계약금의 10%만 지급하고 마무리하기로 한 겁니다. 일부 문제에도 불구하고 사태는 이것으로 진정되었습니다.**

우리가 궁금한 것은 튤립 가격이 어느 정도였는가입니다. 당시 5인 가족이 굶어 죽지 않으려면 1년에 280길더가 필요했다고 합니다. 그런데 투기가 정점이던 1637년에 튤립의 최고가는 5,200길더에 달했습니다. 다음의 표에 나타난 바와 같이 당시 3,000길더로 살 수 있는 물품과 비교해보면 이 가격이 어느 정도 수준인지 알 수 있습니다.*** 그렇다면 이 가격이 튤립의 진정한 가치를 나타낸 걸까요? 튤립 광풍이 불던 시기에 오랫동안 외국에서 일하다가 돌아온 한 선원이 다른 사람의 튤립 뿌리를 양파로 생각하고 먹어 치웠다는 이야기를 들으면 더욱 그런 의문이 듭니다. 물론 그 선원은 튤립 값을 변상할 수 없어 감옥에 갇혔다고 합니다.

---

*   마이크 대시, 같은 책, pp.203~207
**   찰스 맥케이, 이윤섭 옮김, 『대중의 미망과 광기』(1841년), 필맥, 2018년, p.70
*** 마이크 대시, 정주연 옮김, 『튤립, 그 아름다움과 투기의 역사』, 지호, 2002년, p.130,
     p.193, p.199

< 튤립과 필수품 가격 비교 >

살찐 돼지 8마리	240길더
살찐 황소 4마리	480길더
살찐 양 12마리	120길더
밀 24톤	448길더
호밀 48톤	558길더
와인 2통(240~630리터들이)	70길더
맥주 600리터(8길더짜리)	32길더
버터 2톤	192길더
치즈 450킬로그램	120길더
은 술잔	60길더
옷감 1팩(108킬로그램)	80길더
매트리스와 침구가 딸린 침대	100길더
배 1척	500길더
총합	**3,000길더**
튤립	**vs. 5,200길더**

출처 : 마이크 대시, 『튤립, 그 아름다움과 투기의 역사』, p.199

대부분의 사람은 튤립의 가치가 위의 표에 나타난 물건들의 총합보다 크다고 생각하지는 않을 것입니다. 하지만 당시 네덜란드 사람들은 튤립 뿌리 하나가 총 3,000길더에 해당하는 물건들보다 더 가치 있다고 생각했습니다. 그런데 당시 사람들이 생각하는 가치란 무엇이었을까요?

투기 광풍이 일어나기 전에 튤립의 가치는 그 아름다움에 있었을 것입니다. 이때의 가격은 아름다움의 가치를 표현한 것으로 볼 수 있겠지요. 만일 가격이 가치를 표현한 거라면 투기 광풍이 일던 시기에 튤립의 가치는 급등한 걸까요? 이때의 가치는 무엇일까요? 가격이 높아진 만큼 꽃의 아름다움이 더해진 걸까요? 우리는 여기서 경제학이 즐겨 이야기하는 '가치의 역설paradox of value', 즉 물과 다이아몬드의 역설을 살펴볼 필요가 있습니다.

가치의 역설

사람에게 가장 소중한 것은 무엇일까요? 사람들은 처한 환경과 살아온 궤적이 같지 않아서 소중하다고 생각하는 것이 저마다 다를 것입니다. 하지만 시간을 조금씩 뒤로 돌리면 많은 사람이 소중하게 여기는 것들의 폭이 좁아질 겁니다. 그리고 대부분은 의·식·주로 수렴되고, 그중에서도 먹을 것이 마지막에 남을 것입니다. 궁극적인 가치는 생명이라는 거죠. 애덤 스미스는 야만 사회에서는 연간 노동의 1% 정도만 의복이나 주거에 사용하고, 나머지 99%는 식량을 마련하는 데 쓴다고 말합니다.[*]

사실이 이와 같다면 물과 다이아몬드 중에서 어느 것이 더 가치가 있을까요? 사람의 생존에 더 유용하고 절대적인 물보다 그저 한낱 장식품에 불과할 수 있는 다이아몬드가 훨씬 더 비싼 건 왜일까요? 물론 사막에서 오아시스로 연결되는 길을 잃고 며칠째 헤매는 대상隊商에게는 사막의 다이아몬드가 현실의 물이고 사막의 물이 현실의 다이아몬드일 것입니다. 어쨌든 사막을 떠나 다시 정상적인 상황으로 돌아왔을 때 가치와

---

[*]   애덤 스미스, 김수행 옮김, 『국부론』, 비봉출판사, 2012년, p.214

가격의 역전이라는 이 역설은 해결할 수 없는 진정한 역설일까요?

애덤 스미스는 『국부론』에서 '가치value'라는 말에는 사용가치value in use와 교환가치value in exchange라는 두 개의 의미가 있다고 말합니다. 사용가치는 물건의 '효용'을, 교환가치는 다른 물건을 살 수 있는 '구매력'을 나타냅니다. 여기서 스미스는 사용가치와 교환가치의 괴리 혹은 반전을 언급합니다. 물의 사용가치는 무엇보다 크지만 교환가치는 없고, 다이아몬드는 사용가치는 거의 없지만 교환가치는 매우 크다는 거죠.*

스미스는 다이아몬드와 물의 가격(교환가치)과 쓸모(사용가치, 효용)를 통해 오늘날 우리가 가치의 역설이라고 말하는 것을 설명하고 있지만 왜 그런 현상이 일어나는지 알려주지는 않았습니다. 사실 스미스는 『국부론』을 집필하기 한참 전에 이 역설을 해결했습니다. 자신의 강의에서 다이아몬드와 물의 가격 차이는 희소성의 차이에서 비롯된다는 것을 설명했다고 합니다.** 참고로 스미스가 이 문제를 역설로 보지 않았다고 말하는 사람도 있습니다. 그저 사용가치와 교환가치가 체계적으로 연결되어 있지 않다는 점을 지적했다는 거죠.***

---

*   애덤 스미스, 같은 책, p.35

**   마크 스카우젠·케나 테일러, 권선주 옮김, 『경제학의 퍼즐과 패러독스』, 인간사랑, 2003년, p.30

***   E. K. 헌트·마크 라우첸하이저, 홍기빈 옮김, 『E. K. 헌트의 경제사상사』, 시대의창, 2015년, p.144

공리주의와 한계효용

가치의 역설을 풀기 전에 효용을 기반으로 한 공리주의에 대해 알아보겠습니다. 제레미 벤담은 『도덕과 입법의 원칙에 대한 서론』을 다음과 같이 '효용의 원리the principle of utility'로 시작합니다.

"자연은 인류를 고통과 쾌락이라는 최고의 두 주인이 지배하도록 하였다. 우리가 무엇을 행할까를 결정할 뿐만 아니라 우리가 무엇을 해야하는가를 지시해 주는 것은 오직 이 둘이다. … 고통과 쾌락은 우리가행하고 말하고 생각하는 모든 것을 지배한다. 이 두 주인에 대한 종속에서 벗어나려는 우리의 온갖 노력은 오히려 우리가 그들에게 종속되어 있음을 증명하고 확인시켜줄 뿐이다. … 효용의 원리는 이런 종속을 인정하며, 이를 이성과 법의 손길로 더없이 행복한 구조를 세우려는 목적을지닌 체계의 토대라고 가정한다."****

벤담에 따르면, 효용의 원리는 각각의 모든 행동에 대해 이해당사자의 행복을 증가시키는 경향이 있으면 승인하고, 감소시키는 경향이 있으면 불승인하는 원리를 말합니다. 효용의 원리는 개인의 행위뿐만 아니라 정부의 행위에도 적용됩니다. 여기서 효용이란 행복을 산출하거나 불행의 발생을 막는 경향을 가진 어떤 속성을 의미합니다.

행복은 이익benefit, 이득advantage, 쾌락pleasure, 좋음good이라는 말과 같은 것이며 불행은 해악mischief, 고통pain, 악evil과 같은 것입니다.***** 벤

**** 제레미 벤담, 강준호 옮김, 『도덕과 입법의 원칙에 대한 서론』, 아카넷, 2023년, p.47 (번역일부 수정, 예 : 공리의 원칙 → 효용의 원리)
***** 제레미 벤담, 같은 책, p.49

담은 결국 효용의 원리에 종속된 인간은 효용을 극대화하려는 동기를 가지고 행동한다는 '공리주의'를 선언했다고 할 수 있습니다. 그리고 그는 앞에서 보았듯이 쾌락이나 고통의 힘force을 측정하는 방법을 제시하기도 했습니다.

어쨌든 이 역설에 대한 논리적인 설명은 공리주의가 득세하기 시작했던 1870년대에 이루어지게 됩니다. 윌리엄 스탠리 제번스(William Stanley Jevons, 1835~1882), 카를 멩거(Carl Menger, 1840~1921), 그리고 레옹 발라(Léon Walras, 1834~1910)가 그 주인공들입니다. 이들은 모두 개인주의적이고 공리주의적인 관점을 견지했습니다. 이들의 핵심 논리는 '한계효용marginal utility'이었습니다. 이들에 따르면 가격을 결정하는 것은 총효용이 아니라 한계효용이라고 말합니다. 그리고 그렇게 결정된 가격이 바로 가치라고 말합니다.

그러면 총효용은 무엇이고 한계효용은 무엇일까요? 예를 들어보겠습니다. 배가 출출할 때 호두과자를 먹는다고 해보죠. 촉촉한 빵에 싸인 팥앙금과 호두의 고소한 단맛이 어우러져 자아내는 만족감, 즉 효용은 처음 하나를 먹을 때 가장 큽니다. 그러나 두 개, 세 개, … 열 개, 먹는 개수가 늘어날수록 효용은 조금씩 감소합니다. 처음부터 마지막 10개까지의 효용을 각각 10, 9, 8, …, 3, 2, 1이라고 가정하면, 10개의 총효용은 55가 됩니다.

한계효용은 호두를 하나씩 더 소비할 때 추가로 느끼는 효용입니다. 첫 번째 호두의 한계효용은 10, 두 번째는 9, 세 번째는 8, …, 열 번째는 1입니다. 이처럼 소비가 늘어날수록 느끼는 추가적인 만족감이 줄어드는 현상을 '한계효용 체감의 법칙law of diminishing marginal utility'이라고 합

휴먼의 경제학 : 합리성과 인간심리

니다. 그런데 시장에서는 수요와 공급이 일치하는 수량에서 가격이 정해집니다. 따라서 가격은 수요와 공급이 일치하는 수량에서 얻게 되는 한계효용이 결정하게 됩니다.

한계효용이 가격을 결정한다는 이야기에 다소 의아해할 수도 있습니다. 그럼, 멩거의 제자인 오이겐 폰 뵘바베르크(Eugen von Böhm-Bawerk, 1851~1914)의 설명을 한 번 들어보겠습니다.

마을에서 멀리 떨어진 숲에 통나무집을 짓고 사는 농부가 어느 해 다섯 자루의 곡식을 수확했습니다. 농부는 이 곡식으로 한 해를 버텨야 합니다. 그는 긴요하다고 생각하는 순서에 따라 곡식을 사용할 계획을 세웁니다. 먼저 생존을 위한 식량으로 한 자루를 소비합니다. 두 번째 자루는 체력 유지를 위해 소비합니다. 그래야 일을 할 수 있거든요. 따라서 두 자루를 식량으로 쓰는 것입니다. 세 번째 자루는 가축 사료로, 그리고 네 번째 자루는 술을 빚습니다. 마지막 한 자루는 자신을 즐겁게 해주는 앵무새의 모이로 사용할 계획입니다. 각각의 목적에는 한 자루의 곡식이 꼭 필요하며 농부는 이 순서대로 각 자루의 중요도, 즉 효용을 10, 8, 6, 4, 1로 평가합니다.

이 상태에서 한 자루의 곡식을 잃어버리거나 도둑을 맞았다면 농부가 잃는 효용은 얼마일까요? 뵘바베르크는 말합니다. 이런 상황이 되면 농부는 가장 덜 중요한 걸 포기하는 게 당연하다고요. 각 자루에서 5분의 1씩 덜어서 앵무새 모이로 주는 것은 불가능합니다. 생존과 건강, 가축과 술을 위해서 각각 한 자루의 곡식이 필요하기 때문이죠. 안타깝지만 앵무새에게 모이 주는 걸 포기해야 합니다. 농부가 잃는 효용은 1이 됩니다. 만일 네 자루가 있는 상태에서 한 자루를 산다면 농부는 얼마를 지불할까요? 아마도 효용 1만큼에 해당하는 가격을 지불하려고 하겠지요. 만일 곡식 한 자루가 또 없어지면 어떨까요? 이때 농부는 효용 4를 잃게 됩니다. 이처럼 세 자루가 남은 상태에서 한 자루를 산다면 농부는 얼마를 지불할 용의가 있을까요? 아마도 효용 4만큼에 해당하는 가격을 지불하려고 할 것입니다.

이와 같은 논리는 모든 곡식 자루를 잃는 단계까지 똑같이 적용됩니다. 곡식 자루가 적어질수록 농부가 지불하고자 하는 가격은 더 커진다는 거죠. 이것은 재화의 수량과 재화의 가치가 역의 관계에 있다는 것을 뜻합니다.[*] 따라서 동일한 재화를 여러 개 소비하는 경우 소비의 마지막 단계, 즉 그 재화의 중요성이 제일 낮은 단계에서 얻는 효용(한계효용)이 가격을 결정하게 됩니다.

스미스가 언급했던 희소성의 차이란 결국 한계효용의 차이로 나타납니다. 물은 인간의 생존에 가장 중요하지만, 다이아몬드에 비해 상대적으로 양이 풍부합니다. 탈수 방지와 갈증 해소에서 시작하여 화초 물주기와 비눗방울 놀이에도 쓸 만큼 충분하죠. 이에 비해 다이아몬드는 그 양이 적습니다. 비싼 장식품을 만들고 남은 다이아몬드로 구슬치기를 할 수는 없지요. 이제까지 설명한 내용을 간단한 그림으로 살펴보겠습니다.

---

[*] Eugen von Böhm-Bawerk, 『The Positive Theory of Capital』(1888년)(영역본), G. E. Stechert & Co. 1930, pp.149~152

휴먼의 경제학 : 합리성과 인간심리

〈 물과 다이아몬드의 한계효용 〉

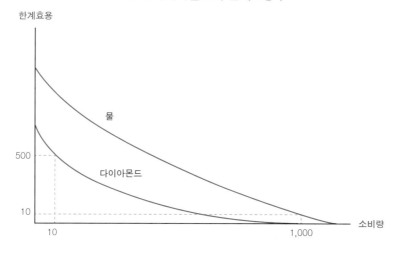

위의 그림은 물과 다이아몬드의 소비량(가로축)에 따라 점차 감소하는 한계효용(세로축)을 표시하고 있습니다. 첫 번째 소비는 물은 생명수이므로 그 한계효용은 다이아몬드의 한계효용보다 훨씬 큽니다. 세로축에서 각 곡선이 시작되는 점을 보면 이것이 드러나죠. 이제 물의 소비량을 1,000, 다이아몬드의 소비량을 10이라고 하면 마지막 소비단계, 다시 말해 중요성이 가장 낮은 용도로 사용하는 단계에서 각각의 한계효용은 10과 500이 됩니다. 이 차이가 물과 다이아몬드의 가격에 반영됩니다.

여기서 물과 다이아몬드의 총효용은 어떻게 될까요? 앞서 호두의 예에서 보았듯이 총효용은 소비량의 마지막 단계까지 추가로 얻은 한계효용을 모두 더한 것입니다. 위 그림에서는 원점에서 소비량까지 각 곡선 아랫부분의 면적이 물과 다이아몬드의 총효용이 됩니다. 그림에서 알 수 있듯이 물의 총효용이 다이아몬드의 총효용보다 훨씬 큽니다. 이로써 우리는 스미스가 말한 교환가치와 사용가치의 반전 현상이 한계효용을 결정하는 상대적 희소성에서 발생한다는 사실을 확인했습니다. 한계효용을 이용해 가치의 역설을 푼 거죠.

가치의 원천

그런데 한계효용으로 가치의 역설을 풀고 나면 우리는 '가치'라는 말이 '가격'이라는 말로 대체되었다는 느낌을 받습니다. 다시 말해 효용이 가치를 결정하고 그것이 곧 가격으로 표현된다는 생각을 합니다. 만일 가격 자체가 가치라고 생각한다면 우리는 '가치의 원천은 무엇인가'라는 중요한 질문을 망각하게 됩니다. 그렇다면 이제 경제학에는 가격만 남습니다. 이로써 경제학은 상대적 희소성이 반영된 가격이 효율적으로 자원을 배분하여 효용을 극대화한다는 논리에 포획되기 시작합니다.

자유시장에서는 가격과 가치를 비교해 거래한다고 합니다. 사는 사람은 가격보다 큰 가치를 얻기 위해 거래를 하고, 파는 사람은 가치보다 높은 가격을 받으려고 거래를 한다는 거죠. 이것은 사는 사람과 파는 사람이 일정한 가격을 가진 물건의 가치를 서로 다르게 인식하기 때문에 가능한 일입니다. 예를 들어 장미꽃 한 송이의 가격이 5,000원이라고 할 때 첫사랑 연인에게 줄 붉은 장미꽃을 사는 사람이 생각하는 장미꽃의 가치는 10만 원에 상당할 수도 있을 겁니다. 반면 매일매일 오늘은 장미꽃이 얼마나 팔릴까 고민하는 꽃장수에게 장미꽃의 가치는 5,000원보다

휴먼의 경제학 : 합리성과 인간심리

적은 원가에 상응할 수도 있습니다. 두 사람은 5,000원이라는 가격을 기준으로 거래를 합니다.

그런데 비록 가격을 매개로 하지만 상품들이 서로 일정한 비율로 교환되는 배경은 무엇일까요? 사람의 머릿속에 물건의 '고유한' 가치를 확인할 수 있는 가치의 계측기가 존재할까요? 아마도 그런 것은 없을 겁니다. 사실 장미꽃을 거래하는 사람들이 의지하는 가치의 계측기는 바로 교환가치를 나타내는 '가격'입니다. 그런데 앞서 언급했듯이 효용이 가치를 결정하고 이것이 다시 가격을 결정한다는 효용가치론의 입장에서는 가치의 진정한 원천에 대한 질문을 망각하게 됩니다. 가격 자체가 가치를 낳는 건 아니니까요. 가격은 일종의 가치의 프리즘이라고 할 수 있습니다.

그렇다면 거래할 때 생각하는 진정한 경제적 가치의 기준은 무엇일까요? 다시 말해 가격으로 투영되는 진정한 경제적 가치의 원천은 무엇일까요? 개인은 자신에게 필요한 물건의 쓸모(효용, 사용가치)를 기준으로 가치를 정할 수 있지만, 사회 전체적으로는 어떤 기준으로 물건들의 가치를 정할까요? 모든 사람의 주관적 쓸모를 넘어서 상품 간 비교가 가능한 사회적 합의를 거친 기준이 있을까요? 이 질문에서 우리는 인간의 노동이라는 주제를 만나게 됩니다. 분명히 해둘 점은 우리가 지금 논의하고 있는 가치는 정치, 사회 혹은 문화적 측면에서 이야기하는 가치가 아니라는 겁니다. 우리가 관심을 가지는 가치는 바로 경제적 가치입니다.

앞서 언급했던 것처럼 스미스는 가치의 역설을 상대적 회소성으로 해결했음에도 『국부론』에서는 왜 이를 언급하지 않았을까요? 한 가지 가능성은 스미스가 가치의 원천을 인간의 노동에 두고 있었다는 사실입니다. 근면과 생산적 노동을 중시하고 소비보다 저축을 우선시했던 스미스는 무익한 사치품인 다이아몬드가 유용한 물에 비해 더 큰 가치를 가지는 것이 논리적이라고 천명하기에는 마음이 불편했을지도 모릅니다.

스미스는 노동이 모든 상품의 교환가치를 측정하는 진정한 척도라고 주장했습니다. 그에 따르면 어떤 물건을 얻기 위해 지불해야 하는 가치, 즉 진정한 가격은 그것을 얻는 데 드는 수고toil와 번거로움trouble입니다.[*]

스미스는 초기 원시사회에서 물품을 교환하는 기준이 각 물품을 획득하는 데 필요한 노동의 양이었다고 말합니다. 예를 들어 해리beaver를 잡는 데 걸리는 시간이 사슴을 잡는 데 걸리는 시간의 두 배라면 해리 한 마리는 사슴 두 마리의 가치가 있다는 겁니다.[**] 이처럼 스미스는 노동을 가치의 근원이자 구매력의 기원이었다고 피력합니다. 그는 말합니다. "노동은 모든 물건을 구매하기 위해 지불되는 최초의 가격, 또는 최초의 구매화폐였다. 세상의 모든 재부財富를 구매하는 데 최초로 사용된 것은 금이나 은이 아니라 노동이었다."[***]

스미스를 이어 노동가치론을 주장한 사람은 데이비드 리카도입니다. 그는 상품이 유용하지 않으면, 다시 말해 만족감을 느끼는 데 기여하지 못하면 교환 가능한 가치(exchangeable value, 교환가치)는 없다고 말합니다. 따라서 가치를 가지려면 쓸모, 즉 효용이 있어야 합니다. 효용이 없다면 그 상품을 얻는 데 아무리 많은 노동이 투여되었다고 해도 그 상품은 가치가 없다고 주장합니다. 그렇다고 효용이 곧 가치는 아닙니다. 효용은 가치의 필요조건일 뿐입니다.

---

[*]   애덤 스미스, 김수행 옮김, 『국부론』, 비봉출판사, 2012년, pp.37~38
[**]   애덤 스미스, 같은 책, pp.60
[***] 애덤 스미스, 같은 책, p.38

리카도에 따르면 효용이 있는 상품이 교환 가능한 가치를 가지려면 두 가지 조건이 필요합니다. 하나는 희소성이고, 다른 하나는 그것을 획득하는 데 필요한 노동의 양입니다. 가치를 희소성에 기초하고 있는 상품의 예로는 희귀한 조각상, 그림, 희귀 서적, 동전 또는 특정 지역의 포도로 만든 제한된 수량의 와인 등이 있습니다. 이러한 재화는 인간의 노동을 통해 늘릴 수 없습니다. 그 가치는 그것을 소유하고자 하는 사람들의 부의 수준과 욕구의 강도에 달려 있습니다. 반면 시장에서 거래되는 대부분의 상품은 획득하는 데 투여된 노동에 의해 가치가 결정됩니다.[****]

리카도는 비버와 사슴을 잡는 데 필요한 노동 시간의 차이가 한 마리의 비버와 두 마리의 사슴이 교환하는 기준이 된다는 스미스의 말을 인용합니다. 교환 가능한 가치의 진정한 기초는 바로 노동이라는 거죠. 그는 이렇게 말합니다. "만일 상품에 실현된 노동의 양이 교환 가능한 가치를 규정한다면 노동의 양이 늘어나면 해당 상품의 가치는 증가해야 하고, 노동의 양이 줄어들면 해당 상품의 가치는 감소해야 한다."

리카도는 희소성이 가치의 유일한 원천인 극히 일부의 상품을 제외하고, 노동이 교환 가능한 가치의 진정한 기초라는 사실이 정치경제학의 가장 중요한 교리라고 강조합니다.[*****]

스미스와 리카도의 노동가치론에서 출발해 이를 더욱 발전시키고 하

[****] David Ricardo, 『The Principles of Political Economy and Taxation』, Everyman's Library, 1917, pp.5~6 (* 책의 원제목은 맨 앞에 'On'이 붙어 있으나 재출간한 이 책에서는 삭제됨)
[*****] David Ricard, 같은 책, pp.6~7

나의 완성된 체계를 제시한 사람은 마르크스입니다. 많은 사람들이 마르크스를 공산주의 사상을 설파한 대표적인 인물로 알고 있지만, 사실 그는 공산주의 자체에 대해 언급한 바가 많지 않다고 합니다. 그의 대표작인『자본론』은 공산주의 경제에 관한 책이 아닙니다. 오히려 자본주의의 작동원리와 자본주의가 어떤 방향으로 향하고 있는가를 하나하나 비판적으로 분석한 책입니다. 어쨌든 마르크스는『자본론』에서 인간의 노동이 가치의 원천이라는 점을 분명히 합니다. 그러나 마르크스가 말하는 노동과 가치라는 말의 의미는 스미스나 리카도가 사용했던 뜻과는 미묘한 차이가 있습니다. 마르크스의 노동가치론에 대해서는 이 장의 끝에 부록으로 첨부해 두었습니다.

가치의 블랙홀

가격은 가치에서 멀어질 수 있습니다. 하지만 가치의 원천을 인간의 노동이라고 하면 가격이 가치에서 너무 멀어지지 않도록 하는 구심력이 작용하게 됩니다. 가치가 중심을 잡아주는 거죠. 반면 가치를 배제한 가격은 구심력을 잃고 극단적인 움직임을 보일 수 있습니다. 튤립 버블에서 확인했던 것처럼요.

　스미스, 리카도, 마르크스 등 고전학파 경제학에서 중요하게 다루어지던 교환가치와 사용가치의 구분, 그리고 가치의 원천에 대한 노동에 관한 논의는 오늘날 주류경제학에서 사라졌습니다. 한계효용이 가치를 삼켜버린 거죠. 이제 경제학은 가격만을 그 대상으로 합니다. 경제를 생산과 소비의 과정이라고 할 때 가치는 어디에서 나오는 걸까요? 스미스와 리카도, 마르크스는 가치의 원천은 노동으로 이것은 생산과정을 통해 상품에 체현된다고 생각했습니다. 이들은 노동을 통한 상품의 생산과 더불어 교환의 사회적 측면에 초점을 두고 가치를 이야기합니다. 이때까지만 해도 가치가 가격을 결정한다는 생각이 있었습니다.

반면 제번스, 멩거, 발라 등 신고전학파 경제학자들에게 가치의 원천은 희소성과 개인의 선호에 기반을 둔 한계효용입니다. 이들은 소비와 교환의 개별적 측면에 초점을 두고 가격을 분석합니다. 제번스에 따르면 가치는 단순히 가격을 의미합니다. 그는 "만약 가치라는 것을 어떤 사물 또는 물체라고 생각하거나, 심지어 어떤 사물이나 물체에 들어 있는 무엇이라고 생각한다면 경제학이라는 학문은 명확하고 올바르게 정립될 가능성이 없다. … 가치라는 말을 옳게 사용한다면, 이는 오로지 어떤 다른 실체와 일정한 비율로 교환되는 정황을 표현할 뿐이다."[*]라고 말합니다. 즉, 가격과 다른 의미의 가치가 개입되면 경제학을 제대로 정립할 수 없다는 것입니다.

이러한 생각은 19세기 말의 시대적 배경에서 비롯되었습니다. 당시 사회주의의 부상으로 노동자들은 가치 창조자로서 자본가의 부당한 대우에 맞서 단결하게 되었습니다. 이에 대한 반작용으로 자본가 계급이 결속했고, 이들은 노동자 계급의 논리에 맞서 가격이 가치를 결정한다는 이론을 지지했습니다. 나아가 그들은 경제학을 과학으로 만들고자 했습

---

[*]   E. K. 헌트·마크 라우첸하이저, 홍기빈 옮김, 『E. K. 헌트의 경제사상사』, 시대의창, 2015년, p.519

니다. 사회과학 분야에서 물리학이 되고자 했던 경제학은 수리적 모형에 심취하면서 스미스에서 시작되는 초기 경제학이 가지고 있던 정치적, 사회적, 철학적 함의를 제거했습니다. 한마디로 '가치'에 대한 논의를 제거한 것입니다. '정치경제학political economics'으로 불렸던 초기 경제학은 정치와 가치가 제거된 가격의 '경제학economics'으로 변모한 겁니다.[*]

한계효용이론에 따르면, 한계효용과 희소성이 가격을 결정하고 모든 소득은 생산적인 활동에 대한 보상이라고 생각합니다. 이제 시장에서 합법적으로 가격이 붙으면 무엇이든 생산적인 것이 됩니다. 가격이 가치의 척도가 되는 거죠. 따라서 비생산적인 영역은 거의 존재하지 않게 됩니다.[**] 이는 효용이 가격이 되고 가격이 가치가 된다는 점에서 가격이 가치를 결정한다는 '효용가치론'이라고 할 수 있습니다. 오늘날의 '가치 신화'가 시작된 것입니다. 가치에 대한 논의가 사라지면서 가치라는 말이 남용되기 시작했습니다.

효용가치론이 주류 경제학의 핵심 도구로 널리 받아들여지고 있지만 우리는 그 대가를 지불해야 합니다. 복잡한 사회에서 이루어지는 생산과 교환에 스며든 사회적 가치를 외면하고, 가격을 기준으로 한 경제 분석과 정책 처방은 가치 지향적인 인간의 모습을 왜곡하고 잘못된 방향으로 몰아가는 부작용을 가져올 수 있기 때문입니다. 즉 가치가 가격을 결정한다는 관점에서 가격이 가치를 결정한다고 보는 관점으로 이동하면서 시장에서 가격이 붙는 모든 활동은 가치 창출 활동으로 여겨집니

[*]   마리아나 마추카토, 안진환 옮김, 『가치의 모든 것』, 민음사, 2021년, pp.37~38
[**]   마리아나 마추카토, 같은 책, pp.127~129

다. 결국 돈을 많이 벌수록 더 많은 가치를 창출하는 사람이 되는 셈입니다.*** 아울러 가격의 구심점인 가치와 가격의 괴리가 심해지면 상품으로서 가치를 매길 수 없는 것마저도 가격이 붙는 상황이 발생합니다.**** 상품이 아닌 것, 즉 가치를 가늠할 수 없는 것에도 가격이 매겨진다는 거죠. 가격을 가치로 남용하는 겁니다. 예를 들면 양심이나 명예, 사랑에도 가격을 붙여 상품처럼 거래하려는 경향이 나타납니다.

우리는 한 탁아소에서 있었던 실험을 통해서도 가치와 무관한 가격의 부작용을 확인할 수 있습니다. 탁아소에서 아이를 늦게 찾으러 오는 부모에게 벌금을 부과했습니다. 벌금을 부과하기 전에는 늦게 오는 부모들이 '사회규범'에 따라 죄책감을 느꼈습니다. 그런데 벌금을 부과하자 부모들은 아이를 데리러 오는 것을 '시장규칙'에 따라 상품을 구매하는 것처럼 생각하기 시작했습니다. 이제 늦어도 벌금을 내면 되니 자신의 상황에 맞춰 늦을지 말지를 결정하게 된 것입니다. 벌금을 부과함으로써, 즉 가격을 붙임으로써 부모의 역할이 상품 구매와 같아진 겁니다.

몇 주 후 탁아소는 벌금을 없앴습니다. 아이들을 늦게 찾으러 오는 부모들은 이제 다시 죄책감을 느꼈을까요? 전혀 그렇지 않았습니다.***** 부모들은 여전히 벌금이 있는 것처럼 행동한 것이죠. 시장규칙이 사회규범을 몰아낸 겁니다. 더구나 시장규칙을 인위적으로 걷어낸 후에도 사회규범을 밀어내고 그 영향력을 유지했습니다. 여기서 사회규범을 가치로, 시장규칙을 가격으로 바꾸면 위에서 언급했던 '양심을 상품처럼 거래한

*** 마리아나 마추카토, 같은 책, p.24
**** 카를 마르크스, 김수행 옮김 『자본론』 I [상], 비봉출판사, 2015년, p.133
***** 댄 애리얼리, 장석훈 옮김, 『상식 밖의 경제학』, 청림출판, 2009년, pp.121~122

다'는 의미를 이해할 수 있습니다. 전통적으로 사회규범이 지배하던 삶의 영역으로 시장이 확대되면, 시장규칙이 사회규범을 밀어내면서 역효과를 낼 수 있습니다. 자원봉사자에게 대가를 지급하면 봉사활동을 하지 않으려는 것처럼 특정 행동에 돈을 지급하면 그 행동이 증가하지 않고 오히려 감소할 수 있다는 것입니다.[*]

금융화와 가치 신화

가치와 가격의 괴리에 따른 부작용을 보다 분명하게 확인할 수 있는 것은 금융 분야입니다. 1970년대까지 금융은 부를 창조하는 영역이 아니라 분배하는 영역으로 여겨졌고, 따라서 많은 규제를 받았습니다. 그러나 1970년대의 오일쇼크와 함께 제조업 기반으로 호황을 누리던 경제가 내리막길을 걸으면서, 금융 분야에 대한 규제를 완화해야 한다는 주장이 힘을 얻게 되었습니다. 이 시기에 영국의 대처 정부와 미국의 레이건 정부는 신자유주의 정책을 취하면서 금융에 대한 규제를 대폭 완화하기 시작합니다. 선물futures과 옵션option 등 파생상품에 대한 규제완화도 이런 맥락에서 이루어집니다. 바야흐로 금융의 비상이 시작된 거죠.

이 때문에 원자재 시장commodity market은 1970년대에 구조적 변화를 겪습니다. '금융화financialization'라는 현상입니다. 원유나 곡물 등의 원자재 선물시장futures market이 발달하면서 원자재의 생산, 유통, 소비와 무관

---

[*]   마이클 샌델, 안기순 옮김, 『돈으로 살 수 없는 것들』, 미래엔, 2012년, p.160

휴먼의 경제학 : 합리성과 인간심리

했던 금융회사가 원자재 시장의 큰손으로 등장했습니다. 원자재와 관련된 다양한 선물상품이 개발되어 거래되면서, 에너지원이나 식량으로 사용되는 원자재의 가격이 금융시장의 움직임에 큰 영향을 받게 된 겁니다. 실물경제의 금융화가 심해진 거죠.

2000년대에 원자재 시장이 활성화되면서 은행들이 송유시설, 곡물창고, 금속창고 등을 적극적으로 사들였습니다. 모건스탠리는 100척이 넘는 유조선과 막대한 저장 시설을 바탕으로 글로벌 원유 운송업체로 성장했습니다. 이처럼 원자재 실수요자에 의한 실물거래가 아니라 금융회사들에 의한 금융투자로 인해 이전보다 훨씬 많은 투자자금이 원자재 시장에 유입되었습니다. 거대한 자금이 움직이는 글로벌 금융시장에서 원자재는 인간에 필요한 식량이나 연료가 아니라 가격의 움직임에 따라 이익과 손실을 낳는 금융투자자산으로 탈바꿈하게 된 것입니다.[**] 결과적으로 투자자들의 기대와 우려가 원자재 가격과 긴밀하게 연결되는 상황이 만들어졌습니다.

문제는 실물경제의 금융화가 진전될수록 가치와 가격의 괴리가 심해질 수 있다는 점입니다. 금융이 압도하는 세계에서는 스미스와 리카도, 마르크스가 주장한 생산과 제조 중심인 세계와 달리, 가격의 과도한 이탈을 막는 구심점 역할을 하는 가치의 존재가 희미합니다. 가격이 가치를 벗어나 급변할 수 있는 거죠. 이때는 가치 신화가 깨집니다. 가격이 가치를 결정한다는 가치 신화는 가격이 세상의 질서와 균형을 가져온다는 생각을 하도록 만듭니다. 하지만 가격이 급변하게 되면 우리는 신화

[**]   루퍼트 러셀, 윤종은 옮김, 『빈곤의 가격』, 책세상, 2023년, pp.92~93

가 만들어낸 괴물을 만나게 됩니다.

"가격이 급격히 흔들리면 질서가 무너지고 혼돈이 벌어지며, 우리가 견고하다고 믿었던 것이 흔적도 없이 사라진다. 가격은 급작스러운 대기근과 대규모 난민을 유발하거나 지배 계급을 갈아엎는다. 가격은 폭동과 혁명, 전쟁을 일으키고, 왕실과 경찰국가 그리고 외세의 침략에 자금을 댄다. 가격은 우리의 빗장을 열어 괴물을 풀어놓는다."* 결국 가격이 가치를 집어삼키는 겁니다.

영국 유니버시티 칼리지 런던UCL '혁신 및 공공가치 경제학' 교수인 마리아나 마추카토는 경제적 가치 창조에 대한 오늘날의 신화가 막대한 착취를 가능하게 만들었다고 주장합니다. 마추카토는 과거 경제학에서 중요한 의제였던 '가치 논의'를 재점화함으로써 가치 창조로 오인하고 있는 가치 착취의 문제를 해결해야 한다고 피력합니다. 마추카토에 따르면 우리가 가치에 대해 어떻게 이야기하는가가 우리의 행동에 영향을 미치고 이것이 다시 경제와 그 성과 측정 방법에 영향을 미친다고 합니다.** 플라톤의 말처럼 이야기를 만드는 사람이 세상을 지배한다는 거죠. 이제 우리는 가치 신화를 깨뜨릴 우리의 이야기를 시작해야 합니다. 스미스와 리카도, 마르크스의 노동가치론이 옳은가 그른가의 문제가 아닙니다. 괴물이 우리의 삶을 삼키기 전에 가치에 대한 논의를 다시 경제학의 영역으로 끌고 들어와야 합니다.

---

*   루퍼트 러셀, 같은 책, p.15

**   마리아나 마추카토, 안진환 옮김, 『가치의 모든 것』, 민음사, 2021년, p.24

【부록】 마르크스의 노동가치론

먼저 마르크스는 "자본주의적 생산양식이 지배하는 사회의 부는 '방대한 상품더미'로 나타나며, 개개의 상품은 부의 기본 형태다."라고 천명합니다.[*] 이것이 『자본론』의 첫 문장입니다. 마르크스가 자본주의에 대한 분석을 상품에서 시작하는 이유가 여기에 있습니다. 자본주의에서 사회의 부, 즉 가치는 상품으로 드러나기 때문에 자본주의가 어떻게 돌아가는지 알려면 상품이 무엇이고 어떻게 생산되는지 분석해야 한다는 겁니다. 자본주의적 생산양식이란 노동력을 판매하는 노동자와 그를 고용하는 자본가의 관계를 기본으로 하는 역사적 경제구조를 말합니다.

마르크스는 스미스와 마찬가지로 상품의 가치를 사용가치와 교환가치로 구분합니다. 먼저 상품은 인간의 욕구를 충족시켜주는 유용성을

---

[*]   카를 마르크스, 김수행 옮김 『자본론』 I [상], 비봉출판사, 2015년, p.43

가지고 있는데, 이것이 사용가치가 됩니다. 상품의 유용성은 상품의 물리적 속성에 의해 주어집니다. 철, 밀, 금강석 등이 그런 속성을 잘 보여줍니다. 마르크스에 따르면 상품의 이러한 속성은 그 유용성을 취득하는 데 인간노동이 많이 드는지 적게 드는지와는 무관합니다. 마르크스는 상품이 서로 다양한 비율로 교환된다는 사실을 통해 교환가치의 성질을 확인합니다. 예를 들어 밀 1리터가 서로 다른 사용가치를 가진 X량의 구두약, Y량의 명주, Z량의 금 등과 교환된다면 이들 상품에는 공통된 그 무엇이 들어 있다는 것이죠. 그렇다면 그건 상품의 물리적, 화학적 혹은 다른 자연적 속성일 수는 없습니다. 이러한 속성은 사용가치와 관련이 있기 때문입니다.** 사용가치는 눈으로 보고 손으로 만질 수 있는 물리적 특성이 있다는 점을 생각하면 다양한 상품에 공통된 그 무엇은 눈으로 보고 손으로 만질 수 있는 것은 아니겠지요.

마르크스는 사용가치와 교환가치를 구분하면서 다음과 같이 말합니다. "사용가치로서 상품은 무엇보다 질적으로 구별되지만 교환가치로서 상품은 오직 양적 차이를 가질 뿐이고, 따라서 교환가치에는 사용가치가 조금도 포함되어 있지 않다."***

교환가치와 사용가치는 관계가 없다는 겁니다. 여기서 교환가치는 가격을 말합니다. 뒤에서 이야기하겠지만 '상품의 교환가치'가 마르크스가 사용하는 '상품의 가치'와 정확히 같은 의미는 아닙니다.

상품의 물적 특성, 즉 사용가치를 무시하면 남는 단 하나의 속성은

**   카를 마르크스, 같은 책, pp.43~46
***   카를 마르크스, 같은 책, p.46

바로 노동생산물이라고 할 수 있습니다. 그런데 이때의 노동은 소재적 유용성을 가진 물리적 사용가치를 낳는 구체적 노동이 아닙니다. 상품들 사이에 공통된 보고 만질 수 없는 그 무언가를 낳는 노동은 개념으로서의 노동, 다시 말해 추상적 노동이라고 할 수 있습니다.

마르크스에 따르면 모든 상품은 노동생산물로서 인간노동력이 응고되어 있습니다. 상품에 응고된 추상적 노동이 바로 마르크스가 말하는 상품의 가치입니다. 그리고 추상적 노동을 통해 상품에 체현된 가치가 겉으로 드러난 현상 형태가 바로 교환가치, 즉 가격입니다. 우리는 가격을 통해 가치의 모습을 간접적으로 확인할 수 있을 뿐입니다.[*] 마르크스의 가치 개념은 아래 그림과 같이 정리할 수 있습니다.

< 상품의 가치와 그 현상 형태 >

그런데 가치의 크기는 어떻게 측정할 수 있을까요? 그것은 노동하는

---

[*]   카를 마르크스, 같은 책, p.47

휴먼의 경제학 : 합리성과 인간심리

시간, 즉 노동의 양으로 측정할 수 있습니다. 그런데 이때 노동량은 특정 상품을 생산할 때 개인마다 달라질 수 있는 개별적 노동량을 의미하는 것이 아닙니다. 마르크스는 상품의 가치를 결정하는 것은 '사회적으로 필요한 노동시간socially necessary labour time'이라고 말합니다. 이것은 "주어진 사회의 정상적인 생산조건과 그 사회에서 지배적인 평균적 노동숙련도와 노동강도에서 어떤 사용가치를 생산하는 데 드는 노동시간"입니다.** 다시 말해 정상적 조건에서 이루어지는 사회적 평균 노동시간이라고 할 수 있습니다.

이 논리에 따르면 기계의 도입이나 노동생산성 향상으로 상품을 생산하는 데 소요되는 노동시간이 단축되면 그 상품의 가치는 그만큼 감소하게 됩니다. 또한 어떤 물건은 가치가 없고 사용가치만을 가질 수 있습니다. 마르크스는 공기, 자연의 초원, 야생의 수목 등을 그 예로 들고 있습니다. 사회적으로 필요한 노동이 가해지지 않았기 때문입니다.

아울러 자신의 욕구를 충족시키기 위해 자기 노동으로 어떤 물건을 만든다면 그런 노동은 사용가치를 낳지만 가치를 창출하지는 못합니다. 상품이 아니기 때문입니다. 자본주의에서 가치를 창출하려면 팔 수 있는 상품이어야 합니다. 이런 의미에서 상품의 가치는 타인에게 팔 수 있는 사용가치, 즉 일종의 사회적 사용가치라고 할 수 있습니다.***

자본주의 사회의 부는 상품으로 나타나고 상품 가치의 원천은 사회적 평균 노동시간을 기준으로 한 추상노동입니다. 마르크스는 이를 출

**   카를 마르크스, 같은 책, p.48
***   카를 마르크스, 같은 책, pp.48~51

발점으로 하여 가치의 창출 과정을 분석합니다. 자본주의는 노동시장에서 자유로운 계약을 통해 자본가가 노동자를 고용하고 이들의 노동과 생산수단을 결합하여 판매 목적의 상품을 생산하는 체제입니다.

노동자는 자신의 살아있는 몸에 체화된 상품, 즉 노동력을 팔고 임금을 받습니다. 그런데 노동력이 상품인 한 일반 상품의 가치와 마찬가지로 '노동력의 가치'가 있습니다. 마르크스는 노동력의 가치는 그 생산에 드는 노동시간에 의해 규정된다고 말합니다. 노동력의 생산이란 노동자의 생활 유지이며, 개인은 자기 생활을 유지하기 위해 일정한 생활수단이 필요하기 때문입니다. 따라서 노동력의 가치는 노동자의 생활을 유지하는 데 필요한 생활수단의 가치라고 할 수 있습니다.* 이것을 화폐로 표현한 것이 바로 '임금'이죠.

여기서 주목할 것이 있습니다. 마르크스가 노동과 노동력을 분명하게 구분하고 있다는 겁니다. 스미스와 리카도도 마르크스와 마찬가지로 노동이 가치의 원천이라고 했는데, 마르크스가 이들과 갈라지는 결정적인 지점이 바로 노동과 노동력의 구분입니다. 다시 말해 노동자는 '노동'을 파는 게 아니라 '노동력'을 판다는 겁니다. 노동이란 노동력을 사용하는 것이죠. 스미스와 리카도는 임금을 노동의 가치로 보았습니다. 하지만 마르크스는 임금을 노동력의 가치, 즉 노동력의 가격으로 보았습니다.

만일 임금이 '노동의 가치'라면 노동자가 하루 몇 시간을 일하건 그건 모두 정당한 대가를 받고 노동하는 것을 의미합니다. 하지만 임금이 '노

---

*   카를 마르크스, 같은 책, p.225

          휴먼의 경제학 : 합리성과 인간심리

동력의 가치'라면 하루 노동시간 중에서 대가를 받지 않고 노동하는 시간이 있다는 것을 의미합니다. 예를 들어 임금이 하루 6시간 동안 노동력의 사용에 상응하는 금액인데 8시간 일을 하면 2시간, 10시간 일을 하면 4시간을 대가 없이 추가로 일하는 것입니다.

노동력의 가치, 즉 임금을 초과하는 노동시간이 '잉여노동시간'이며, 이를 통해 창출되는 가치를 '잉여가치'라고 합니다. 이처럼 마르크스는 노동력과 노동을 구분하고, 이를 통해 자본가가 구매한 노동력이라는 상품을 그 대가인 임금에 상응하는 시간보다 더 오래 이용함으로써 이윤을 얻는 과정을 분석합니다. 그리고 이를 통해 자본주의의 작동 원리를 파헤치는 것입니다.

PARADOXES & DILEMMAS IN ECONOMICS

3
가격이 오르는데 왜 소비가 늘어날까?

아일랜드 대기근

아일랜드 대기근(1845~1849)이 시작된 1845년부터 1851년까지 아일랜드의 인구 900만 명 중 굶주림이나 그 후유증으로 죽은 사람이 110만 명, 살길을 찾아 해외로 이주한 사람이 100만 명에 달했습니다. 멀리 미국이나 캐나다, 오스트레일리아로 떠나는 사람도 많았습니다.

1845년에 감자마름병이 유럽을 덮쳤을 때 아일랜드가 입은 타격은 엄청났습니다. 1845년에 작물의 절반이 파괴되었고, 1846년 여름에는 폭우로 수확량이 10분의 1로 급감했습니다.[*] 가난한 사람들이 많았던 아일랜드에는 하층민의 식량이라고 여겨지던 감자에 의존해 사는 사람들

---

[*]   Gerald P. Dwyer and Cotton M. Lindsay, 「Robert Giffen and the Irish Potato」, The American Economic Review, March 1984, Vol. 74 No. 1, pp.188~192

이 많았습니다. 1840년대에 인구의 40%가 감자에만 의존해 살았다고 합니다. 아일랜드는 감자 이외에 다른 작물들도 있었지만 돈이 없는 아일랜드인의 손을 떠나 잉글랜드 등 외부로 반출되었습니다.

1801년에 아일랜드를 통합한 영국 정부는 자유방임주의 정책을 고수하며 기근에 허덕이는 아일랜드에 곧바로 구호의 손길을 뻗지 않았습니다.* 심지어 구호 업무 책임자인 찰스 트레블리언Charles Trevelyan은 다음과 같이 말하며 구호 프로그램을 제한했다고 합니다. "하느님이 아일랜드인들에게 교훈을 주기 위해 이 재앙을 내렸다. 이 재앙이 너무 누그러지면 안 된다."** 인간이 힘들고 어려울 때마다 신의 심판이라는 이름으로 그 고난과 고통을 당연시하는 사이비 종교인들은 어느 시기에나 있었던 모양입니다.

그런데 대기근 동안 감자뿐만 아니라 다른 식료품의 가격도 올랐을 텐데 사람들은 어떻게 대처했을까요? 부자들은 감자뿐만 아니라 고기나 밀빵 혹은 호밀빵, 그리고 다른 농작물을 먹을 수 있었을 겁니다. 하지만 가난한 농부들과 노동자들은 그럴 수 없었습니다. 그러면 감자라도 더 많이 먹으려고 하지 않았을까요.

---

* 송병건, 『비주얼 경제사』, 아트북스, 2015년, pp.193~198

** Brendan Graham, 'Historical Notes: God and England made the Irish famine' The Independent, 3 December 1998 retrieved 7 July 2023

휴먼의 경제학 : 합리성과 인간심리

기펜의 역설

가격이 오르면 수요가 감소하고 가격이 내리면 수요가 증가하는 것은 매우 일반적인 사실로 여겨집니다. 가격과 수요의 이러한 역의 관계를 영국 경제학자 앨프레드 마셜(Alfred Marshall, 1842~1924)은 『경제학 원리』(1890년) 제3판(1895년)에서 '수요의 법칙law of demand'이라고 불렀습니다.

세로축을 가격, 가로축을 재화의 수요량으로 하여 각 가격에 대응하는 수요량을 표시해 연결하면 우하향하는 모양의 수요곡선이 됩니다. 그는 이 법칙에는 몇몇 예외가 있는데 그 하나로 다음과 같은 예를 들고 있습니다.

"기펜 경Sir Giffen이 지적했듯이 빵 가격의 상승은 가난한 노동 가족의 재원을 크게 고갈시키고 그들이 느끼는 화폐의 한계효용을 크게 증대시킨다. 그들은 하는 수 없이 육류와 고가의 전분질 음식의 소비를 줄여야 하는데, 빵은 여전히 그들이 구매해서 섭취할 수 있는 가장 저렴한 음식이므로 그들은 빵 소비를 줄이는 것이 아니라 늘린다."***

빵 가격이 오르면 빵을 소비하는 가족의 실질소득은 줄어들게 됩니다. 같은 금액의 돈으로 이전보다 적은 양의 빵만을 살 수 있기 때문입니다. 이전과 같은 양의 빵을 사려면 고기나 다른 고급 식료품의 소비를 줄여야 합니다. 만일 빵 가격이 크게 오른다면 어차피 제대로 소비할 수 없는 비싼 고기나 다른 식료품의 소비를 줄이고 여기서 절약한 돈으로 빵

***   Alfred Marshall, 『Principles of Economics』, 8th edition, Palgrave Macmillan, 2013, pp.109~110

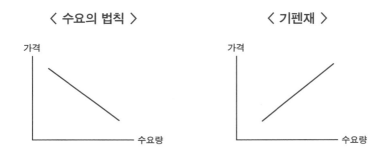

〈 수요의 법칙 〉

가격

수요량

〈 기펜재 〉

가격

수요량

을 이전보다 더 많이 소비할 수 있습니다. 그렇다면 빵 가격이 상승했는데 소비가 줄지 않고 늘어나는 거죠. 이는 수요의 법칙에 어긋나는 결과입니다. 다시 말해 수요곡선이 우상향하는 모양을 보이는 겁니다.

이처럼 수요의 법칙과 달리 가격이 오르면 수요가 증가하고 가격이 내리면 수요가 감소하는 현상을 '기펜의 역설Giffen paradox'이라고 합니다. 그리고 해당 재화를 '기펜재Giffen good'라고 합니다. '기펜'이라는 이름이 붙은 것은 마셜이 빵을 예로 들어 설명하면서 이것이 기펜 경Sir Giffen의 이야기에 따른 것이라고 말했기 때문입니다.

그런데 오늘날 널리 알려진 기펜재 사례는 위에서 언급했던 아일랜드 대기근 당시의 감자입니다. 미국의 경제학자 폴 새뮤얼슨(Paul Samuelson, 1915~2009)이 세기의 베스트셀러인 『경제학』(초판 1948년)에서 아일랜드 대기근 당시 감자 소비가 기펜재의 행태를 보였다는 이야기를 했기 때문입니다. 그는 1845년 대기근으로 감자 가격이 급등했을 때 너무 가난해서 고기를 넉넉하게 소비할 수 없었던 가정은 감자 가격의 상승에도 불구하고 감자를 더 많이 소비했을 거라고 말합니다. 고기에는 전혀 돈을 쓰지 못할 정도로 감자에 많은 돈을 써야만 했기 때문에 생존 수단인 감자에

휴먼의 경제학 : 합리성과 인간심리

대한 의존도가 이전보다 강해질 수밖에 없었다는 겁니다.

새뮤얼슨은 감자와 같은 기펜재가 존재하는 이유를 대체효과와 소득효과라는 개념을 이용하여 설명합니다.[*]

대체효과와 소득효과

소비자는 식료품으로 감자와 고기, 이렇게 두 가지만 소비할 수 있다고 가정하겠습니다. 이때 감자 가격이 상승하면 소비자는 어떤 행태를 보일까요? 일반적으로 감자의 소비를 줄일 것입니다. 수요의 법칙에 따라서요. 이렇게 가격이 최종적으로 수요량에 미치는 효과를 '가격효과price effect'라고 합니다. 수요의 법칙은 가격이 상승하면 수요가 감소하고 가격이 하락하면 수요가 증가하는 것이므로 가격효과는 수요량의 변화가 가격의 변화와 그 방향이 서로 반대라는 것을 의미합니다.

그런데 경제학에서는 가격 변화에 따른 수요량의 변화에 이르는 과정을 두 단계로 나누어 분석합니다. 고기의 가격은 그대로인 상태에서 감자의 가격이 상승하면 소비자가 느끼는 변화는 두 가지이기 때문입니다. 첫 번째 느낌은 고기와 비교한 감자의 상대가격이 이전보다 비싸졌다는 겁니다. 그렇다면 감자의 소비를 줄이겠죠. 이것이 상대가격 변화에 따른 '대체효과substitution effect'입니다. 대체효과는 언제나 상대가격과 반대

---

[*]   Paul Samuelson, 『Economics: An Introductory Analysis』, 1968, 2nd Canadian
        edition, p.493 note

로 나타납니다. 상대가격이 오르면 수요는 감소하고, 상대가격이 내리면 수요는 증가하는 겁니다.

그렇다면 두 번째 느낌은 어떨까요? 감자 가격이 상승하면 소비자는 자신의 실질소득이 감소했다는 것을 느낍니다. 그렇다면 감자와 고기를 이전과 같은 양으로 소비할 수 없습니다. 소비자가 쓸 수 있는 돈에 제약이 있기 때문입니다. 감자와 고기 모두 줄이거나, 둘 중 하나는 줄이고 다른 하나는 늘리거나, 둘 중 하나는 예전처럼 소비하고 다른 하나를 많이 줄이거나 등등 다양한 조합이 가능할 것입니다. 이처럼 실질소득의 변화로 인해 수요량이 변하는 효과를 '소득효과income effect'라고 합니다.

소득효과는 대체효과와 달리 수요량의 변화 방향이 일정하지 않습니다. 가격이 상승해 실질소득이 감소했을 때 정상적인 경우라면 수요가 감소할 것입니다. 이런 재화를 '정상재normal good'라고 합니다. 거꾸로 말해 정상재는 가격이 하락해 실질소득이 증가하면 수요가 증가하겠지요. 이와 달리 가격이 상승해 실질소득이 감소했는데 수요가 증가하는 재화가 있습니다. 소득이 낮을수록 더 많이 소비하는 물건인 거죠. 이런 재화를 '열등재inferior good'라고 합니다. 열등재는 가격이 하락해 실질소득이 증가하면 수요가 감소하겠지요. 소득 수준이 올랐으니 좀 더 나은 재화를 찾게 되는 거죠.

가격변화가 수요량에 미치는 가격효과는 대체효과와 소득효과를 합한 것입니다. 다음의 표는 위에서 설명한 내용을 정리한 것입니다. 가격이 상승했을 때 정상재는 수요의 법칙에 따른 반응이 나타납니다. 그런데 열등재는 최종적인 가격효과가 분명하지 않습니다. 만일 언제나 일정한 방향을 가지는 대체효과보다 이와는 반대로 작용하는 소득효과가 작

휴먼의 경제학 : 합리성과 인간심리

다면 최종 결과는 대체효과의 방향에 따라 수요 감소로 나타날 겁니다. 즉 수요의 법칙이 관철되는 것이지요.

〈 가격 상승의 효과 : 정상재 vs. 열등재 〉

구분	대체효과	+	소득효과	=	가격효과
정상재	⊖ 수요 감소	+	⊖ 수요 감소	=	⊖ 수요 감소
열등재	⊖ 수요 감소	+	⊕ 수요 증가	=	?

하지만 대체효과보다 소득효과가 더 크다면 최종적인 가격효과는 수요 증가로 나타납니다. 소득효과가 가격효과를 압도하는 겁니다. 그러면 수요의 법칙에 어긋나게 되죠. 아마도 이런 결과를 낳은 재화는 가격 상승으로 실질소득이 낮아질수록 더 많이 소비하게 되는 상당히 심한 열등재일 겁니다. 가난한 사람들이 소비하는 조악한 식료품이나 생필품이라는 거죠. 하지만 일반적으로 특정 재화의 가격 변화가 소비자의 실질소득에 큰 영향을 주는 경우는 흔치 않습니다. 소득효과가 대체효과를 압도하기는 어렵다는 거죠. 따라서 현실에서 기펜재를 발견하기는 어렵습니다.

기펜 행태

아일랜드 대기근 당시에 감자는 정말로 기펜재였을까요? 아일랜드 사람들이 가격이 오른 감자를 더 많이 소비했을까요? 결론적으로 그런 현상은 나타나지 않았습니다. 아니, 그런 현상이 나타날 수 없었다고 합니다. 기근으로 감자의 절대량이 급감했기 때문이죠. 더구나 당시 감자마름병은 아일랜드에만 퍼진 것이 아니었습니다. 아일랜드만큼은 아니지만 다른 유럽 나라들도 피해를 보았습니다. 따라서 아일랜드가 감자를 수입할 상황은 아니었습니다. 일부 개인 차원에서 가격이 오른 감자를 더 많이 소비했을 가능성은 있습니다. 전반적인 물가 상승으로 실질소득이 감소하면서 기존에 감자와 더불어 다른 식료품을 소비하던 개인들이 다른 식료품의 소비를 줄이고 감자의 소비를 늘릴 수는 있으니까요.

하지만 당시 많은 사람들이 감자에만 의존하여 생존 수준의 생활을 했다는 점을 고려할 때 가격이 상승한 감자를 더 많이 소비했다는 주장은 앞뒤가 맞지 않습니다. 다시 말해 기펜재가 개인 차원에서는 가능한 현상이었다고 해도 시장 차원에서는 불가능한 현상이었다는 겁니다. 게다가 기펜재는 열등재의 일종인데, 대기근 당시의 감자는 열등재가 아닌 정상재였다고 할 수 있습니다. 대기근 당시의 소득 수준이 감자를 열등재로 분류할 수 없을 정도의 수준까지 떨어진 겁니다. 이로 인해 감자는 많은 사람에게 이전보다 더 중요한 일상의 생존 식량이 되었습니다. 이에 더해 아일랜드 대기근 당시 감자가 기펜재라는 주장에는 논리적으로 결정적인 취약점이 있습니다.

수요의 법칙은 가격이 수요에 미치는 영향을 설명합니다. 하지만 대

휴먼의 경제학 : 합리성과 인간심리

기근 당시의 상황은 감자의 가격이 수요량에 영향을 미친 것이 아니라, 공급 감소와 수요 증가로 인해 가격이 상승한 것입니다. 즉, 가격 변화에 수량이 반응한 것이 아니라 수량 변화에 가격이 반응했다는 겁니다. 인과관계가 뒤바뀐 거죠.[*]

감자 대신 아일랜드 대기근 당시의 베이컨을 기펜재의 사례로 들기도 합니다. 소고기나 다른 돼지고기에 비해 열등재인 베이컨이 기펜재처럼 가격이 상승했음에도 소비가 늘었다는 것입니다. 물론 고기를 소비하는 사람들은 감자에 전적으로 의존하는 사람들과 달리 적어도 중산층은 되어야겠지만요.[**]

다음 표에서는 가상의 구체적인 예를 들어 기펜의 역설을 살펴보도록 하겠습니다. 먼저 소비자가 지출할 수 있는 돈은 총 6만 원이며, 감자와 고기만을 소비할 수 있습니다. 현재 감자는 한 꾸러미에 4,000원이고, 고기는 한 덩이에 1만 원입니다. 감자의 열량은 꾸러미당 400cal이고, 고기는 덩이당 600cal입니다. 소비자는 생존을 위해 적어도 4,300cal가 필요합니다. 현재 소비자는 감자 열 꾸러미와 고기 두 덩이를 소비하고 있는데, 지출액과 열량은 아래 표와 같습니다.

---

[*]   Gerald P. Dwyer and Cotton M. Lindsay, 「Robert Giffen and the Irish Potato」, The American Economic Review, March 1984, Vol. 74 No. 1, pp.188~192

[**]   Charles Read, 「Giffen behavior in Irish famine markets: an empirical study」, University of Cambridge, CWPESH no. 15

⟨ 현재의 소비 구성 : 감자+고기 ⟩

- 감자 : 4,000원/꾸러미, 400cal/꾸러미 (☞ 100cal/천원)
- 고기 : 1만 원/덩이, 600cal/덩이 (☞ 60cal/천원)

구분	소비량	지출액	열량
감자	10꾸러미	4만 원	4,000cal
고기	2덩이	2만 원	1,200cal
합계	감자+고기	6만 원	5,200cal

이제 감자 가격이 5,000원으로 상승하면 어떤 영향이 있을까요? 먼저 가격 상승으로 실질소득이 감소했기 때문에 필요 열량이 더욱 중요해졌습니다. 필요 열량인 4,300cal를 섭취하려면 가성비가 좋은 감자 11꾸러미(400cal/꾸러미 × 11꾸러미)를 소비해야 합니다. 이때 지출액은 5만 5,000만 원입니다. 남은 5,000원으로 고기 한 덩이도 살 수 없습니다. 대신 감자를 한 꾸러미 더 소비할 수는 있죠. 이로써 감자 가격이 상승했음에도 감자 소비가 증가하는 이유가 밝혀졌습니다.

일반적으로 기펜 행태가 나타날 가능성이 큰 조건은 다음과 같습니다. 첫째, 소비자가 영양분 섭취 부족을 걱정할 정도로 최저 생계 수준의 빈민층이어야 합니다. 둘째, 소비하는 품목이 기본 식량에 추가로 한 가지를 더한 간단한 구성이어야 합니다. 많은 종류의 식료품을 다양한 조합으로 소비하는 게 불가능한 생활 수준이라는 거죠. 셋째, 기본 식량이 소비자가 열량을 얻을 수 있는 가장 저렴한 원천이고, 소비자가 지출하는 금액 중에서 기본 식료품이 차지하는 비중이 매우 높아야 합니다. 대부분의 지출을 기본 식량에 써야 할 정도로 지출에 융통성이 없다는 것이죠.

앞에서는 가격이 상승하는 경우를 살펴보았는데, 가격이 하락하면 어떨까요? 기펜재는 가격이 하락하면 소비를 줄이는 재화입니다. 현실에서 이를 확인하는 것은 쉽지 않으며 학자들의 설계된 실험을 통해서 확인하는 경우가 많습니다. 예를 들어 2006년 중국 남부의 후난성에서 이루어진 연구실험에서는 쌀이 기펜재와 같은 반응을 보였다고 합니다. 연구자들은 무작위로 선별한 가정에 쌀을 살 때 사용할 수 있는 바우처를 지급하고 쌀의 소비에 어떤 변화가 있는지를 분석했습니다. 바우처는 일종의 보조금으로 이것을 받은 사람에게는 쌀 가격을 낮추는 것과 같은 효과가 있습니다. 연구결과에 따르면 보조금을 받으면 쌀 소비가 감소했고, 보조금을 폐지하면 쌀 소비가 증가했습니다. 다시 말해 가격이 하락하면 소비가 줄었고, 가격이 상승하면 소비가 늘어났습니다. 그런데 이것이 모든 가정에 공통된 현상은 아니었습니다. 일정한 소득 구간의 빈곤층에서만 발견된 것입니다.[*]

지금까지의 논의에서 알 수 있는 것처럼, 기펜재는 시장 차원에서 존재하는 현상이라기보다는 특정 상황에 놓인 특정 소비자에게서 발견되는 현상이라고 할 수 있습니다. 다시 말해 특정 재화가 언제나 기펜재로 정해져 있는 것이 아니라는 거죠. 이런 의미에서 기펜재라는 말보다는 '기펜 행태Giffen behavior'라고 표현하는 것이 더 적절하다고 말하기도 합니다. 열등재를 소비할 수밖에 없는 '일부' 사람들이 특정한 상황에서 보이는 소비 행태라는 겁니다.

---

[*]   Robert T. Jensen and Nolan H. Miller, 「Giffen Behavior and Subsistence Consumption」, The American Economic Review, September 2008, pp.1553~1577

베블런의 역설

그런데 뭔가 이상하지 않나요? 기펜재처럼 가격이 오르면 수요가 증가하는 상품이 흔치 않다고 했는데, 우리는 일상에서 가격이 오르면 더 많은 사람이 사려고 애쓰는 상품을 알고 있습니다. 이른바 고가 마케팅이 효과가 있는 상품이죠. 명품 가방이나 슈퍼카, 귀족 개 등이 그런 예가 될 것입니다. 물론 소비자는 높은 가격이 높은 품질에 대한 신호라고 해석하고 그 물건을 더 원할 수도 있습니다. 하지만 다른 것과 비교해 기능이나 성능은 조금 나을 뿐인데 가격은 다른 것보다 몇 배 혹은 몇십 배 높다면 단순한 품질의 차이라고 하기는 어려울 것입니다. 이처럼 높은 가격 자체가 수요를 유발하는 재화를 '베블런재Veblen good'라고 하고, 그런 현상을 일으키는 것을 '베블런 효과Veblen effect' 또는 '베블런의 역설Veblen paradox'이라고 합니다.

유한계급과 과시적 소비

소스타인 베블런(Thorstein B. Veblen, 1857~1929)은 미국의 제도학파 경제학자입니다. 베블런은 경제의 역사성과 더불어 사회제도와 경제행위의 상호작용을 중요하게 생각한 사람입니다. 그는 『유한계급론』(1899년)에서 노동을 하지 않으면서 시간을 비생산적으로 소비할 수 있는 부자들, 즉 유한계급leisure class의 소비 행태를 분석하고 있습니다. 바로 '과시적 소비(conspicuous consumption, 현시적 소비)'입니다. 과시적 소비는 남들에게 자

휴먼의 경제학 : 합리성과 인간심리

신의 존재를 드러내고 차별화하기 위해 더 높은 가격의 재화를 소비하는 것입니다. 가격이 높을수록 차별화의 효과가 크기 때문에 수요가 증가합니다. 남들이 따라올 수 없는 높은 가격을 통해 자신의 우월함을 과시하는 거죠.

베블런재는 과시적 소비의 대상이라고 할 수 있습니다. 오늘날 사회를 구성하는 사람들 사이에는 긴밀한 개인적 접촉이 별로 없습니다. 따라서 타인의 일상생활에 대해 무감각하죠. 이런 상황에서 자신의 재력을 드러내는 유일한 방법은 지불 능력을 과시하는 것뿐입니다.

부자들은 비싸면서도 '쓸모없는' 물건을 원합니다. 그런 물건이 과시적 소비의 목적에 더 적합하기 때문입니다. 그들에게 쓸모 있는 물건이란 저속한 물건이라는 뜻으로 받아들여질 수 있습니다. 유한계급으로서 자신의 지위를 높이려면 불필요한 사치품에 큰돈을 낭비해야 합니다. 그들에게 필수품을 소비하는 것은 아무런 의미가 없습니다.[*]

유한계급이 원하는 것은 '구별짓기distinction'입니다. 애덤 스미스는 부유층이 부에서 얻는 최고의 기쁨은 부의 과시parade of riches라고 말합니다. 그리고 그 기쁨은 자기들 외에는 누구도 가질 수 없는 결정적인 것을 자신들이 가지고 있다고 여길 때 극치에 달합니다.[**] 패션도 일종의 구별짓기라고 할 수 있습니다. 끊임없이 새로운 복장이나 장신구를 만들어 나와 너를 구별하는 거죠. 유한계급은 고가의 의류나 장신구를 자신을 포장하는 수단으로 소비합니다.

---

[*]   소스타인 베블런, 박홍규 옮김, 『유한계급론』, 문예출판사, 2022년, p.94
[**]   애덤 스미스, 김수행 옮김, 『국부론』, 비봉출판사, 2012년, p.225

베블런에 따르면 유한계급은 사유재산제와 함께 출현했습니다. 평화롭고 근면하고 평등한 원시시대에서 약탈적인 야만시대로 이행하면서 노동계급과는 다른 계급으로 부상한 겁니다. 유한계급과 사유재산제는 동일한 사회적 구조의 서로 다른 측면일 뿐이라는 거죠. 베블런은 사유재산의 가장 오래된 형태가 전쟁에서 승리한 공동체의 힘 있는 남자가 전리품으로 얻은 여자를 소유한 것이라고 말합니다. 약탈로부터 소유 개념이 시작되었고, 약탈하는 남자가 유한계급이 된 거죠. 이것으로부터 여자의 노동 산물에 대한 소유, 그리고 다른 물건에 대한 소유로까지 확장되었다고 합니다. 역사가 진행되면서 소유한 물건이 지닌 소비재로서의 유용성이 중요해졌지만, 여전히 물건으로 표상되는 부는 소유자의 우월성을 보여주는 증거로 받아들여집니다.[*] 이렇게 '소유'는 사람들 사이의 '차이'를 만들어내는 중요한 수단이 된 것입니다.

베블런은 재산 소유는 사회적 존경과 자존감을 위한 필수 조건이 된다고 말합니다. 하지만 새로운 부를 획득하고 그 부에 익숙해지면 만족도가 떨어집니다. 만성적 불만족에 빠지죠. 다시금 새로운 부를 추구하는 멈추지 않는 쳇바퀴를 돌리는 겁니다. 사람들의 욕망은 절대 수준의 부의 축적이 아니라 타인을 능가하는 부의 축적이기 때문입니다.[**]

베블런은 유한계급이 지속해서 유지될 수 있는 두 가지 조건을 말합니다. 첫째, 전쟁이나 대형 짐승의 사냥과 같은 약탈이 일상적인 사회이어야 합니다. 유한계급은 힘과 지략을 이용해 살상 행위에 익숙해져야

---

[*] 소스타인 베블런, 박홍규 옮김, 『유한계급론』, 문예출판사, 2022년, pp.33~35
[**] 소스타인 베블런, 같은 책, pp.40~41

합니다. 둘째, 사회가 필요한 최소한의 식량을 쉽게 구할 수 있어야 합니다. 그래야만 사회구성원의 상당수가 일상적인 노동에서 면제될 수 있기 때문입니다. 그렇다고 이들이 무위도식하는 계급은 아닙니다. 오히려 더 분주하게 움직이는데, 약탈을 목적으로 일을 한다는 것뿐입니다.

베블런은 유한계급 제도가 직업의 차별에 기반을 두고 있다고 합니다. 가치 있는 직업은 영웅이 전쟁에서 공을 세우는 것처럼 노동과는 무관한 것이었고, 일상적인 노동은 무가치한 것으로 차별을 받게 되었다는 겁니다. 약탈을 영웅적 행위로 올려다보고 생산적 활동을 비천한 행위로 내려다보게 된 거죠. 베블런은 오늘날에도 이런 차별이 형식적으로는 예전처럼 심하지는 않아도 실질적으로는 여전히 존재한다고 말합니다. 정치, 종교, 전쟁 등과 관련된 행위는 물건을 생산하는 일상적인 노동과 본질에서 차이가 있다고 생각한다는 거죠.*** 우리가 사무직과 생산직을 바라보는 시각도 어쩌면 이와 관련이 있을지도 모릅니다.

전쟁과 약탈의 시대는 지나갔지만 소유 또는 부는 여전히 소유한 자가 소유하지 못한 자에 비해 우월하다는 증거로 쓰입니다. 비교해서 차별하는 것, 이것이 베블런재의 존재 이유입니다. 베블런은 말합니다. "재력이 없으면 평판도 얻을 수 없다. 그리고 재력을 과시하여 평판을 얻기 위한 수단은 유한과 재화의 과시적 소비이다." 여기서 유한이란 '과시적 여가(conspicuous leisure, 현시적 여가)'를 의미합니다. 재력이 있다는 것을 과시하기 위해 시간을 비생산적인 곳에 낭비하는 것이죠.

그런데 베블런은 단지 유한계급만이 과시적 소비를 하는 것은 아니라

***　소스타인 베블런, 같은 책, pp.20~24

고 말합니다. 그에 따르면 세상 평판의 정점에 위치하는 유한계급의 생활양식이나 가치관이 사회의 평가기준이 됩니다. 따라서 계층 간 경계가 모호한 현대사회에서 가장 낮은 계층의 사람들까지도 유한계급의 생활양식이나 가치관의 영향을 받게 됩니다. 가치 있는 사람으로 인정받고 싶은 겁니다. 유한계급에 조금이라도 더 가까워지려는 거죠. 그래서 베블런은 말합니다. "어떤 계급도, 즉 아무리 빈곤해도 습관화된 과시적 소비를 전혀 하지 않을 수는 없다. 과시적 소비가 완전히 없어지는 것은 어쩔 수 없는 필요에 부닥친 경우뿐이다. … 단순한 물리적 부족에 굴복하여 사치의 욕구나 정신적 욕구의 충족을 단념하는 계급이나 국가는 전혀 없었다." [*]

사치가 유한계급의 전유물이 아니라 인간사회의 보편적인 행위라는 것입니다. 예를 들어 1930년대 대공황 시기에도 극빈자를 제외한 노동자 대부분이 꼭 필요한 사치품을 줄이기보다는 음식과 옷에 대한 지출을 줄였다고 합니다. [**] 더 나아가 사치가 자본주의를 낳았다는 주장도 있습니다. 사치라는 현상을 통해 자본주의를 분석한 베르너 좀바르트(Werner Sombart, 1863~1941)는 이기적인 동기에서 '쓸데없는 허영심'을 만족시키는 데 쓰이는 사치가 자본주의를 발전시킨 원동력이었다고 말합니다. 각국 정부도 사치에 호의적인 태도를 보였습니다. 좀바르트는 해외시장 개척도 사치를 위한 것이 주목적이었다고 말합니다. 곡물과 구리를 제외하고는 국제적이며 자본주의적인 방식으로 행해진 대규모 무역은 모두 사치

---

[*]   소스타인 베블런, 같은 책, pp.84~85
[**]   로버트 하일브로너, 장상환 옮김, 『세속의 철학자들』, 도서출판 더 테라스, 2023년, p.307

품과 관련되었다는 겁니다.***

좀바르트에 따르면 사치의 출발점은 대부분 에로티시즘과 관련이 있습니다. 성생활이 자유롭고 대담하게 표현되는 곳은 사치도 유행하고, 성생활이 위축된 곳에서 부는 재화를 축적하는 데 이용될 뿐입니다. 좀바르트는 사치가 존재하는 사회에서는 명예욕, 화려함 추구, 뽐내기, 권력욕 등 남들보다 뛰어나고 싶은 충동이 행위의 중요한 동기가 된다고 말합니다. 이것은 앞서 살펴본 과시적 소비의 배경과 같다고 할 수 있습니다.**** 화려한 궁정과 귀족의 별장, 왕의 애첩들의 사치스러운 소비가 그렇습니다. 신흥부자들의 사치 또한 그렇습니다.

좀바르트에 따르면 갑자기 부자가 된 사람들이 사치 소비를 하게 되는 한 가지 이유는 사치재에서 얻는 물질적인 즐거움 이외에는 다른 즐거움을 얻을 줄 모르는 미천한 인간의 무능력이고, 다른 이유는 존경받는 사회적 지위를 차지하려는 불타는 욕망입니다.*****

계층 수요곡선

이제까지 살펴본 내용을 기초로 가격과 수요의 관계를 정리하겠습니다. 다음 그림에서는 재화의 종류를 편의상 생존재, 기펜재, 약한 열등재, 정

***   베르너 좀바르트, 이상률 옮김, 『사치와 자본주의』, 문예출판사, 2017년, p.115, p.202, p.223
**** 베르너 좀바르트, 같은 책, p.116
***** 베르너 좀바르트, 같은 책, p.147

상재, 그리고 베블런재로 구분하였습니다.

먼저 정상재는 수요의 법칙을 따릅니다. 가격이 상승하면 수요가 감소하고 가격이 하락하면 수요가 증가합니다. 매우 일반적인 현상이죠. 정상재의 수요곡선으로 우하향입니다. 또한 열등재 중에서 수요량이 가격과 같은 방향으로 움직이는 소득효과보다 그 반대로 움직이는 대체효과가 큰 약한 열등재도 정상재와 마찬가지로 수요의 법칙에 따릅니다. 이처럼 수요의 법칙을 따르는 재화의 소비층은 대체로 서민층이나 중산층일 겁니다.

기펜재는 열등재 중에서 소득효과가 대체효과를 압도하는 재화입니다. 따라서 기펜재의 수요곡선은 우상향입니다. 앞서 언급한 것처럼 특정 재화가 기펜재로 정해지는 것은 아닙니다. 기펜 행태를 보이는 사람들이 소비하는 재화일 뿐이죠. 이들은 대부분 빈곤층이라고 할 수 있습니다. 그래도 이들은 약간의 대체재를 소비할 수 있는 수준은 됩니다.

대체재를 소비할 수 없을 정도로 가난한 사람은 소비하는 재화의 가격이 오르면 어쩔 수 없이 그 재화의 소비를 줄여야 합니다. 다른 재화, 즉 대체재의 소비를 줄여서 해당 재화의 소비를 유지하거나 늘릴 여지가 없습니다. 물론 가격이 내리면 소비를 늘리겠죠. 따라서 수요곡선은 수

휴먼의 경제학 : 합리성과 인간심리

요의 법칙에 따라 우하향입니다. 하지만 이것은 정상재와 같이 가격 변화에 자연스럽게 적응하는 수요의 법칙과 달리, 대안이 없는 극빈층에 '강제된' 수요의 법칙이라고 할 수 있습니다. 아래 그림에서는 이런 재화를 생존재라고 표시했습니다. 물론 생존재도 기펜재와 마찬가지로 특정 재화를 의미하지는 않습니다. 모든 사람이 소비할 수 있지만, 극빈층에게는 생존을 위해 필요한 재화라는 겁니다.

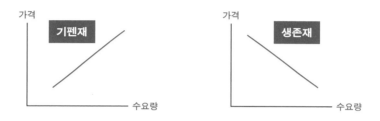

베블런재는 가격이 오르면 수요가 증가하고 가격이 내리면 수요가 감소하는 재화로 유한계급의 과시적 소비의 대상이 되는 재화입니다. 이 재화의 수요곡선은 우상향입니다. '베블런의 역설'이죠.

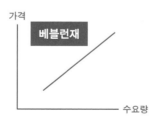

이제 위에 나타난 네 개의 그림을 하나로 모아보겠습니다. 다음에 나오는 그림에서는 일반 경제학 교과서와 달리 가격을 가로축에, 수요량을

세로축에 표시했는데, 거꾸로 표시해도 각 재화의 개별 수요곡선의 모양은 동일하게 나타납니다. 하나의 그림에서 여러 가지 재화의 수요곡선을 직관적으로 파악할 수 있도록 가로축과 세로축을 바꾼 것입니다. 이들 재화의 수요곡선을 하나로 합친 총체적인 수요곡선은 그림과 같이 W자가 됩니다. 재화의 범주별로 수요곡선이 우하향과 우상향을 반복하는 모양새입니다. W자 수요곡선을 '계층 수요곡선'이라고 불러도 좋을 듯합니다. 계층 수요곡선의 왼쪽에서는 돈이 없는 사람들이 생존과 필수 영양 섭취를 위해 시장가격의 눈치를 보고, 오른쪽에서는 과시적 소비로 약탈적 우월감을 즐기고 있습니다.

그런데 그림에서 한 가지 유의할 점이 있습니다. 재화 종류별로 가격 수준이 가장 낮은 생존재에서 가장 높은 베블런재까지 일정한 단계로 구분되어 있는데, 이것은 다소 거친 일반화입니다. 예를 들어 청소년층에서도 베블런 효과를 보이는 재화가 있을 수 있지만, 그것이 슈퍼카처럼 고가는 아닐 것이기 때문입니다. 하지만 각 계층의 대표적인 소비 행태를 비교하여 종합적으로 파악한다는 차원에서 각 재화 사이에 일정한 단계가 있는 것으로 일반화했습니다.

휴먼의 경제학 : 합리성과 인간심리

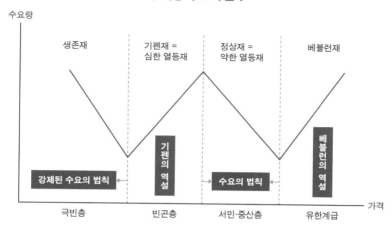

〈 계층 수요곡선 〉

수요량

생존재　　　기펜재 =　　　정상재 =　　　베블런재
　　　　　　심한 열등재　　약한 열등재

기펜의 역설　　　　　　　베블런의 역설

강제된 수요의 법칙 ←→　　　수요의 법칙 ←→

　　　　　　　　　　　　　　　　　　　　　　　　 가격

극빈층　　　　빈곤층　　　서민·중산층　　유한계급

신호 효과와 포틀래치

베블런재와 같은 과시적 소비는 아니지만 수요의 법칙에 어긋나는 사례
는 또 있습니다. 가격이 상승하면 수요가 증가하는 겁니다. 월스트리트
저널은 1995년 7월 21일자 기사에서 미국 애리조나주 피닉스의 리조트
객실점유율이 과거 50%에서 70% 이상으로 올랐다고 보도했습니다. 국
민소득이 눈에 띄게 증가한 것도 아니고, 피닉스의 휴가 환경이 좋아졌
다거나 사람들의 선호가 특별히 달라진 건 없었습니다. 월스트리트저널
은 객실점유율이 오른 이유가 객실료 인상이라고 분석했습니다.

　피닉스가 다른 유명 휴양지와 다른 점은 사람들에게 그 지역에 대한
정보가 거의 없었다는 것입니다. 휴양지를 찾는 사람들이 잘 모르는 곳
이었다는 거죠. 이런 상황에서 리조트 경영자들이 객실료를 인상하자 객

실점유율이 상승했습니다. 피닉스에 대한 정보가 충분하지 않았던 사람들에게 가격을 통해 신호를 준 효과가 나타난 겁니다. 수요와 공급이 일치하는 통상적인 수준의 가격보다 높은 새로운 가격을 제시함으로써 피닉스의 리조트가 쾌적하고 안락하다는 신뢰감을 얻은 것입니다. 가격이 상품의 질에 대한 신호를 준 거죠. 그리고 리조트 고객들은 높아진 가격을 통해 불확실성을 걷어내고 상품의 질이 괜찮다는 인식을 한 겁니다.[*]

과시적 소비도 신호 효과를 노리는 소비행위라고 할 수 있습니다. 앞서 언급한 것처럼 과시적 소비의 핵심은 남들이 따라오기 힘든 비싼 가격입니다. 자신의 지위가 우월하다는 것을 믿게 하려면 아주 값비싼 신호를 보내야 하기 때문입니다. 값비싼 신호와 관련된 한 예가 수컷 공작새의 꽁지깃입니다. 수컷 공작새는 암컷 배우자를 구할 때 우아하지만 매우 거추장스러운 꽁지깃으로 자신을 과시합니다. 우아한 꽁지깃이 포식자에게 쉽게 눈에 띄어 먹잇감이 될 수도 있는데 굳이 자신의 매력을 꽁지깃으로 표현하는 것은 일종의 '값비싼 신호 보내기'입니다. 수컷 공작새는 자신이 포식자에 노출될 위험에서도 살아남은 능력자라는 신호를 보내는 거죠.[**] 그래야 믿어주니까요. 그 정도 위험은 감수해야 자신이 살아남은 전장의 영웅이라는 우월감을 느낄 수 있으니까요.

값비싼 신호를 보내서 자신의 우월감을 드러내는 대표적인 사례가 북아메리카 북서부 해안가에 사는 인디언 부족의 소비행위입니다. 인디언은 수확기의 생산물을 추장에 바치고 추장은 이를 다시 분배해 줍니다.

---

[*] 마크 스카우젠·케나 테일러, 권선주 옮김, 『경제학의 퍼즐과 패러독스』, 인간사랑, 2003년, pp.89~91

[**] 최정규, 『이타적 인간의 출현』, 뿌리와 이파리, 2012년, pp.181~182

그리고 수확기가 끝나면 추장은 자기가 축적한 재물을 쌓아놓고 많은 사람을 초대해 포틀래치potlatch라고 알려진 축제를 엽니다. 포틀래치는 '식사를 제공하다', '소비하다' 또는 '포식하는 장소'를 뜻합니다.*** 축제를 주최한 추장은 참가한 사람들, 특히 다른 마을의 추장에게 엄청난 양의 선물을 줍니다. 물론 선물을 받은 사람은 나중에 반드시 답례를 해야 한다는 게 이 사회의 불문율이죠. 이들의 생활은 다음과 같이 묘사됩니다.

"이 사회의 생활은 일종의 흥분의 연속이다. 부족 전체와 씨족과 씨족, 가족과 가족이 끊임없이 서로를 방문한다. 그것은 축제가 계속 반복되는 것인데, 그 각각의 축제 자체가 매우 오랫동안 치러지는 경우도 종종 있다. 결혼식, 다양한 의식, 승진식 등이 치러질 때면 사람들은 여름과 겨울에 걸쳐 고기가 가장 잘 잡히는 해안에서 열심히 잡아 모아두었던 것을 모두 아낌없이 쓴다."****

축제가 절정에 다다를 때쯤에는 자신의 소유물을 불 속에 던져넣어 태우기도 합니다. 이처럼 포틀래치에는 '파괴'라는 주제가 들어 있습니다. 노예를 죽이거나 집을 태우거나 신성하게 여겨지는 동판을 바다에 던지기도 합니다. 일종의 공희供犧를 펼치는 거죠. 마치 축제를 주최하는 자신이 살아있는 신이라도 되는 것처럼 말입니다.***** 이런 파괴 행위는 상대방을 압도하기 위한 것입니다. 자신과 가족의 사회적 지위를 높이려는 거죠. 이 과정에서 자신의 우월감을 드러내려는 사람은 다른 사람들과 구별짓기를 하기 위해 막대한 부를 과시적으로 소비하는 겁니다. 사

***   마르셀 모스, 이상률 옮김, 『증여론』, 한길사, 2023년, pp.54~55
****   마르셀 모스, 같은 책, p.131
***** 마르셀 모스, 같은 책, p.83

람들은 추장의 아량에 감사하며 막대한 재물을 분배하고 파괴하는 통큰 마음에 찬탄을 보냅니다. 이웃 추장들도 포틀래치를 행하는데, 선물이나 파괴하는 물건이 많을수록 사회적 명망이 높아집니다. 한마디로 포틀래치는 인디언 유한계급의 과시적 소비라고 할 수 있습니다.

그런데 이렇게까지 하는 이유가 뭘까요? 그것은 '불안정한 위계서열'이라고 할 수 있습니다. 포틀래치가 계속해서 이어지려면 추장들이 서로 경쟁하고 때때로 그 지위가 변경될 가능성이 있어야 합니다. 아주 강력한 위계질서가 형성되어 있는 사회 또는 군주제와 같은 중앙집권화된 체제에서는 포틀래치가 계속될 수 없을 것입니다.[*] 자신의 지위를 확보하거나 상층으로 올라가기 위해 포틀래치와 같은 매우 극단적인 과시적 소비를 할 필요가 없기 때문입니다. 그런 의미에서 포틀래치는 위계서열을 재확립하고 자신의 지위를 주장하기 위해 값비싼 신호를 보내는 공적인 의례라고 할 수 있습니다.

모방적 소비

베블런은 경제 제도를 금전적pecuniary 제도와 산업적industrial 제도로 구분합니다. 직업도 이 구분에 따라 나눌 수 있습니다. 금전적 직업은 소유와 획득에 관련된 것이고, 산업적 직업은 기능과 생산에 관련된 것입니다. 베블런에 따르면 유한계급의 경제적 이해는 금전적 직업과 연결되고,

---

[*]   마르셀 모스, 같은 책, p.88

노동계급의 경제적 이해는 주로 산업적 직업과 연결됩니다. 따라서 노동계급이 유한계급으로 올라서는 방법은 금전적 직업을 갖는 것입니다. 금전적 직업은 기업가, 은행가, 법률가, 큰 성공을 거둔 상인 등과 같이 대규모 소유나 투자와 직접 관련된 직업입니다. 이런 직업들은 어느 정도 약탈적 특성을 존속시키고자 하는 직업입니다.

베블런은 현대 사회에서는 금전적 직업에서 성공하여 상층의 유한계급이 된 사람들이 점차 증가하고 있다고 말합니다. 금전 문화가 퍼지면서 유한계급으로 편입되는 자격이 과거 야만시대의 영웅적 행위에서 금전적 재능으로 바뀌었기 때문입니다.**

금전적 재능이 유한계급의 편입 기준이 되었다는 것은, 사회적 위계에서 평판의 정점에 있는 계층으로부터 맨 아래 계층에까지 돈이 사람을 평가하는 사회적 기준이 되었다는 것을 의미합니다. 부가 존경을 확보하는 유일한 기준이 되는 거죠. 그리고 앞서 말한 것처럼 모든 사람은 유한계급에 조금이라도 가까워지기 위해 유한계급을 경쟁적으로 모방합니다. 특히 모든 사람을 돈이라는 단일 기준에 의해 줄을 세울 수 있는 금전 문화가 득세하면서 그런 경향은 더욱 커지게 됩니다. 모방적 소비 emulative consumption가 만연하는 거죠.

모든 생물체가 그렇기는 하지만, 사람은 특히 어딘가에 소속되기를 바랍니다. 사회적인 동물이죠. 어느 집단의 구성원으로 받아들여지기 위해서는 그 집단의 일원처럼 행동해야 합니다. 따라서 집단의 행동을 모방하고 거기에 순응하려고 합니다. 베블런 효과도 상층 집단에 속하고

** 소스타인 베블런, 박홍규 옮김, 『유한계급론』, 문예출판사, 2022년, pp.201~207

자 하는 사람들이 벌이는 일종의 모방행위 때문이라고 할 수 있습니다.

자신이 속한 사회에서 구성원 자격을 얻거나 자격이 있다고 주장하려는 욕구 때문에 이루어지는 소비행위를 '지위 소비status consumption'라고 합니다. 달리 말해 '이웃집 따라잡기'입니다. 이는 가장 기본적인 생존 욕구라고 할 수 있습니다.[*] 비교되기 쉬운 조건이 조성되면 모방적 소비는 그만큼 많아질 겁니다. 사람들이 더 가까이 모여 살수록, 비슷한 생활구조에 놓일수록, 상대적으로 높은 수준의 소비를 즐기는 이웃을 따라 하려는 욕구는 더욱 커지겠죠. 서울로만 집결하는 사람들 모두가 아파트라는 비슷한 구조의 환경에서 살면서 보이는 모습처럼요.

하지만 사람들은 단순한 이웃집 따라잡기를 넘어서 사회적으로 높은 평판을 얻기를 원합니다. 과시적 소비는 바로 그 수단의 하나입니다. 사람들은 결코 사물 자체를, 다시 말해 사물의 사용가치를 위해서만 소비하지는 않습니다. 자신이 속한 준거집단을 나타내기 위해서든, 아니면 자신이 더 높은 지위의 집단에 속한다는 것을 보이기 위해서든 사람들은 자신을 타인과 구별짓는 기호로서 사물을 소비한다는 겁니다.[**]

어느 영업사원이 경영자와 똑같은 벤츠를 샀는데 얼마 후 해고되었습니다. 그는 소송을 제기했고 보상은 받았지만 복직하지는 못했습니다. 고급차가 가지는 사용가치로서 사물 앞에서는 모든 사람이 평등하지만, 차이를 상징하는 기호가치로서 사물 앞에서는 전혀 평등하지 않습니다.[***] 사원이 경영자와 같은 기호가치를 즐기려고 하면 안 된다는 겁니다.

---

[*] 　티보르 스키토프스키, 김종수 옮김, 『기쁨 없는 경제』, 중앙북스, 2014년, pp.86~87

[**] 　장 보드리야르, 이상률 옮김, 『소비의 사회』, 문예출판사, 2023년, p.81

[***] 　장 보드리야르, 같은 책, pp.132~133

　　　　　　　　　　　휴먼의 경제학 : 합리성과 인간심리

유한계급이 존재하는 이유는 무엇일까요? 현대인을 거죽만 문명화된 야만인이라고 파악한 베블런은 현대 사회가 무너지거나 전복되지 않고 응집력을 보이는 이유가 무엇인지 묻습니다. 그리고 유한계급의 존재를 그 실마리로 제시합니다.

"극빈에 시달리거나 나날의 연명에 에너지를 모두 흡수당하는 사람들은 하나같이 보수적이다. 왜냐하면 내일보다 앞의 일을 생각할 힘이 남아 있지 않기 때문이다. 이는 그야말로 부유한 사람들이 오늘의 상황에 불만을 느낄 이유가 없기 때문에 보수적인 것과 마찬가지라고 할 수 있다. … 상류계급의 행동이 세상의 선례가 되어 평판을 얻는 조건이 정해지면 과시적 소비가 부추겨진다. 체면을 유지하는 주된 수단의 하나로 모든 계급이 과시적 소비를 하게 되면, … 과시적 소비를 실행하고 지속시키는 경향이 유한계급의 선례에 의해 강화되는 것은 틀림없다."****

시대를 이끈 위대한 경제학자들의 사상과 생애를 다룬『세속의 철학자들』에서 베블런을 별도의 장으로 다룰 만큼 각별한 애정을 보였던 하일브로너(Robert L. Heilbroner, 1919~2005)는 사회 응집력의 본질에 대한 베블런의 분석을 다음과 같이 설명합니다.

"하층계급은 상층계급에 칼을 겨누지 않는다. … 그들의 목표는 상층계급을 제거하는 것이 아니라 그 지위로 올라가는 것이다."***** 과시적 소비와 이를 흉내내는 모방적 소비는 '존재하는 것은 무엇이든 옳은 것이다'라는 생각으로 이어집니다. 하일브로너와 마찬가지로 자신의 책에서

**** 소스타인 베블런, 박홍규 옮김, 『유한계급론』, 문예출판사, 2022년, pp.181~182
***** 로버트 하일브로너, 장상환 옮김, 『세속의 철학자들』, 도서출판 더 테라스, 2023년, pp.307~308

한 장을 온전히 베블런에게 할당한 E.K. 헌트는 다음과 같이 말합니다.

　"사람들의 질투를 유발하는 사회적 서열화와 과시적 소비의 시스템에서는 노동자가 자신이 처한 곤경의 원인을 '시스템', '기득권 집단', '부재소유자'에 돌리는 법이 없다. 노동자는 보통 스스로를 탓하게 되며, 이는 다시 자존감과 자신감을 더 낮추고, 금전적 문화의 가치에 더 심하게 집착하도록 만드는 결과를 낳는다."[*]

소비와 자존감

가격은 수요와 공급이 일치하는 점에서 결정된다고 합니다. 수요가 일정한데 공급이 늘면 가격이 내리고, 공급이 일정한데 수요가 늘면 가격이 오릅니다. 물론 그 반대의 경우도 가능하죠. 우리는 일상생활에서 이따금 가격의 등락이 심한 재화를 보게 됩니다. 바로 농축산물입니다. 재배와 사육에 시간이 걸리기 때문에 공급을 마음대로 늘릴 수 없는 상황에서 작황이나 외부 요인에 의해 수요나 공급 경로에 충격이 생기면 가격이 크게 변하기 때문입니다. 원유나 천연가스 같은 에너지원도 심한 등락을 보이는 경우가 있습니다. 한편으로는 매장량이 제한적인 데다 산유국들이 인위적으로 공급을 제한하기 때문이기도 하고, 다른 한편으로는 석유가격이 세계 경제의 사이클에 따른 수요 변화나 지정학적 이슈에 민감

---

[*]　E. K. 헌트·마크 라우첸하이저저, 홍기빈 옮김, 『E. K. 헌트의 경제사상사』, 시대의창, 2015년, 692

하기 때문입니다.

　농축산물이나 에너지원을 제외하고 사람들이 일상에서 소비하는 재화의 공급에 대해 심각하게 우려한 적이 있을까요? 아마 없을 겁니다. 돈이 없어서 문제지, 물건을 구할 수 없어서 문제가 되는 경우는 별로 없습니다. 하지만 자본주의 초기에는 수요보다는 생산 및 공급이 문제의 중심이었습니다. 오늘날과 같은 대량생산 체제가 형성되기 이전이었기 때문입니다. 따라서 상대적으로 공급 과잉이 문제가 될 가능성이 적었습니다.

　역사상 모든 시대에는 공급으로 인한 충격 때문에 공황이 있었습니다. 그런데 자본주의가 성장하기 전후의 공황 사이에는 큰 차이가 있습니다. 이전에는 흉작이나 전쟁과 같은 외부 요인에 의해 식량과 생필품이 부족해지면서 공황이 발생했습니다. 하지만 자본주의가 성장하면서 나타나는 공황은 부족이 아니라 공급 과잉이 원인이었습니다.** 오늘날 현란한 광고와 마케팅을 통해 소비를 부추기는 이유는 공급 과잉을 상쇄할 수 있는 수요를 창출하려는 자본의 목적 때문입니다.

　프랑스 경제학자 장 바티스트 세이(Jean-Baptiste Say, 1767~1832)는 '공급은 스스로 수요를 창출한다'는 주장을 합니다. 이를 '세이의 법칙Say's law'이라고 합니다. 세이는 사람들이 다른 사람의 생산물을 얻기 위해 교환에 필요한 물건 이외에는 절대로 생산하지 않을 것이라고 말합니다. 공급은 그것과 똑같은 크기의 수요를 창출한다는 겁니다.*** 공급 과잉은

** 　리오 휴버먼, 장상환 옮김, 『자본주의 역사 바로 알기』, 책벌레, 2012년, p.320
*** 　E. K. 헌트·마크 라우첸하이저, 홍기빈 옮김, 『E. K. 헌트의 경제사상사』, 시대의창, 2015년, p.304

없다는 거죠. 물론 특정 재화의 공급 과잉이나 시장의 일시적인 공급 과잉은 발생할 수 있지만, 결국에는 총수요와 총공급이 같아지는 균형에 이른다는 말입니다. 데이비드 리카도도 옥수수, 신발, 코트, 모자 등 특정한 상품은 과잉 생산으로 공급 과잉이 발생할 수 있지만 모든 상품에 대해서 공급 과잉이 일어날 수는 없다고 말합니다.* 수요와 공급을 반영한 가격 조정을 통해 상품의 과부족이 해소된다는 겁니다. 이것은 일반적 과잉 생산은 있을 수 없다는 것을 의미합니다.

비록 1930년대 대공황이 잘못된 통화정책 때문이었다는 주장도 있지만, 근본 원인은 일반적 과잉 생산이었습니다. 그리고 수요와 공급이 자동으로 균형에 이른다는 신고전학파 경제이론으로는 대공황에 제대로 대처할 수 없었습니다. 신고전학파 이론에는 공황이나 실업에 대한 별다른 처방이 없었기 때문이죠. 세이의 법칙과 같은 수요와 공급의 자동적 균형을 기반으로 시장을 다루는 미시경제학microeconomics으로는 문제를 해결할 수 없었습니다.

이때 나타난 해결사가 케인스입니다. 그는 정부가 나서서 수요를 끌어올리면 공급 과잉을 해결할 수 있다고 주장했습니다. 이렇게 거시경제학macroeconomics이 탄생하게 됩니다. 대공황과 제2차 세계대전을 거치며 케인스 경제학이 주류로 자리 잡았습니다. 1970년대 경기 불황과 물가 상승이 동시에 나타나는 스태그플레이션stagflation이 있기 전까지는요.

어쨌든 오늘날은 엄청난 양의 재화가 생산되기 때문에 특수한 경우

---

*   David Ricardo, 『The Principles of Political Economy and Taxation』(1817년),
     Everyman's Library, 1917, p.194

를 제외하면 공급에는 애로가 없는 반면 수요가 문제되는 시대입니다. 공급에 비해 수요가 부족한 거죠. 따라서 자본 간 경쟁이 격화되고 이 때문에 생기는 공급 과잉을 해결하기 위해 우리는 끊임없는 소비를 강요당하는 사회에서 살고 있습니다. 고도로 발달된 마케팅이 우리를 소비의 사회로 빨아들입니다. 섬세하게 제작된 광고의 자극에 따라 우리의 소비 습관이 형성되는 겁니다. 결과적으로 소비가 우리를 규정합니다. '나는 소비한다. 고로 존재한다'라는 말처럼요.

그런데 인간의 존엄과 행복이 어떤 소비를 하는가에 의해 결정될 수 있을까요? 가격의 높낮이가 자존감의 지표가 될 수 있을까요? 베블런재만을 생각한다면 오히려 가격과 자존감이 반비례하는 것은 아닐까요? 과시적 소비나 모방적 소비 등 과소비를 하는 이유가 자존감이 낮아져 이를 보충하려는 데 있기 때문입니다. 이는 동물의 본능과 비슷합니다. 동물이 무언가에 위협당하거나 무언가를 두려워할수록 더 화려하게 날갯짓을 하고 과도하게 몸을 부풀려 상대에게 위압감을 주려고 하는 것처럼요.[**] 과시적 소비나 모방적 소비가 더욱 심해지고 있는 이유도 자존감의 상실이 주요 원인일지도 모르겠습니다.

과시적 소비와 모방적 소비의 문화에 맞서 인간의 존엄과 행복을 회복하고 우리의 자존감을 찾을 방법이 있을까요? 이미 보았듯이 베블런은 과시적 소비의 뿌리는 인간의 약탈적 본능이라고 지적했습니다. 그렇다면 이에 대항할 수 있는 인간의 본능은 없을까요? 양면적인 인간의 특성상 정복과 갈등, 착취와 복종 같은 사회적 대립과 금전적 문화를 추구

[**]   EBS 자본주의 제작팀·정지은·고희정, 『EBS 다큐프라임 자본주의』, 2023년, pp.258~259

하는 본능 이외에 노동과 근면, 생산과 평화 같은 생산적인 산업적 문화를 도모하는 본능도 있지 않을까요? 베블런은 이것을 약탈적 본능predatory instinct에 대비하여 일꾼 본능(instinct of workmanship, 일하기 본능, 장인 본능)이라고 부릅니다. 쉽게 말해 단지 임금만을 목적으로 일하지 않고 일 그 자체를 위해서 일하려는 본능이라고 할 수 있습니다.

베블런은 일꾼 본능이 약탈적 본능을 압도하여 세상을 다시 살만한 곳으로 만들기 위해서는 사적 소유의 철폐가 필요하다고 생각했습니다. 유한계급이 사유재산제에서 시작되었다고 생각하는 베블런의 시각에서는 당연한 결론이었을 겁니다. 물론 이것은 가능하지도 않을뿐더러 역사적 경험에 비추어 바람직하지도 않습니다.

처음에 베블런은 일꾼 본능과 약탈적 본능 각각이 우위를 차지할 가능성은 반반이라고 생각했습니다. 일꾼 본능이 이전보다 더욱 많이 발현될 것으로 본 겁니다. 사회주의가 득세하는 시대였기 때문이죠. 하지만 제1차 세계대전을 겪으면서 애국주의의 광기와 제국주의의 광란을 목격하고 조심스러운 낙관주의자에서 절망한 비관주의자로 점차 변했습니다.* 물론 우리가 사는 21세기는 베블런의 절망이 그대로 이어진 소비 사회의 모습을 보이고 있습니다.

오늘을 사는 우리는 과시적 소비나 모방적 소비의 사회를 피해갈 수는 없을 겁니다. 하루아침에 세상이 변해 전혀 다른 길이 열릴 가능성도 없습니다. 경제의 역사는 경로 의존성path dependence을 특징으로 하

---

* E. K. 헌트·마크 라우첸하이저, 홍기빈 옮김, 『E. K. 헌트의 경제사상사』, 시대의창, 2015년, pp.692~694

고 있기 때문이죠. 하지만 개인 차원에서는 마케팅의 공격으로부터 스스로를 지킬 방법이 있을 것으로 생각합니다. 바로 자존감의 우산을 펴는 겁니다.

PARADOXES & DILEMMAS IN ECONOMICS

선악의 경제학 : 의도와 결과의 괴리

PARADOXES & DILEMMAS IN ECONOMICS

4
개인의 이기심은 공공의 선인가?

보이지 않는 손

보이지 않는 손invisible hand, 경제학의 표현 중 사람들 사이에서 이처럼 빈번하게 언급되고, 추앙받고, 왜곡되고, 신화화된 표현은 없을 겁니다. 애덤 스미스의 『국부론』에 단 한 번 나오는 이 표현은 장사하는 사람이 자신의 자본을 어디에 사용할 것인가를 논하면서 나온 것입니다.

스미스는 자본을 가진 사람이 국내 상업, 수입상, 무역 중개상 중에서 자신의 자본을 어디에 투자할 것인지에 대해 질문합니다. 그는 이윤이 같다면 무역 중개상보다는 수입상을, 수입상보다는 국내 상업을 선택할 것이라는 논리를 폅니다. 이윤이 같거나 거의 같다면, 외국과 관련된 상업에서 야기되는 지리적 분리, 상대방 신뢰와 감시의 문제, 무역 관련 위험 등 때문에 각 개인은 되도록 자기 나라의 사람들이 취업해서 돈을 벌

기회를 주는 방식으로 자신의 자본을 사용하는 경향이 있다고 말합니다. 물론 자본을 투입해 생산하는 노동 생산물의 가치가 최대가 되도록 하려는 게 목적이죠.* 그러면서 그 유명한 '보이지 않는 손'이 등장합니다.

스미스는 자신의 자본을 가장 유리하게 사용하려고 애쓰는 사람은 자신의 이익을 위해서 그런 것이지 사회의 이익은 고려하지도 않는다고 말합니다. 사익을 추구하다 보면 자연스럽고 필연적으로 사회에 가장 유익한 방법을 채택하는 결과로 이어진다는 것입니다.

"사실 그는 일반적으로 말해서 공공의 이익public interest을 증진하려고 의도하지도 않고, 공공의 이익을 그가 얼마나 촉진하는지도 모른다. 외국 노동보다 본국 노동의 유지를 선호하는 것은 오로지 자기 자신의 안전을 위해서고, 노동 생산물이 최대의 가치를 갖도록 그 노동을 이끈 것은 오로지 자기 자신의 이익을 위해서다. 이 경우 그는 다른 많은 경우에서처럼 '보이지 않는 손'에 이끌려서 그가 전혀 의도하지 않았던 목적을 달성하게 된다. 그가 의도하지 않았던 것이라고 해서 반드시 사회에 좋지 않은 것은 아니다. 그가 자기 자신의 이익을 추구함으로써 흔히 그 자신이 진실로 사회의 이익을 증진시키려고 의도하는 경우보다 더욱 효과적으로 그것을 증진시킨다."**

스미스에 따르면 개인은 자신의 안전과 이익을 위해 행동하지만 '보이지 않는 손'에 이끌려 의도하지 않았던 목적을 달성합니다. 여기서 의도하지 않았던 목적이란 국부 증진과 같은 사회적으로 유익한 결과를 말

---

* 애덤 스미스, 김수행 옮김, 『국부론』, 비봉출판사, 2012년, pp.550~551
** 애덤 스미스, 같은 책, p.549, pp.552~553(일부 수정)

하겠죠. 스미스는 말합니다. "우리가 매일 식사를 마련할 수 있는 것은 푸줏간 주인과 양조장 주인, 그리고 빵집 주인의 자비심 때문이 아니라, 그들 자신의 이익을 위한 그들의 고려 때문이다."*** 다시 말해 보이지 않는 손이 개인의 사적 이익을 사회의 이익에 조화되는 방향으로 유도한다는 것입니다.

많은 사람이 경제행위를 유도하고 조정하는 가격의 작동 메커니즘을 '보이지 않는 손'이라고 생각합니다. 이들은 자유시장에서 설정된 가격이 사적 이익을 추구하는 개인들의 경제행위를 유도하고 조정하여 사회가 바라는 최적의 목표를 달성하게 한다고 주장합니다. 간단히 말해 보이지 않는 손은 가격의 자원 배분 기능을 의미합니다. 예를 들어 공급보다 수요가 많아서 가격이 오르면 공급자는 더 많은 양을 공급하기 위해 자원을 추가로 투입하려고 합니다. 반대로 수요가 적으면 가격이 내려가고 자원은 다른 산업으로 흘러갑니다. 결과적으로 보이지 않는 손을 통해 자연스럽게 자기 조정이 가능한 시장경제가 가능하다는 것입니다.

많은 사람이 '보이지 않는 손'에 주목하게 된 이유 중 하나는 그 내용의 소설적 반전 때문입니다. 소설도 권선징악이라는 교훈적이고 밋밋한 플롯보다, 선한 사람이 곤경에 처하고 악한 사람이 영광을 차지하는 반전의 플롯이 사람들의 이목을 끕니다. 보이지 않는 손은 이러한 반전의 서사를 들려줍니다. 개인의 이기심에서 시작된 사익 추구 행위가 보이지 않는 손을 거쳐 공공의 선으로 연결된다는 이야기는 수준 높은 사회 담론을 문학적으로 묘사한 것처럼 느껴집니다.

*** 애덤 스미스, 같은 책, p.19

맨더빌의 역설

스미스보다 한참 앞서 이러한 반전의 서사를 가장 선명하게 보여준 사람은 버나드 맨더빌(Bernard Mandeville, 1670~1733)입니다. 맨더빌은 네덜란드에서 태어나 성장한 후 20대 초반에 영국으로 건너가 활동했던 철학자이자 의사였습니다. 그는 1714년에 『꿀벌의 우화』를 출간했는데, 이것은 약 10년 전에 발표했던 풍자시 '투덜대는 벌집'에 새로운 글을 추가하고 몇 가지 주제에 대한 해설을 곁들인 것입니다.

이야기의 핵심은 이렇습니다. 사치를 부리며 서로 욕망과 허영을 채워주면서 넉넉하고 활기차게 사는 벌들이 모여 있는 벌집이 있었습니다. 사기와 아첨, 노름과 속임수가 다반사였지만 일자리는 넘쳐났습니다. 변호사, 의사, 성직자, 병사, 신하, 재판관 모두 너나 할 것 없이 대의나 정의는 뒷전이고 제 잇속을 챙기기에 바빴습니다. 하지만 사치와 오만은 많은 일자리를 창출했고 시샘과 헛바람, 변덕은 시장을 활기차게 만들었습니다. 그런데 속임수에 당한 자들이 오십보백보이면서 뻔뻔하게도 신을 향해 정직함을 내려달라고 목청껏 외쳤습니다. 이에 화가 난 주피터는 벌집에서 속임수를 없애버렸고 모두의 마음에 정직이 들어섰습니다. 그러자 모두가 검소해지고, 빚을 멀리하고, 소송이 줄고, 죄수가 줄고, 감옥이 줄었습니다. 물건값이 떨어지고 땅값과 집값도 떨어졌습니다. 화려한 저택은 셋집으로 나왔고 흥청망청했던 술집은 옛날 이야기가 되었습니다. 마침내 많은 벌이 일자리를 찾아 떠나야 했습니다.*

---

* 버나드 맨더빌, 최윤재 옮김, 『꿀벌의 우화』, 문예출판사, 2021년, pp.95~117

선악의 경제학 : 의도와 결과의 괴리

이 이야기를 통해 맨더빌은 개인의 악덕이 사회의 이익으로 연결되는 역설을 보여주고 있습니다. '맨더빌의 역설Mandeville's paradox'이죠. 이것은 『꿀벌의 우화』의 부제인 '개인의 악덕private vices, 사회의 이익publick benefits'에 잘 드러나 있습니다. 맨더빌은 '투덜대는 벌집' 이야기의 교훈을 다음과 같이 단호하게 말합니다. "바보들은 오로지 위대한 벌집을 정직하게 만든다고 애를 쓴다만 세상의 편리함을 누리며 전쟁에서 이름을 떨치면서도 넉넉하게 사는 것이 커다란 악덕 없이도 된다는 것은 머릿속에나 들어 있는 헛된 꿈나라 이야기일 뿐이다."** 맨더빌은 만일 세상에 미덕만 있다면 경제는 제대로 돌아가지 않는다고 힘주어 말하고 있습니다.

맨더빌은 한 사람만 놓고 본다면 검약과 겸손, 솔선수범, 배려, 자비, 화목 같은 미덕을 가진 사람이 가족과 이웃, 신에게 더 좋다는 건 분명하다고 말합니다. 하지만 한 나라의 부와 영광, 세속적인 위대함을 생각한다면 사정은 달라집니다. 맨더빌에 따르면 사랑에 빠져 사치를 하고, 변덕을 부려 유행을 만들고, 신분 과시를 위해 과도하게 소비하고, 유산으로 방탕한 생활을 하는 등 갖가지 질병과 괴물들이 있어야 세상이 돌아갑니다. 그래야만 가난한 노동자들이 정직하게 벌어먹고 살 수 있는 일이 생기기 때문입니다.***

맨더빌이 말하는 악덕vice이란 살인이나 강도와 같은 범죄crime를 의미한 것이 아니고 도덕적 차원에서 말하는 죄악sin, 즉 방탕, 사치, 명예욕, 과시욕, 이기심, 탐욕, 쾌락 같은 것을 의미했습니다. 반면 미덕virtue

---

**   버나드 맨더빌, 같은 책, p.119
***   버나드 맨더빌, 같은 책, p.248

은 금욕, 겸손, 자선, 자기희생, 공공심 등이었습니다. 그런데 맨더빌은 정말로 악덕을 권장한 걸까요? 위의 내용을 보면 그런 것 같습니다. 하지만 맨더빌은 악덕 그 자체를 추켜세운 적이 없다고 합니다. 그보다는 악덕의 효용을 보여주었다고 하는 편이 좋을 듯합니다.

맨더빌은 악덕이 있더라도 세상이 잘사는 게 아니라 악덕 때문에 잘산다고 주장했다는 겁니다. 따라서 악덕을 없애려는 도덕 운동은 세상이 제대로 돌아가지 못하게 만드는 바보짓입니다. 바로 위에서 인용한 꿈나라 이야기라는 겁니다.* 죄 많은 악덕 부유층의 사치와 낭비는 빈곤층에게 일자리를 주지만 도덕적인 사람들의 금욕과 검약은 사회에 장애를 일으킬 뿐이라는 거죠. 그렇다면 맨더빌은 개인의 악덕이 곧바로 사회의 이익이 된다고 생각한 걸까요? 그렇지는 않은 듯합니다. 먼저 『꿀벌의 우화』의 부제는 앞서 언급한 것처럼 'private vices, publick benefits'입니다. 'private vices(개인의 악덕)'과 'publick benefits(사회의 이익)' 사이에는 'become', 'result in'과 같은 동사가 없습니다. 단지 쉼표만 있죠. 따라서 엄밀히 말하면 개인의 악덕이 사회의 이익이 '된다'라는 의미는 없습니다. 독자들이 맨더빌의 책을 읽고 개인의 악덕이 사회의 이익이 '된다'라고 생각한 거죠. 맨더빌이 이런 부제를 붙인 것은 역설적 표현을 통해 사람들의 이목을 끌기 위해서였다고 합니다.**

맨더빌은 개인의 악덕이 필연적으로 사회의 이익으로 연결된다고 생각하지 않았습니다. 맨더빌은 말합니다. "악덕이 이롭게 되는 것도 마찬

---

*   버나드 맨더빌, 같은 책, pp.30~32 (옮긴이 해제)
**   버나드 맨더빌, 같은 책, p.38

126   선악의 경제학 : 의도와 결과의 괴리

가지로 정의로 베어내고 동여맬 때이다." 포도주를 위해 좋은 포도를 얻으려면 포도 덩굴을 묶고 자르고 해야 하듯이 악덕은 정의로 통제하고 관리하는 한에서 이로운 결과를 가져온다는 거죠.***

맨더빌은 또 말합니다. "개인의 악덕은 솜씨 좋은 정치인이 잘 다룬다면 사회의 이득이 될 수 있다."**** 이에 비추어 보면 맨더빌은 개인의 악덕이 자연스럽고 당연하게 사회적 이익으로 귀결된다고 생각하지 않았다는 걸 알 수 있습니다. 개인의 악덕은 정의의 손길과 전문가의 섬세한 정책적 조정을 거쳐야만 사회에 유익한 결과를 가져올 수 있기 때문입니다. 우리가 맨더빌을 오해한 겁니다. 악덕은 정의로 동여맬 때만 좋은 열매를 맺습니다.

공정한 관찰자

사실 스미스의 '보이지 않는 손'에 대한 오해도 맨더빌의 역설에 대한 오해와 비슷합니다. 보이지 않는 손은 『국부론』에 앞서 출간된 『도덕감정론』(1759년)에도 나옵니다. 스미스는 경제학자이기 이전에 대학에서 도덕철학을 강의했던 철학자였습니다. 스미스는 『도덕감정론』에서 사람들의 행동에 관한 도덕적 판단 배후에 작용하는 사회심리의 메커니즘과 이를 통한 사회 운영 원리를 분석합니다. 스미스에 따르면 사람들 마음속에

*** 　 버나드 맨더빌, 같은 책, p.120
**** 　 버나드 맨더빌, 같은 책, p.264

거주하는 내부의 사람이 사람들의 행동을 심판하고 중재합니다. 바로 '공정한 관찰자impartial spectator'입니다. 공정한 관찰자의 존재로 인해 사람들은 공감(sympathy, 동감)의 원리에 따라 행동하고 이로 인해 사회질서가 성립되고 유지됩니다. 공감이 사회구성원들에게 도덕감정을 낳고 이것이 사회를 움직이게 합니다.

스미스는 『도덕감정론』에서 거만하고 몰인정한 지주가 땅에서 나는 수확물을 자신이 모두 소비한다는 것은 불가능하다고 말합니다. 근본적인 이유는 지주의 위가 그만큼 크지 않다는 생물학적 제약 때문입니다. 자신이 소비하고 남은 나머지는 자신의 식량을 마련하는 사람들, 자신의 저택을 관리하는 사람들, 자신이 소비하는 다양한 물건을 공급하고 정리하는 사람들에게 분배할 수밖에 없다고 합니다. 부자들은 토지의 생산물 중에서 가장 귀하고 마음에 드는 것만을 가져갑니다. 그렇다고 지주가 인간애나 정의감 때문에 토지 수확물을 분배하는 것은 아닙니다. 나머지 사람들은 지주의 사치와 변덕에서 생활 필수품을 얻는 기회를 잡습니다. 스미스는 지주가 자신의 욕망을 충족시키려는 자연적인 이기심과 탐욕에도 불구하고 생산물을 가난한 사람들과 나누는 것은 '보이지 않는 손'에 이끌린 결과라고 말합니다.

"그들은 보이지 않는 손에 인도되어 대지가 모든 주민에게 똑같은 몫으로 분할되었을 경우에 이루어졌을 것과 거의 동일한 정도의 생활 필수품의 분배를 받게 된다. 그리하여 이를 의도하거나 인식하는 일 없이 사회의 이익을 촉진시키고 종족 번식의 수단을 제공한다."[*]

지주의 본능이라고 할 수 있는 강력한 자기애self-love에도 불구하고

---

[*]   애덤 스미스, 김광수 옮김, 『도덕감정론』, 한길사, 2022년, pp.417~418

이에 대항하여 생산물을 사회적으로 분배하게 만드는 힘은 무엇일까요? 그것은 인간애도 박애심도 아닙니다. 그보다 더 강력한 힘이고 더욱 설득력 있는 것이라고 스미스는 말합니다. "그것은 이성, 원칙, 양심이고, 마음속 거주자이며 내면의 인간이고, 우리 행위의 위대한 재판관이자 중재인이다." 스미스에 따르면 다른 사람들의 행복에 영향을 미치는 행위를 할 때 공감을 얻지 못하고 분개심, 혐오와 저주의 대상이 되는 행위를 하게 되면 마음속 거주자인 '공정한 관찰자'가 깜짝 놀라게 하는 목소리를 냅니다. 이를 통해 자기애가 야기하는 왜곡이 교정되는 거죠.[**]

손의 위치

스미스는 정말 '보이지 않는 손'이 자기 이익을 추구하는 개인을 인도하여 사회의 이익을 증진시킨다고 생각했을까요? 개인의 이익 추구가 '자연스럽고 필연적으로' 사회의 이익이 된다고 주장한 것일까요? 여기서 우리는 스미스의 보이지 않는 손이 작동하는 곳이 어디인가를 다시 확인할 필요가 있습니다.

스미스의 말대로 사람들은 자기 이익을 위해 경제행위를 선택합니다. 그리고 각 개인의 선택된 행위가 집적되어 사회적 결과를 가져옵니다. 이를 간단한 그림으로 나타내면 다음과 같습니다. 이때 보이지 않는 손은 어느 단계에서 작동하는 것일까요? 그림에서 개인의 이기심이 특정 경제

[**]   애덤 스미스, 같은 책, pp.327~328 (일부 수정)

행위로 나타나는 과정(①)에서일까요, 아니면 이미 선택된 행위가 시장에서 상호작용을 통해 사회적 결과를 낳는 과정(②)에서일까요?

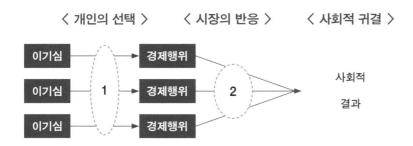

지금까지 '보이지 않는 손'은 단계 ②에서 작동하는 것으로 받아들여졌습니다. 개인의 이기심이 자기 이익을 극대화하는 경제행위를 선택하면, 이것이 보이지 않는 손의 인도를 받아 공공의 이익으로 귀결된다는 논리였습니다. 개인은 공공의 이익을 전혀 고려하지 않고 거의 무제한의 이기적 행위를 하더라도 결과적으로는 사회적 미덕이 된다는 겁니다. 이 경우에는 개인의 이기심에 어떠한 제약도 가할 필요가 없습니다. 보이지 않는 손이 작동하는 자유시장이 경쟁을 통해 자연스럽게 모든 것을 사회적 미덕으로 만들어줄 테니까요. 이것이 시장 근본주의가 기초하고 있는 철학입니다.

하지만 나는 스미스의 보이지 않는 손이 작동하는 곳은 단계 ②가 아니라 단계 ①이라고 생각합니다. 보이지 않는 손은 개인의 이기심이 경제행위를 선택하는 과정에 작동한다는 겁니다. 행위를 한 이후에 보이지

선악의 경제학 : 의도와 결과의 괴리

않는 손이 작동하는 게 아니라는 거죠. 행위 그 자체가 보이지 않는 손에 이끌려 이루어진다는 것입니다. 그렇다면 개인의 이기심에 기초한 경제행위를 공공의 이익으로 자연스럽고 필연적으로 연결하는 조정 기구로서의 보이지 않는 손이란 존재하지 않는 것입니다.

대신에 단계 ②에서는 수요와 공급, 세력과 세력, 예산 제약과 기술, 관습과 문화, 사회 및 정치적 구조 등이 영향을 미칩니다. 이 단계는 이미 보이지 않는 손에 이끌린 개인의 경제행위가 중층적이고 복잡한 과정을 거쳐 사회적 결과를 낳는 과정입니다. 따라서 그 결과는 언제나 사회의 이익이 된다고 말할 수는 없습니다. 때로는 사회의 이익으로, 때로는 사회의 손실로 나타날 수 있습니다. 실제 우리의 현실에서 보는 것처럼요. 더구나 소규모 기업들이 절대적인 비중을 차지했던 스미스 시대와 달리, 거대기업들의 비중이 매우 큰 오늘날에는 시장에서 경쟁의 실질적 의미가 크게 달라졌습니다. 어쩌면 거대기업들의 숨어 있는 손이 스미스의 '보이지 않는 손'을 압도하는 시대인지도 모릅니다. 결론적으로 말하면 개인의 이기심에 기초한 경제행위가 사회에 이익이 되도록 보장하는 손은 없다고 할 수 있습니다.

앞서 언급했던 것처럼 우리가 알고 있는 보이지 않는 손은 대체로 최적의 자원 배분allocation을 가져다주는 자유시장의 가격 기능을 의미합니다. 스미스도 기본적으로 자유시장을 옹호합니다. 물론 무조건 옹호하는 건 아닙니다. 그는 특정한 산업부문에 대한 특혜나 규제를 통해 자본 배분에 개입한다면 사회의 생산물의 가치는 증가하기보다는 감소할 것이라고 말합니다. 따라서 특혜나 규제가 철폐된 자연적 자유natural liberty의 제도가 확립된다면 모든 사람이 자유롭게 자신의 이익을 추구하고 서로 경쟁할 수 있습니다. 그런데 여기에 단서가 붙습니다. 사람들의 행위가 정의의 원칙에 반하지 않아야 한다는 겁니다.[*]

『도덕감정론』을 보면 이 점을 보다 명확하게 알 수 있습니다. 스미스는 인간이 아무리 이기적이라고 해도 인간의 본성에는 타인의 운명에 관심을 가지며, 연민이나 동정심과 같은 정서가 있다고 말합니다.[**] 이는 일종의 동료 의식fellow-feeling이라고 할 수 있습니다. 이것이 발전하여 보편적인 사회적 본능으로서 공감이 형성됩니다. 그리고 우리 마음속에 거주하는 공정한 관찰자가 공감의 원리에 따라 무절제한 이기심을 제어할 수 있도록 보이지 않는 손이 작동합니다. 악덕은 정의로 동여맬 때만 좋은 열매를 맺을 수 있다는 맨더빌의 말처럼요.

보이지 않는 손을 왜곡하고 추앙하는 시장 근본주의자들은 모든 것을 시장, 즉 보이지 않는 손에 맡기면 최선의 결과를 얻을 수 있다고 주장합니다. 하지만 스미스는 『국부론』에서 이렇게 말합니다.

"완전한 정의, 완전한 자유, 완전한 평등을 확립하는 것이 생산적 계급과 비생산적 계급 모두의 최고도의 번영을 가장 효과적으로 보증하는 매우 단순한 비밀이다."[***] 따라서 개인의 이기심을 무제한 수용할 수 있도록 모든 것을 시장에 맡기자는 것은 자유지상주의처럼 '존재하는 것은 무엇이든 옳은 것이다'라는 이념적 지향성을 갖는 매우 편리한 주장이지만, 중층의 다면적인 세상을 단 하나의 논리로 양단하려는 매우 무책임한 주장이라고도 할 수 있습니다.

---

[*]   애덤 스미스, 김수행 옮김, 『국부론』, 비봉출판사, 2012년, pp.847~848
[**]   애덤 스미스, 김광수 옮김, 『도덕감정론』, 한길사, 2022년, p.87
[***]   애덤 스미스, 김수행 옮김, 『국부론』, 비봉출판사, 2012년, p.827

보이는 손

스미스가 알려준 정의, 자유, 평등이라는 매우 단순한 비밀에도 불구하고 여전히 보이지 않는 손을 오해하거나 왜곡해서 경제학의 무게 중심을 완전한 자유시장에 두는 사람들이 적지 않습니다. 이들은 정부의 역할을 축소하고 시장의 역할을 확대할 것을 주장합니다. 기업에 더 많은 자유를 달라는 거죠. 다시 말해 마음껏 비즈니스를 할 수 있는 완전한 자유를 원하는 겁니다. 자연스럽고 필연적으로 예정된 조화와 사회적 균형을 가져오는 보이지 않는 손은 제대로 작동하기만 한다면 사회 구석구석에 최적 배분의 혜택을 주기 때문에 자본주의 사회의 기둥인 기업에 더 많은 비즈니스의 자유가 필요하다는 논리입니다. 비즈니스에 정부가 개입하지 말라는 겁니다. 다시 말해 비즈니스에 간섭하는 '보이는 손'을 치우라는 거죠.

스미스도 그렇게 생각했을까요? 위에서 언급했듯이 특정 산업에 대한 특혜나 규제를 철폐하고 자연적 자유의 제도가 확립되면 사익 추구와 경쟁을 통해 국가 생산물의 가치는 최대치가 됩니다. 스미스에 따르면 이때 정부가 해야 할 일은 국방과 사법 행정, 그리고 공공사업이나 공공시설의 건설과 유지뿐입니다.**** 사실 스미스가 정부의 역할로 제시한 것은 이보다 범위가 더 넓지만, 오늘날과 비교하면 크게 제한한 겁니다.

스미스가 정부의 역할을 제한한 이유가 단순히 정부가 보이지 않는 손을 방해해서 기업의 비즈니스에 걸림돌이 되기 때문일까요? 아닙니다.

**** 애덤 스미스, 같은 책, p.848

그보다는 정부가 대체로 기업에 유리한 편파적인 결정을 하기 때문입니다. 스미스는 말합니다. "의회가 고용주와 노동자 사이의 의견 차이를 조정하려고 시도할 때, 의회의 상담역이 되는 것은 언제나 고용주다."

그는 독점을 강화하는 온갖 제안을 지지하는 국회의원은 사업을 이해한다는 명성과 함께 유산계급의 인기를 얻지만, 독점에 반대하는 국회의원은 욕설과 비난, 모욕을 받으며 분노한 독점자들로부터 실질적인 위험을 피할 수 없다고 말합니다.*

스미스는 지주의 지대, 노동자의 임금, 고용주의 이윤을 분석하면서 이들 세 계급의 사적 이익과 공공의 이익을 대비하여 각 계급의 기본 특징을 설명합니다. 스미스에 따르면 지주계급과 노동자계급의 이익은 공공의 이익과 밀접한 관계가 있습니다. 하지만 계급의 이익을 위한 이들의 목소리는 정부 정책에 별다른 영향을 미치지 못합니다.

이에 반해 최대의 자본을 투여하고 막대한 부를 소유한 상인과 공장주 등 고용주 계급은 정부로부터 가장 큰 배려를 받습니다. 당연한 이야기지만 그들은 사회의 이익보다 자기 계급의 이익을 우선시합니다. 심지어 어떤 분야에서는 이들의 이익이 공공의 이익과 상반되기도 합니다. 보이지 않는 손이 작동하지 못하는 거죠. 스미스는 말합니다. "시장을 확대하고 경쟁을 제한하는 것은 항상 상인과 제조업자의 이익이 된다." 따라서 고용주 계급이 제안하는 법률과 규제는 항상 경계심을 가지고 살펴보아야 한다고 말합니다.

"왜냐하면 그것은 그들의 이익이 결코 정확히 공공의 이익과 일치하

---

*　　애덤 스미스, 같은 책, p.185, p.572

선악의 경제학 : 의도와 결과의 괴리

지 않는 계급, 그리고 사회를 기만하고 심지어 억압하는 것이 그들의 이익이 되며, 따라서 수많은 기회에 사회를 기만하고 억압한 적이 있는 계급으로부터 나온 제안이기 때문이다."** 그렇다면 스미스는 고용주 계급에는 보이는 공정한 손이 필요하다고 말하고 있는 것인지도 모릅니다.

시장 신앙

1980년 6월 25일 마거릿 대처 총리는 한 기자회견에서 영국의 인플레이션 문제를 해결하려면 고통을 감수하고 허리띠를 졸라매야 한다고 말합니다. 그리고 다른 대안은 없다고 강조합니다. 이것이 신자유주의의 상징이 된 "대안은 없다(There Is No Alternative. TINA)"라는 말의 시작입니다.

대처는 자유시장의 신봉자로서 사람들이 가난과 실업에 시달리고 사회에 불평등이 존재하는 것은 어쩔 수 없는 일이라고 생각합니다. 서로 보듬고 지켜주는 사회 따위란 없다는 겁니다. 대처를 출발점으로 하여 복지 축소와 작은 정부, 민영화와 정부의 시장 개입 축소, 노동규제 강화, 기업규제 완화와 자본거래 자유화, 금융시장 개방 등이 경제정책의 세계적 흐름을 타기 시작한 겁니다. 보이지 않는 손이 작동하지 않는 분야는 과감하게 축소한 거죠. 시간이 지남에 따라 경쟁적 자유시장은 정치와 사회를 집어삼키며 거대한 괴물 리바이어던Leviathan으로 변했습니다.

역설적인 것은 시장은 규제와 함께 자랐다는 점입니다. 헝가리 출신

** 애덤 스미스, 같은 책, pp.320~323

으로 영미에서 활동했던 경제학자 칼 폴라니(Karl Polanyi, 1886~1964)에 따르면 자본주의 초기만 해도 시장은 경제생활에서 부속품에 불과했고, 경제체제는 사회체제에 흡수되어 있었습니다. 애덤 스미스 이전의 중상주의체제에서 시장은 중앙집권화된 행정체제의 통제를 받았습니다. 보이지 않는 손이란 것이 없었던 거죠. 자급자족이 흔했던 시대에 시장이 자기조정(self-regulation, 자율규제)을 통해 사회의 이익을 증진한다는 생각은 불가능했습니다. 아직 시장은 사회의 부속품이지 사회를 지도하는 지위로까지 오르지 못했던 겁니다. 판매를 목적으로 한 '상품' 생산이 확대되고 경쟁을 기반으로 한 시장의 기능이 사회 곳곳에 파고들면서 드디어 시장경제가 자기조정을 통해 재화의 생산과 분배의 질서를 담당하게 됩니다. 국가의 개입에 의존하던 중상주의가 시장의 자기조정에 의존하는 체제로 변한 겁니다. 이제 사회가 정치 영역과 경제 영역으로 제도적으로 분리된 거죠.* 경제적 자유주의, 즉 자유방임주의laissez-faire가 사회의 조직 원리가 된 것입니다.

그런데 프리드리히 하이에크(Friedrich A. Hayek, 1899~1992)는 자유방임주의와 사회주의적 계획에 반대하는 자유주의를 혼동하지 말아야 한다고 주장합니다. 20세기 대표적인 자유주의 사상가인 하이에크는『노예의 길』(1944년)에서 -우연이지만 시장이 사회를 집어삼키는 과정과 이에 저항했던 인간사회의 노력을 파헤친 칼 폴라니의『거대한 전환』도 1944년에 출간됩니다.- 사회주의적 '경제계획'은 전체주의로 가는 지름길이라는 관점을 피력합니다. 그는 나치즘과 파시즘의 발호는 사회주의적 경향

---

*   칼 폴라니, 홍기빈 옮김,『거대한 전환』, 도서출판 길, 2011년, pp.237~241

에 대한 반작용이 아니라 그 경향의 필연적 결과라고 말합니다.[**]

그에게 사회주의는 예속slavery을 의미했습니다. 따라서 특정 목적을 위해 특정 자원이 어떻게 사용되어야 하는지를 의식적으로 지시하는 사회주의적 '계획'은 노예 상태로 가는 길이 됩니다. 모든 경제활동이 통제되는 중앙지시체제인 거죠.[***] 이것이 그가 사회주의에 그토록 강한 거부반응을 보이고 시장에 대한 정부의 간섭을 끔찍이 싫어했던 이유입니다. 하이에크는 이런 생각을 '시장 신앙'이라고 할 정도까지 밀고 나간 사람입니다. 신자유주의의 길을 닦은 사람인 거죠.

하이에크는 자신이 주장하는 자유주의가 인간 노력을 조정하는 수단으로서 경쟁의 힘을 최대한 활용하는 것이라고 말합니다. 그는 경쟁이 가장 효율적이며 의식적인 사회적 통제가 필요 없다는 점에서 다른 수단에 비해 우월하다고 주장합니다. 그는 자유주의는 사람들의 행위를 조정하는 수단으로 경쟁의 힘을 최대한 활용하자는 것이지, 그냥 놓아두라는 것이 아니라고 이야기합니다. 경쟁이 제대로 작동하려면 화폐나 시장 등 관련 제도와 법규의 정비 같은 정부 차원의 조직화가 필요하고, 때로는 경쟁의 작동에 도움되는 정부 개입이 필요할 수도 있기 때문입니다.[****]

하지만 맨더빌이나 스미스도 기본적으로 자유방임주의자이지만 모든 것을 방치해도 좋은 결과가 나온다는 생각은 하지 않았습니다. 그들도 정부가 일반 규칙이나 제도를 만들어 경제가 제대로 돌아가게 만들

[**]   프리드리히 A. 하이에크, 김이석 옮김, 『노예의 길』, 자유기업원, 2019년, p.37

[***]   프리드리히 A. 하이에크, 같은 책, p.75

[****] 프리드리히 A. 하이에크, 같은 책, pp.76~78

어야 한다고 생각했습니다. 물론 자유방임이라는 말이 과거에는 그냥 두어도 알아서 잘 돌아간다는 의미가 더 강했다면, 오늘날에는 잘 돌아가도록 제도를 만들어야 한다는 의미가 더 강하다고 할 수 있습니다. 그렇지만 양쪽 모두 경쟁시장과 정부 개입 배제라는 본질적 특성을 가지며, 정부가 게임의 규칙을 제정하고 관리하는 역할을 맡는다는 점에서 굳이 서로 구분할 필요는 없을 것입니다.

자유방임주의는 사실 자율에 기반한 것은 아니었습니다. 자유무역과 직결된 면화 산업만 해도 보호관세, 수출 장려금, 임금 보조와 같은 정부의 도움을 빌려서 나타난 것이며 자유방임 그 자체도 국가의 법령과 집행에 의존한 것이었습니다. 폴라니는 이렇게 말합니다.

"자유시장으로 가는 길을 뚫고 또 그것을 유지·보수했던 것은 중앙에서 조직하고 통제하는 지속적인 정부 개입이었으며 그 과정에서 정부 개입은 엄청나게 증대되고 말았다."[*]

하이에크와 함께 시장 신앙의 성자로 여겨지는 경제학자는 미국의 저명한 통화주의자 밀턴 프리드먼(Milton Friedman, 1912~2006)입니다. 프리드먼은 경제적 자유와 정치적 자유의 필요조건이 '경쟁적 자본주의'라고 말합니다. 이것은 대부분의 경제활동을 자유시장에서 활동하는 민간기업을 통해 조직하는 것을 말합니다. 프리드먼도 하이에크와 마찬가지로 경제적 자유가 없으면 정치적 자유도 없다고 말합니다. 따라서 경제적 자유가 없는 사회주의는 결코 민주적일 수 없다고 단언합니다.[**]

---

[*]   칼 폴라니, 홍기빈 옮김, 『거대한 전환』, 도서출판 길, 2011년, p.391, p.393

[**]   밀턴 프리드먼, 심준보·변동열 옮김, 『자본주의와 자유』, 청어람미디어, 2023년, p.27, p.34

프리드먼은 사회에서 시장의 힘이 미치는 영역이 넓어질수록 정치적 합의를 통해서 해결해야 하는 쟁점이 줄어든다고 말합니다. 이처럼 합의가 필요한 쟁점이 줄어들면 사회는 더 자유로워지고 남아 있는 쟁점에 대한 합의 가능성도 더욱 커진다고 합니다. 그러면서 정부는 시장이 통할 수 없는 경우나 시장을 통하면 비용이 너무 많이 드는 경우에만 개입해야 한다고 말합니다. 규칙을 제정하고 이를 집행하는 일, 산업 특성상 발생하는 자연적 독점이나 가격에 반영되지 않는 경제활동의 외부효과로 인해 자발적 교환이 불가능한 영역에서 당사자들의 이해를 조종하는 일, 어린이나 무력한 병자에 대해 가부장적 온정주의를 베푸는 일 등이 그렇습니다. 이는 앞서 스미스가 제시했던 정부의 역할과 비슷합니다. 그러면서 프리드먼은 정부 개입을 정당화할 수 없는 사례를 길게 열거합니다. 그에 따르면 농산물 가격지지 제도, 주택 임차료 및 임금 통제, 최저임금, 노령연금이나 퇴직연금 같은 사회보장제도, 의사나 변호사 같은 전문직에 대한 면허제도, 공영주택 같은 주택 보조금 제도, 징병제도, 국립공원 제도 등은 정부의 개입을 정당화하기 어렵습니다.[***]

프리드먼은 정부의 관료기구를 믿지 않습니다. 그에 따르면 1930년대 대공황은 민간 경제의 불안정성이 원인이라기보다 중앙은행인 연방준비제도가 통화량을 줄인 잘못된 통화정책 때문입니다. 그는 이것이 소수의 사람이 견제를 받지 않고 너무 중요한 권한을 행사하기 때문에 나타난 문제라고 생각합니다. 이런 이유로 그는 중앙은행의 자유재량에 의한 통화정책을 반대하고 연 3~5% 정도의 일정한 통화증가율을 법제화하

[***]　밀턴 프리드먼, 같은 책, pp.60~78

는 통화준칙을 대안으로 제시합니다.* 그가 정부를 믿지 않는다는 사실은 독점 문제와 관련해서도 확인할 수 있습니다. 경쟁적 시장에서 기술적 여건상 자연스럽게 독점이 발생할 수 있다면 어떻게 할까요? 방법은 사적 독점, 공적 독점, 공적 규제 등 세 가지가 있습니다. 프리드먼은 여러 연구자료를 바탕으로 자신은 사적 독점이 더 나은 방법이라고 말합니다. 독점이 나쁘기는 하지만 공적 독점이나 공적 규제에 비해 사적 독점이 더 낫다는 것입니다.**

더 나아가 프리드먼은 인간사회에 태생적으로 내재한 불평등을 완화 또는 해소하려는 정부의 개입에 대해 이렇게 말합니다. "인생이란 결코 공평하지 않다. 자연이 만들어 놓은 것을 정부가 시정할 수 있다고 믿는 것은 그럴싸한 것이다. 그러나 우리들이 개탄해 마지않는 불공평 바로 그것으로부터 얼마나 많은 혜택을 보고 있는가를 인식하는 것도 역시 중요하다." 그는 빼어난 각선미를 가지고 태어난 배우나 뛰어난 운동신경을 가지고 태어난 권투선수를 수백만 명이 보고 즐길 수 있는 것은 그런 사람을 태어나게 한 자연의 불공평 덕택이라고 말합니다.*** 지나친 비유가 아닐 수 없습니다. 그것이 전부일까요?

시장경제가 정치를 압도하는 사회에서는 인간의 얼굴이 배제된 경쟁 시장이 모든 문제를 해결하는 주체가 됩니다. 한때는 시장이 넘보지 못하던 영역에서도 이제는 시장이 활개를 치고 다닙니다. 1장에서 언급한

---

* 밀턴 프리드먼, 같은 책, p.80, pp.97~102
** 밀턴 프리드먼, 같은 책, pp.66~67
*** 밀턴 프리드먼·로즈 프리드먼, 민병균·서재명·한홍순 옮김, 『선택할 자유』, 자유기업원, 2023년, pp.272~273

것처럼 시장은 결혼과 출산과 육아, 정치와 법률, 전쟁과 범죄, 그리고 인간 생명을 다루는 의료 분야에서도 주체하지 못할 정도로 큰 힘을 발휘하고 있습니다. 개인의 이기심이 보이지 않는 손에 의해 공공의 이익으로 연결된다는 생각은 '존재하는 것은 무엇이든 옳은 것이다'라는 이념에 물들게 합니다. 이것은 시장 신앙을 믿는 사람들이 펼치는 마케팅의 궁극적 효과입니다.

신학자인 하비 콕스는 『신이 된 시장』에서 '시장의 종교'라는 표현이 단순한 비유가 아니라고 말합니다. 시장의 작용에 대한 믿음은 시장의 사제와 의례, 교의와 신학, 성자와 예언자, 전도 열망과 같은 종교의 형태를 띤다고 지적합니다. 지금까지 언급한 맨더빌의 역설, 위치가 '왜곡된' 보이지 않는 손, 하이에크와 프리드먼의 이야기를 생각하면 시장의 종교가 단지 비유적인 표현이 아님을 알 수 있습니다. 시장 신앙에서는 본래 '시장신Market God'이 전지전능하고 편재하며 자애롭다는 사실을 의심하면 안 됩니다. 시장 신앙의 관점에서 세상에 신이 묵인할 것 같지 않은 나쁜 일이 생기는 이유는 신의 섭리가 궁극적인 속성을 향해 나아가는 '과정'에서 나타나는 유한한 신성神性 때문입니다.****

'보이지 않는 손'이라는 시장신의 섭리가 경제를 이끌지만 사기, 비리, 부패, 빈곤, 실업, 공황 등이 발생하는 것도 같은 이유라고 말할 수 있을 것입니다. 그렇다면 모든 것이 사회의 이익 극대화라는 궁극적 목적의 실현을 위한 보이지 않는 손의 간계奸計인 걸까요?

시장이 우위를 차지하는 사회에서 보이지 않는 손은 이제 경제의 지

**** 하비 콕스, 유강은 옮김, 『신이 된 시장』, 문예출판사, 2018년, p.14, pp.17~18

도원리에서 사회의 지도원리로 우뚝 섭니다. 보이지 않는 손을 통해 자연스럽고 필연적으로 개인의 이기심을 공공의 이익으로 이끄는 자생적 진보에 대한 맹신이 사람들의 정신을 흐리게 하고, 지식층조차 규제 없는 무제한의 경제행위에 열광하게 되었습니다. 만일 무제한의 자유를 누리는 시장 메커니즘의 활동을 둔화시킨 사회적 반작용이 없었다면 인간 사회는 파멸했을지도 모릅니다.[*]

절약의 역설

지금까지 우리는 개인의 악덕이 사회의 미덕이 된다는 이야기를 했습니다. 경제학에는 이와 반대로 개인의 미덕이 사회의 악덕이 된다는 이야기는 없을까요? 있습니다. 그 대표적인 예가 '절약의 역설paradox of thrift'입니다. 이 역설에 따르면 개인이 재산 형성을 위해 저축을 하면 할수록 사회 전체의 총수요가 감소하게 되고, 이것이 다시 사회의 총생산을 감소시켜 결국에는 사회의 총저축이 줄어드는 결과를 낳습니다. 근검절약이라는 개인의 미덕이 국가의 경제성장을 저해하고 사회적으로도 저축의 총량을 줄이고, 심하면 불황과 빈곤으로 모두를 힘들게 하는 악덕이 되는 거죠.

사실 우리는 맨더빌의 '투덜대는 벌집' 이야기에서 이미 '절약의 역설'을 보았습니다. 맨더빌은 정직과 검약 같은 개인의 미덕이 경기침체와 실

---

[*]   칼 폴라니, 홍기빈 옮김, 『거대한 전환』, 도서출판 길, 2011년, p.248

선악의 경제학 : 의도와 결과의 괴리

업으로 이어지는 이야기를 들려주었습니다. 그는 말합니다.

"개인 가정에서 절약은 재산을 불리는 데에 가장 확실한 방법이다. 그래서 어떤 사람들은 한 나라도 같은 길을 일반적으로 따른다면 (그렇게 할 수 있다고 그들은 생각하는데) 나라 전체에 같은 효과를 나타낼 것으로 생각한다. 예를 들어 영국 사람들이 이웃 어느 나라만큼 절약한다면 지금보다 더 부자가 될 것이라고들 한다. 내가 보기에 이것은 잘못이다."**

맨더빌 이후에도 저축의 부정적 영향을 언급했던 사람들이 있었습니다. 영국의 경제학자 존 앳킨슨 홉슨(John Atkinson Hobson, 1858~1940)은 경기침체의 원인이 지나친 저축에 있고, 저축은 번영의 토대를 침식할 것이라고 주장했습니다. 이 때문에 홉슨은 학계에서 추방되었습니다. 절약이 실업을 유발한다는 주장이 사회 안정의 한 축인 검약을 죄악시했다는 이유였죠.***

케인스도 『일반이론』에서 맨더빌을 인용하고 있습니다. 유효수요의 부족이 실업을 야기한다는 이론이 설득력을 얻으면서 맨더빌의 이야기가 새삼 주목을 받게 되었다는 겁니다. 그러면서 그는 맨더빌이 이해하기 쉬운 우화를 통해 자신의 주장을 폈지만, 잘못된 가설에 따른 오류를 범하기보다는 직관에 따라 불완전하나마 진리를 바라보려고 했다고 평가합니다.****

케인스는 저축과 투자, 소득의 관계를 통해 절약의 역설을 설명합니다. 그는 소비를 줄여 저축을 하려는 시도는 사람들의 소득에 영향을 미

**   버나드 맨더빌, 최윤재 옮김, 『꿀벌의 우화』, 문예출판사, 2021년, pp.156~157
***   로버트 하일브로너, 장상환 옮김, 『세속의 철학자들』, 도서출판 더 테라스, 2023년, p.256
****   존 메이너드 케인스, 이주명 옮김, 『고용, 이자, 화폐의 일반이론』, 필맥, 2013년, p.452

처 좌절될 수밖에 없다고 말합니다. 저축으로 수요가 줄면 누군가의 소득은 줄어들기 때문이죠.

또한 모든 개인이 지속적으로 같은 수준의 저축을 하려면 사회의 부, 즉 총소득이 유지되어야 하는데 이것은 저축한 금액이 경제의 순환 과정에서 빠져나가지 않고 사회적 부를 창출하는 투자로 이어진다는 가정에 기반을 둔 것입니다. 그래야 개인들은 소득을 유지하며 저축을 할 수 있으니까요. 그런데 현실은 그렇지 않다는 거죠.*

스미스가 『국부론』을 집필할 때만 해도 저축은 곧 투자 혹은 소비로 이어지는 경제구조였다고 할 수 있습니다. 그래서 스미스는 이렇게 말합니다. "절약은 한 나라의 토지·노동의 연간 생산물의 교환가치를 증가시키는 경향이 있다. 절약은 더 많은 노동량을 고용하여 일하게 하고, 더 많은 노동량은 연간 생산물에 더 많은 가치를 부여한다."**

이처럼 자본주의가 시작되고 1800년대 초반까지는 저축을 하는 사람이 대체로 그 저축한 돈을 사용하는 사람이었습니다. 지주계급과 자본가들이었죠. 이들은 저축한 돈을 투자에 썼습니다. 저축이 곧 투자였지요. 그런데 1800년대 중반에 경제구조가 변했습니다. 기업은 대형화되었을 뿐만 아니라 부의 분배가 개선되면서 지주와 자본가 외에도 저축할 수 있는 사람들이 늘어났습니다. 기업가는 전국적으로 새로운 자본을 찾았고, 일반인의 저축이 투자와 관계를 맺기 시작했습니다. 이에 따라 과거와 달리 저축이 곧 투자라고 말하기는 어렵게 되었습니다. 저축과

---

*   존 메이너드 케인스, 같은 책, p.112
**   애덤 스미스, 김수행 옮김, 『국부론』, 비봉출판사, 2012년, p.414

                         선악의 경제학 : 의도와 결과의 괴리

투자의 주체가 점점 더 멀어지게 된 거죠.**** 저축이 곧 투자로 전환되어 생산에 투입되고 이것이 소득으로 이어져 지속적인 저축이 가능한 자동안전장치란 없다는 말입니다.

저축이 곧 투자가 아닌 세상에서는 개인의 미덕인 저축이 결과적으로 한 나라의 총소득과 총저축을 줄이는 사회의 악덕이 됩니다. 개인의 절약이 사회적 빈곤의 악순환으로 이어지는 거죠. 물론 완전고용이 달성된 상태라면 절약의 역설이 나타나지 않을 수 있고, 누진세를 통해 저축성향이 높은 부유층의 소득을 저축성향이 낮은 빈곤층의 소득으로 재분배하면 절약의 역설이 완화될 수 있습니다.

한편, 절약의 역설을 비판하는 사람들도 있습니다. 특히 하이에크는 저축이 증가하면 일시적으로 소비 수요가 줄어 소득이 감소하겠지만, 과잉저축이 이자율을 낮추고 이것이 투자수요를 유발하므로 생산활동이 촉진되어 소득이 감소하지 않는다고 주장합니다.**** 그렇다면 사회의 총저축이 감소하지도 않겠지요. 하지만 앞서 언급한 것처럼 저축하는 사람과 투자하는 사람이 멀어지면 이자율이 저축과 투자를 연결하는 힘이 약화됩니다. 저축하는 가계의 목적과 투자하는 기업의 목적이 서로 달라서 이 둘이 이자율만으로 자동적으로 연결된다고 볼 수 없기 때문입니다. 예를 들어 일본 정부가 제로 금리정책을 채택했음에도 불구하고 오랫동안 저축이 투자로 연결되지 않은 것처럼요.

***   로버트 하일브로너, 장상환 옮김, 『세속의 철학자들』, 도서출판 더 테라스, 2023년, pp.349~350

****   마크 스카우젠·케나 테일러, 권선주 옮김, 『경제학의 퍼즐과 패러독스』, 인간사랑. 2003년. p.235

독해력 회복

그런데 '보이지 않는 손'은 절약의 역설에 대해서는 작용하지 않는 걸까요? 절약도 넓은 의미에서는 개인의 이익을 추구하는 행위라고 할 수 있습니다. 그렇다면 개인의 절약도 보이지 않는 손이 사회의 이익이 되도록 만들어야 하는 것 아닌가요? 그렇지 않고 절약을 개인의 미덕이라고 한다면 보이지 않는 손은 개인의 미덕을 공공의 악으로 이끄는 건가요, 아니면 모른 체하는 건가요?

앞서 말했듯이 보이지 않는 손은 『국부론』에서 단 한 번 나옵니다. 그것도 자세한 설명 없이 지나가는 말투로 슬쩍 언급했을 뿐입니다. 『도덕감정론』에도 나오지만 여기서도 자세한 설명은 없습니다. 더구나 양쪽모두 이 표현이 가격과는 무관한 내용을 설명하는 중에 나옵니다. 오늘날 많은 사람이 생각하듯이 스미스가 보이지 않는 손을 시장가격의 자원 배분 기능이라는 의미로 사용한 것은 아니라는 겁니다.

'보이지 않는 손'이라는 개념은 스미스의 이론을 넘어 경제학의 핵심 개념으로 자리 잡았습니다. 보이지 않는 손이 전지전능하고, 편재하며, 자애롭다는 믿음은 시장이 스스로 알아서 모든 것을 최선의 상태로 만들어낸다는 시장 신앙의 교리를 낳았습니다. 이로 인해 경제학은 도덕에 대해 냉소적인 태도를 보이는 경향이 있습니다. 결과적으로 선과 악의 구분이 흐릿해지고, 사회는 개인의 도덕에 의존할 필요가 없어졌습니다. 이러한 주장은 "살아남는 자가 가장 적응을 잘한 자이고, 가장 적응을 잘한 자가 살아남는다"는 사회적 다원주의와 일맥상통합니다.[*] 이는

---

[*] 토마스 세들라체크, 노은아·김찬별 옮김, 『선악의 경제학』, 북하이브, 2012년, pp.366~370

선악의 경제학 : 의도와 결과의 괴리

맨더빌의 역설과 스미스의 보이지 않는 손에 대한 오독이 불러일으킨 부작용으로 시장 유토피아에 대한 환상이 널리 퍼지게 된 것입니다. 이제 독해력의 회복이 필요합니다.

스미스에 따르면 사회질서가 형성되고 유지되는 것은 마음속에 거주하는 공정한 관찰자가 사람들을 공감의 원리에 따라 행동하도록 하기 때문입니다. 사실 스미스의 보이지 않는 손도 이것을 달리 표현한 것이라고 할 수 있습니다. 그렇다면 스미스가 보이지 않는 손을 통해 말하고자 했던 진정한 의미는 개인의 이기심이 사회가 무너지는 단계까지 이르지 않도록 공감의 원리가 개인들의 경제행위에도 작용한다는 것입니다. 결국 스미스의 '보이지 않는 손'은 경제가 사회를 지배하는 것이 아니라, 사회가 경제를 지배해야 한다고 알려준 것인지도 모릅니다.

PARADOXES & DILEMMAS IN ECONOMICS

5
의도가 좋으면 결과도 좋을까?

시장실패

시장이 매혹적인 이유는 정말 똑똑한 사람이 머리를 쥐어짜지 않고도 집단 지성에 의해 최적의 자원 배분을 할 수 있는 능력 때문입니다. 자유방임 상태에서 사회적으로 유익한 균형점을 찾아내는 거죠. 물론 개인들은 의도적으로 집단을 구성해 경제행위를 하지는 않지만 때때로 군중이 되어 한쪽으로 급속하게 쏠리는 군집행동을 보이기도 합니다. 그럼에도 불구하고 개인의 다양한 욕망과 욕구가 상호작용하는 시장은 마치 개인의 자유로운 참여를 통해 거대한 지식의 화수분을 만든 '위키피디아'처럼 집단 지성의 전형을 보여줍니다. 더욱이 시장은 가격을 보여줄 뿐 강제하거나 지시하지 않습니다. 시장에 참가하는 사람들은 가격이라는 등대를 기준으로 삼아 모두가 자유롭게 항해할 수 있는 것처럼 보입니다.

그렇다고 해서 교황의 무오류성처럼 시장의 무오류성을 주장할 수는 없습니다. 시장이 집단 지성을 실현할 수 있는 것은 자유방임 상태에서 경쟁이 이루어지고, 각자의 경제행위의 영향이 속속들이 가격에 반영된다는 전제가 충족될 때입니다. 모든 사람이 자유롭게 경제행위를 할 뿐만 아니라 그 행위의 결과마저도 가격에 적절히 반영되는 경우에만 최적의 자원 배분을 기대할 수 있습니다. 이런 조건이 갖추어지면 시장은 소비자와 생산자에게 돌아가는 혜택을 극대화하는 자원 배분의 효율성을 달성합니다. 그런데 만일 사람들이 가진 정보가 불완전하거나 독점이 있거나 어떤 행위의 결과가 가격에 제대도 반영되지 않는다면 가격의 등대 기능은 작동하지 않습니다. 이것이 바로 자유방임 상태에서 작동하는 시장이 효율적인 자원 배분에 실패하는 '시장실패market failure'입니다.

시장실패는 정부의 개입을 부릅니다. 시장의 비효율성을 완화하거나 제거하기 위해서 말입니다. 그리고 정부의 시장 개입은 대부분 규제의 형태를 띱니다. 아래에서는 정부가 시장에 개입하게 되는 여러 이유 중에서 독점과 같은 시장경제의 문제점에 대해 간단히 살펴보고, 시장이 해결하지 못하는 공공재나 외부 효과 등에 대해서는 다른 장에서 살펴보도록 하겠습니다.

독점 규제

자본주의 사회에서 거대기업은 언제 출현했을까요? 일반적으로 1870년대를 그 출발점으로 보고 있습니다. 당시는 철강, 전기, 화학, 기계 등이

선악의 경제학 : 의도와 결과의 괴리

주도산업이었습니다. 이들 산업에서는 기업 자체가 대규모로 설립되기도 하지만 다양한 기업결합을 통해 거대기업이 된 경우가 많았습니다. 대기업의 형성을 주도한 나라는 미국이었습니다. 철도왕 밴더빌트, 석유왕 록펠러, 강철왕 카네기, 금융왕 J.P. 모건 등은 다양한 형태의 기업결합을 통해 엄청난 시장지배력을 행사했습니다. 그 결과 스탠더드 오일 Standard Oil, 유에스 스틸U.S. Steel 같은 거대 기업집단이 탄생했습니다.

이 과정에서 소비자와 소규모 생산자는 거대기업의 횡포에 속수무책이었습니다. 정치와 법을 통해 이를 해결하려고 했지만 의회도 거대기업의 문어발에 포획된 상태였습니다. 특정 기업의 시장지배력이 절대적으로 커지면 시장의 경쟁은 단지 명분일 뿐입니다. 독점력을 가진 기업은 이윤 극대화를 위해 가격을 높이고 생산량을 조절합니다. 독과점 기업은 경쟁시장의 기업과 달리 그렇게 할 수 있으니까요. 이를 통해 소비자를 포함한 사회 전체가 누려야 할 혜택이 거대기업으로 이전됩니다.

하지만 소비자 피해에 대한 사회적 불만이 누적되고 여론이 극도로 악화되면서 1890년 '셔먼 반트러스트법Sherman Antitrust Act'이 제정되었습니다. 기업 행위에 대한 체계적인 규제가 시작된 거죠. 하지만 법률이 제정되었다고 곧바로 거대기업의 독점력을 제한할 수 있었던 것은 아니었습니다. 정부의 규제와 이에 대한 거대기업의 방어와 반격이 전개되면서 독점기업의 영향력은 서서히 제압되었습니다. 예를 들어 스탠더드 오일은 1911년에 이르러서야 30개 회사로 강제 분할됩니다.* 1914년에는 '클레이턴 반트러스트법Clayton Antitrust Act'이 통과되어 반독점 규제가 더욱

---

*   송병건, 『비주얼 경제사』, 아트북스, 2015년, pp.253~259

강화되었습니다. 아울러 그 집행할 기관으로 연방거래위원회Federal Trade Commission가 창설되었습니다. 연방거래위원회는 우리나라의 공정거래위원회와 같이 독과점과 불공정거래를 규제하는 기관입니다.

금융시장에서도 독점 문제가 제기되었습니다. 1907년 한 구리 광산 회사의 주가를 조작한 사건이 니커보커 신탁의 예금인출 사태로 이어지고 그 여파가 은행과 증권회사에까지 미쳤습니다. 금융공황을 진화하기 위한 활동의 중심에는 J.P. 모건이 있었습니다. 당시 미국은 중앙은행이 없었기에 가장 영향력 있는 금융인들이 직접 나서서 문제를 해결해야 하는 상황이었습니다. 금융기관의 자금 융통을 진두지휘하며 사태를 진정시킨 모건은 국가적인 영웅으로 떠올랐습니다. 시민들은 그에게 환호했고, 정치인도 경외심을 가지고 그를 칭송했습니다.

하지만 오래지 않아 사람들은 한 금융인의 엄청난 영향력에 두려움을 느꼈습니다. 모건이 보여준 리더십의 배경이 금융산업에 대한 그의 독점적 지배력이었기 때문입니다. 이런 이유로 사람들 사이에 나라의 금융을 개인에게 맡겨서는 안 된다는 생각이 퍼져 나가기 시작했습니다. 미국 하원은 1912년 아르센 푸조Arsène Paulin Pujo를 포함한 9명의 위원으로 구성된 푸조위원회Pujo Committee를 조직하고 J.P. 모건을 중심으로 한 금융독점의 실상에 대한 조사를 진행했습니다. 이 조사는 개인의 밀실에서 좌지우지되는 금융의 공공화를 위해 필요한 법률이 무엇인가 확인하는 중요한 계기가 되었습니다. 그리고 마침내 1913년 금융부문의 독점 행위를 규제할 미국의 중앙은행인 연방준비제도가 탄생하게 됩니다. 드디어 연준Fed의 시대가 시작된 거지요.

새로운 길

대공황은 시장실패의 전형입니다. 1929년 주가 급락과 더불어 본격 전개된 1930년대의 대공황은 정부의 역할을 극적으로 확대하는 계기가 되었습니다. 사실 대공황은 미국만의 문제가 아니었습니다. 하지만 정부가 적극적으로 경제문제 해결을 위해 발 벗고 나선 것은 미국이었습니다.

　프랭클린 루스벨트 대통령은 1933년 임기를 시작하면서 100일 동안 전례 없는 연방 입법을 주도하고 행정 명령을 통해 '뉴딜New Deal' 정책을 시행했습니다. 소위 '뉴딜 100일Hundred Days of the New Deal'인데, 이를 통해 미국 자본주의에 중대한 변화가 일어났습니다. 시장경제에서 정부 개입의 범위가 유례없이 확대된 것입니다.[*]

　루스벨트 대통령은 닫았던 은행의 문을 정부의 감독하에 다시 열고, 청년 실업을 흡수하기 위해 특정 조직을 창설하고, 농부들에게 긴급 자금을 지원하고, 테네시 계곡 공사와 같은 정부기업을 설립하는 등 정부의 역할을 크게 확대했습니다. 은행법(1933년)을 통해 은행업 규제와 예금자 보호를 법제화하고, 상업은행을 증권업을 영위하는 투자은행과 분리하도록 했습니다. 투기적 금융업이 일반 은행업에 부정적 영향을 미치지 않도록 두 은행업 사이에 벽을 설치한 겁니다. 또한 증권법(1933년)과 증권거래법(1934년)을 제정하여 무질서한 증권의 발행과 거래에 대해 연방 차원의 규제를 공식화했습니다. 이후에는 최저임금과 최장 노동시간을

---

[*]　로버트 L. 하일브로너·윌리엄 밀버그, 홍기빈 옮김, 『자본주의 어디서 와서 어디로 가는가』, 미지북스, 2011년, p.292

제한하는 등 공정근로기준도 법제화했습니다.[*] 나아가 사회보장법을 제정해 퇴직연금, 실업수당, 아동부조 등 복지국가 이념을 도입했고, 전국 노동관계법을 통해 노동자의 권리를 강화했습니다.[**]

뉴딜을 계기로 자유방임주의가 더는 명성을 누릴 수 없는 시대가 되었습니다. 시장에 정부라는 보이는 손이 발 벗고 나선 겁니다. 정부의 적극적인 개입은 공공지출을 통해서도 나타났습니다. 균형 재정을 유지하는 것이 올바른 정책이라고 생각했던 이전 정부와 달리, 루스벨트 정부는 공공근로 등을 통해 적극적인 구호사업을 전개했습니다. 물론 구호사업은 시장의 효율성을 높이기 위한 것이 아니라 인도주의 차원에서 이루어진 것이었습니다.[***]

사실 뉴딜은 성공적이지 못했습니다. 펌프에 마중물 붓기 수준에 그친 뉴딜 자체의 문제도 있었고, 새로운 철학에 익숙하지 않은 민간 부문의 두려움 때문에 투자와 혁신이 사라진 것도 그 원인이었습니다. 인구 증가율이 떨어지면서 주택 경기가 침체했던 것도 큰 영향을 미쳤습니다. 하지만 그렇다고 정부의 역할을 줄여야 한다는 생각이 힘을 얻은 것은 아닙니다. 오히려 정부가 경제를 안정시키는 역할에서 한발 더 나아가 적극적으로 성장을 이끄는 역할까지 담당해야 한다는 생각이 나타났습니다. 그 결정판이 바로 케인스의 『일반이론』(1936년)입니다.[****]

---

[*]   로버트 L. 하일브로너·윌리엄 밀버그, 같은 책, pp.293~294
[**] 대런 애쓰모글루·제임스 A. 로빈슨, 최완규 옮김, 『국가는 왜 실패하는가』, 시공사, 2023년, p.464
[***] 로버트 L. 하일브로너·윌리엄 밀버그, 홍기빈 옮김, 『자본주의 어디서 와서 어디로 가는가』, 미지북스, 2011년, pp.302~303
[****] 로버트 L. 하일브로너·윌리엄 밀버그, 같은 책, pp.304~306

선악의 경제학 : 의도와 결과의 괴리

사람들이 공공부문의 경제적 힘을 피부로 느낀 것은 제2차 세계대전을 통해서였습니다. 전쟁을 위해 정부의 지출이 급속하게 증가하면서 이와 더불어 경제도 급속하게 성장하는 모습을 보였습니다.

대공황 시기의 실업이 사라지면서 사람들이 정부지출의 힘을 느끼고 이에 익숙해졌습니다. 정부는 단순히 시장규칙을 제정하고 그 준수를 감독하는 단순한 심판자의 역할에 머물러야 한다는 생각이 바뀐 겁니다. 이제 문제는 정부 개입의 정당성 여부가 아니었고, 정부가 경제성장, 고용촉진, 물가안정 정책에서 어떤 방법을 사용하는 것이 최선인가 하는 것이었습니다.*****

거대기업의 독점을 규제해서 시장의 효율성을 높이려는 정부의 본격적인 시장 개입은, 대공황 시기에 뉴딜의 공공근로나 사회복지 제도를 통해 인도주의적인 경제 개입을 더욱 강화했습니다. 그리고 전쟁을 거치며 정부가 경제안정뿐만 아니라 경제성장에서도 결정적 역할을 할 수 있다는 인식이 일반화되었습니다. 정부가 경제의 수동적 보호자에서 능동적 선도자가 된 것이죠. 물론 이러한 생각의 시대적 뿌리는 루스벨트의 뉴딜이라고 할 수 있습니다. 이런 의미에서 하일브로너는 다음과 같이 말합니다. "뉴딜의 진정한 유산은 시장을 그대로 두는 것이 항상 공공의 이익에 맞게 작동하는 것이 아니며, 민주적 정치체 내부에 필연적으로 생길 수밖에 없는 경제적 활동과 비경제적 가치들 사이의 긴장을 해소할 수 있는 유일한 수단은 정부밖에 없다는 인식이다."******

***** 로버트 L. 하일브로너·윌리엄 밀버그, 같은 책, pp.309~311
****** 로버트 L. 하일브로너·윌리엄 밀버그, 같은 책, p.297

규제의 역설

미국의 서먼법과 같은 반독점법의 목적은 경쟁을 촉진하고 시장의 효율성을 높여 소비자의 후생을 개선하는 것입니다. 이를 달성하기 위해 가격 담합을 금지하고, 가격 차별을 제한하며, 독점을 초래하는 시장을 분할하거나 기업 합병을 제한합니다. 하지만 이러한 법률이 의도했던 목적을 달성하지 못하고 오히려 비효율적인 기업을 보호하는 역효과를 낳기도 합니다. 결과적으로 소비자의 후생이 감소합니다. 공공의 이익을 위한 규제가 오히려 공공의 이익을 해치는 결과를 초래하는 거죠. 이것을 '규제의 역설'이라고 합니다.

미국에서 1920년에 시행된 금주법도 규제의 역설을 보여주는 대표적인 사례입니다. 금주법은 건강을 지키고 도덕적 타락을 예방하기 위해 제정되었지만 결과적으로 더 많은 술을 마시도록 만들었고, 범죄자를 양산하면서 사회적 비용을 증가시켰습니다. 알 카포네나 벅스 모란 같은 마피아들이 술을 밀매할 수 있었던 것은 법을 어기면서까지 시민들이 술을 마셨기 때문입니다. 금지된 것을 추구하는 젊은이들은 술을 마시면서 매혹적이고 흥분된 기분을 느꼈습니다. 금주법은 경찰관을 부패하게 만들고 도덕적으로 퇴폐적인 분위기를 조성했습니다. 금주법 때문에 생겨난 범죄자를 수용하기 위해 형무소와 유치장을 신축해야 했습니다. 금주법은 음주행위를 막지 못했습니다.[*] 오히려 사람들은 이전보다

---

[*] 밀턴 프리드먼·로즈 프리드먼, 민병균·서재명·한홍순 옮김, 『선택할 자유』, 자유기업원, 2023년, p.444~445

더 많은 술을 마셨습니다.

규제의 역설과 관련하여 자주 언급되는 대표적인 사례가 최고금리 규제나 최저임금제 같은 가격 통제입니다. 먼저 최고금리 규제에 대해 살펴보도록 하겠습니다. 주로 저신용 금융소비자를 대상으로 하는 대부시장에서 최고금리는 대부업법에 따라 20%로 정해져 있습니다. 이를 규제하는 것은 취약계층의 이자 부담을 줄이려는 목적입니다. 그런데 최고금리 규제는 독점에 대한 규제와는 다른 면이 있습니다. 독점시장은 경쟁이 작동하지 않지만 대부시장에는 경쟁의 논리가 작동하고 있다는 것입니다. 금리의 높낮이에 따라 수요와 공급이 상대적으로 민감하게 반응하는 거죠. 그런 상태에서 최고금리를 규제할 때 어떤 효과가 발생하는지 살펴보도록 하겠습니다.[**]

대부시장에서 주요 수요자는 신용도가 낮은 빈곤층입니다. 이들은 일반은행이나 저축은행과 같은 대출시장에 접근하기 어려운 사람들로 절박한 상황에서 대부시장을 이용하게 됩니다. 대출의 필요성이 그만큼 크기 때문입니다. 따라서 금리가 조금 오른다고 해서 수요가 큰 폭으로 줄어들거나 금리가 조금 내린다고 해서 수요가 큰 폭으로 늘어나지는 않습니다. 금리변화에 대한 반응이 탄력적이지 않은 거지요. 이런 이유로 대부시장의 수요곡선의 기울기는 상대적으로 가파릅니다. 반면 대부시장의 공급자에게 자금 조달 비용은 비교적 높은 수준이므로 금리가 변하면 공급이 민감하게 반응합니다. 더구나 이들에게 대부자금 공급이 절

[**] 최철, 「포용적 금융과 최고금리 규제의 역설」, 소비자문제연구 제51권 제3호, 2020년 12월, pp.161~179

박한 상황인 것도 아닙니다. 따라서 대부시장의 공급곡선은 수요곡선보다 평평한 모양을 띱니다.

이런 상황에서 최고금리를 수요와 공급을 일치시키는 시장의 균형금리보다 낮게 정하여 강제하면 어떤 효과가 나타나는지 살펴보도록 하겠습니다. 시장 균형점(E)은 금리 24%, 대출금액 580억 원 수준이었습니다. 그런데 최고금리를 20%로 제한하면 수요는 600억 원, 공급은 500억 원으로 100억 원의 초과 수요가 생깁니다.

다음의 그림에서 B와 A의 차이만큼의 괴리가 발생하는 거죠. 최고금리 제한으로 대출 가능 금액이 시장 균형점보다 80억 원 줄어들었습니다. 공급곡선의 기울기가 평평할수록 대출 공급액은 더 크게 줄어듭니다. 한편 대출 공급액이 500억 원 수준이라면 수요자는 금리를 40%까지 지불할 용의가 있습니다. 지불할 의사가 있는 금리 수준이 큰 폭으로 증가하는 것은 대출의 절박성을 반영한 수요곡선이 가파르기 때문이죠. 하지만 규제로 인해 대부시장에서 그건 불가능합니다.

그렇다면 대출을 받지 못한 사람들은 어디로 갈까요? 불법적으로 더 높은 금리를 요구하는 사금융을 찾을 겁니다. 금리 부담을 낮추어 취약계층에 주고자 했던 혜택이 어쩔 수 없이 더 높은 금리를 찾아가는 금융소외자를 매개로 사금융업자에게 이전되는 결과를 초래하는 거죠. 최고금리 규제가 취약계층의 이자 부담을 낮추고 이들의 대출시장 접근성을 높이는 포용적 금융을 실현하려는 목적에서 시행된 것이지만, 일부 사람들에게는 더 심각한 금융 소외를 초래하는 결과를 가져온 겁니다. 규제의 역설이지요.

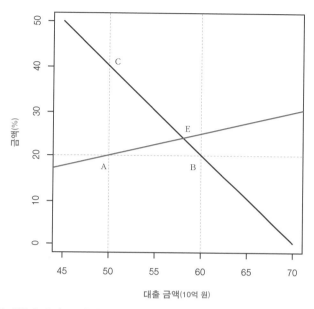

< 최고금리 규제에 따른 영향 >

출처 : 최철, 「포용적 금융과 최고금리 규제의 역설」, 소비자문제연구 제51권 제3호, 2020년 12월

　　규제의 역설을 보여주는 또 다른 사례로 최저임금제가 빈번하게 언급됩니다. 최저임금제는 시장에서 결정되는 균형임금보다 높은 임금을 임금의 최저한으로 규제하는 제도입니다. 다음의 그림에서 최저임금제가 없을 경우에는 노동 수요와 공급이 일치하는 균형점(E)에서 임금과 노동자 수가 결정됩니다. 이때 일자리를 얻는 노동자는 220만 명입니다. 이제 균형임금보다 높은 최저임금을 부과한다고 하면 공급은 240만 명(B)으로 증가하는데 수요는 200만 명(A)으로 감소합니다. 일할 의사가 있는 사람 중에서 40만 명이 일자리를 찾지 못하는 노동의 초과공급이 발

생합니다. 일자리를 얻는 사람은 최저임금제가 없는 경우보다 20만 명이 적습니다. 즉 고용이 감소하게 됩니다. 임금이 조금 오르는 이득과 비교하면 일자리를 잃는 손실은 매우 크다고 할 수 있습니다. 그렇다면 최저임금제가 전체 노동자의 관점에서 노동자의 소득을 높이는 제도라고 말하기는 어려울 것입니다. 그런데 최저임금제에 대한 연구결과는 일관되지 않습니다. 연구자에 따라 혹은 연구방법에 따라 결론이 서로 다릅니다. 최저임금 인상으로 일자리를 잃는 사람이 늘어난다는 결론이 당연한 것이 아닐 수 있다는 겁니다.

최저임금에 대한 본격적인 논의는 미국 경제학자 조지 스티글러(George Stigler, 1911~1991)가 1946년에 관련 논문을 발표하면서 시작되었

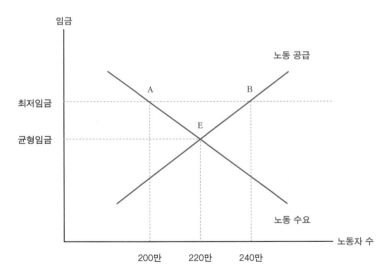

〈 최저임금제의 고용 효과 〉

선악의 경제학 : 의도와 결과의 괴리

습니다. 그는 가설적인 데이터를 이용하여 최저임금 인상이 실업률 증가로 이어진다는 결론을 도출했습니다. 이후 오랫동안 이러한 결론이 경제학의 정설로 자리 잡았습니다. 그런데 1992년에 최저임금을 인상한 뉴저지주와 최저임금을 인상하지 않은 펜실베이니아주를 비교 연구한 논문에서 최저임금 인상 후에도 패스트푸드점 일자리가 줄지 않았다는 것이 확인되었습니다. 이후 많은 연구가 진행되었는데, 다수의 논문이 최저임금 인상이 일자리 감소에 미치는 영향이 크지 않다는 사실을 확인하고 있습니다.[*]

오늘날 경제학 교과서의 대명사가 된 『맨큐의 경제학』의 저자 그레고리 맨큐N. Gregory Mankiw는 2014년 뉴욕타임스 기고문에서 최저임금제를 폐지하고 근로장려세제(Earned Income Tax Credit, EITC)로 대신할 것을 제안합니다. 이것은 일정액 이하의 저소득 근로자에게 근로장려금을 지급하는 소득지원 제도입니다. 그는 자신의 논리를 전개하기 위해 먼저 저임금 근로자를 지원하는 방법으로 두 가지 방안을 비교합니다.

플랜 A는 중소득자와 고소득자로부터 세금을 걷어 저임금 근로자를 보조하는 방법이고, 플랜 B는 저임금 근로자를 고용하는 기업에 세금을 부과하고 이를 가지고 정부가 저임금 근로자를 보조하는 방법입니다. 맨큐는 플랜 B보다는 플랜 A가 공정성이나 실효성 면에서 더 나은 방법이라고 말합니다. 먼저 공정성 면에서 플랜 A는 사회구성원 모두가 저임금 근로자를 지원하는 일에 동참하는 반면, 플랜 B는 소수의 작은 기업들만이 부담을 안게 된다는 겁니다. 더구나 저임금 근로자를 고용하는 기

[*]　　매슈 데즈먼드, 성원 옮김, 『미국이 만든 가난』, 북이십일, 2023년, pp.95~97

업들은 이미 그들에게 일자리를 제공함으로써 자신의 역할을 충분히 하고 있다고 말합니다. 실효성 면에서도 플랜 A가 플랜 B보다 낫다고 말합니다. 플랜 B를 채택하면 고용주는 근로자를 기계로 대체할 동기가 생기며, 부과되는 세금을 소비자 가격에 반영하여 소비자에게 전가할 수 있기 때문입니다.

맨큐는 플랜 B가 최저임금제도와 비슷하다고 말합니다. 플랜 B는 정부가 세금을 걷어 저임금 근로자에게 지급하는 방식만 다를 뿐입니다. 그는 플랜 A와 같은 근로장려세제가 플랜 B보다 더 나은 방법이라고 말합니다. 맨큐는 '세금'이라는 말이 정치가들에게 기피 대상이기 때문에 최저임금과 같은 규제를 선호한다고 지적합니다. 그러나 '세금'을 피하려고 다른 규제를 도입하게 되면 문제가 더 심각한 대안을 선택하는 것이라고 강조합니다.*

그런데 여기서 주의할 점이 있습니다. 최고금리 규제나 최저임금제와 관련된 규제의 역설은 시장참가자들 모두가 같은 정보를 가지고 있고, 거래하는 데 드는 비용이 없으며, 동등한 협상력을 가지는 등 완전경쟁을 가정한 경제 이론에 기초하고 있다는 것입니다. 만일 시장이 완전경쟁이 아니라면 이들 규제의 실제 효과는 앞서 살펴본 이론적 결론과는 다를 수 있습니다. 시장을 이용하는 데 따른 거래비용과 관련해서는 아래에서 따로 다루도록 하겠습니다.

---

*   N. Gregory Mankiw, 'Help the Working Poor, but Share the Burden', The New York Times, 2014년 1월 4일

선악의 경제학 : 의도와 결과의 괴리

정부실패

규제의 역설은 한마디로 '정부실패government failure'라고 할 수 있습니다. 정부의 지나친 시장 개입이 시장경제의 효율성을 떨어뜨리는 거죠. 따라서 많은 경제학자, 정책학자 또는 행정학자가 정부의 규제가 실패할 가능성이 크므로 규제 여부는 신중하게 결정해야 한다고 지적합니다. 아울러 단순한 규제의 부작용과 규제의 역설을 구분해야 한다고 말합니다. 규제의 부작용은 시행 과정에서 나타나는 부분적인 문제로 향후 개선될 가능성이 있지만, 규제의 역설은 규제를 시행하기 전에 그 폐해를 예상할 수 있고 사후적인 개선은 기대할 수 없다고 합니다. 따라서 규제의 역설을 일으키는 규제는 시작하지 말아야 한다는 거죠.**

　그런데 정부의 개입이 순전히 시장실패 때문일까요? 시장은 자원 배분allocation에서와는 달리 소득 분배distribution나 국민의 건강과 안전을 지키는 데는 취약합니다. 따라서 시장과 규제를 바라보는 핵심은 배분과 분배를 보는 관점의 통합 여부라고 할 수 있습니다. 시장을 중시하는 사람들은 대부분 자원 배분을 경제학의 핵심 주제로 여기지만, 규제를 중시하는 사람들은 소득 분배도 중요하게 생각합니다. 자원 배분의 문제가 시장에 의해 해결된다고 해도 정치가 개입해야 할 소득 분배의 문제는 여전히 남습니다. 그렇다면 자원 배분을 한 후 소득 분배를 하는 것이 옳은 걸까요, 아니면 자원 배분과 소득 분배를 함께 고려하면서 경제 문제를 개선하는 것이 옳은 걸까요?

** 　　최성락, 『규제의 역설』, 페이퍼로드, 2021년, pp.16~17

정부의 규제를 비판하는 사람들은 문제가 있다면 증상을 치료하기보다는 원인을 치료해야 한다고 말합니다. 맞는 말입니다. 하지만 원인을 치료하는 데 오랜 시간과 노력이 필요하고, 문제가 해결될 때까지 여전히 '바로 지금' 고통받는 사람들이 있다면 어떻게 해야 할까요? 긴급한 처치가 필요한 증상을 무시하고 원인에만 집중할 수 있을까요? 장기적으로 우리는 모두 죽는데 말입니다. 독화살을 맞은 사람이 있다면 화살을 뽑고 응급처치하는 게 우선이지, 죽어가는 사람을 그대로 두고 누가 무슨 이유로 화살을 쏘았는지 알아보는 것은 소 잃고 외양간 고치는 잘못을 범하는 것과 같을 것입니다.

규제와 거래비용

규제의 역설을 빌미로 정부의 개입을 악마화하는 배타적인 시장 신앙은 현대 사회에 큰 부작용을 낳습니다. 자본주의는 이미 수정자본주의로 들어선 지 오래입니다. 뉴딜이 시작되면서 우리는 새로운 길로 들어섰습니다. 보다 근본적으로는 기업의 존재 자체가 정부 개입의 근거라고 할 수도 있습니다. 시장경제는 기업을 중심으로 돌아갑니다. 그런데 기업이 존재한다는 사실이 시장실패의 증거라면 어떻겠습니까.

영국의 경제학자 로널드 코우즈(Ronald H. Coase, 1910~2013)는 「기업의 본질The Nature of the Firm」이라는 그의 논문에서 '생산이 가격 메커니즘에 의해 조정된다면 생산은 어떤 조직도 필요 없이 수행될 수 있는데 왜 기업과 같은 조직이 필요한가'라고 묻습니다. 다른 요인들도 영향을 미치지만 그가 찾은 가장 중요한 요인은 가격 메커니즘을 이용하는 데 드는 거래비용입니다. 무언가 생산을 하려면 관련된 가격이 어떤가를 발견하고, 상대방을 찾아 계약을 체결하고, 계약 이행을 점검하는 등 여러 활동에 필요한 거래비용이 발생합니다. 아울러 기업 내부에서 이루어지는 거래는 시장거래와 달리 과세가 되지 않는 이점이 있습니다.

코우즈는 이러한 거래비용을 절약하는 방법이 기업을 조직하는 거라고 말합니다.* 다시 말해 시장이 비효율적이기 때문에 기업이 존재한다는 겁니다. 탐색 및 정보비용, 교섭 및 의사결정 비용, 감시와 집행비용 등 거래비용이 커질수록 기업이 존재할 이유는 더 커집니다. 다시 말해 시장을 이용할 때보다 기업을 조직할 때 거래비용이 적게 든다면 기업을 조직합니다. 그렇다고 기업 규모가 한없이 커질 수는 없습니다. 기업 내에서 거래를 조직화하는 비용이 시장을 통하는 경우보다 크지 않은 수준까지만 기업이 커질 테니까요.

그런데 이상하지 않나요? 우리가 배우는 경제학은 대부분 거래비용이 없다고 가정하고 이론을 전개합니다. 위에서 최고금리 규제나 최저임금제를 살펴볼 때도 거래비용은 아예 언급하지 않았습니다. 코우즈에 따르면 시장은 교환거래의 비용을 줄이기 위해 존재하지만, 시장을 이용한다고 거래비용이 완전히 제거되는 것은 아닙니다. 여기서 시장과 규제의 관계를 한 번 살펴볼 필요가 있습니다.

예를 들어 주식시장은 수많은 시장참가자가 실시간으로 경쟁하며 자

---

*   로널드 H. 코우즈, 김일태·이상호 옮김, 『기업, 시장, 그리고 법』, 전남대학교 출판부, 2002년, pp.50~57

신의 판단에 따라 진퇴가 매우 활발하게 이루어지는 시장입니다. 따라서 경제학자들은 완전경쟁 시장의 사례로 주식시장을 들곤 합니다. 주식시장은 고도로 세밀하게 설계된 규칙에 따라 거래가 이루어지는 시장입니다. 주식시장의 원활한 운용을 위해서는 거래소 회원의 자격 및 행위준칙, 상장과 공시, 거래시간, 거래종목 및 거래단위, 가격결정 방법, 주문 수탁 및 제출 방법, 결제 방법 및 시한, 불공정거래의 감시, 시장참가자의 책임 및 분쟁 해결 방법 등 세밀하고 복잡한 규칙 혹은 규제가 필요합니다. 이 모든 규제는 투자자들이 개별적으로 주식거래를 할 때 발생할 수 있는 탐색 및 정보비용, 교섭 및 의사결정 비용, 감시와 집행비용 등의 거래비용을 줄여 거래를 활성화하려는 노력의 결과라고 할 수 있습니다. 다시 말해 주식시장의 규제는 거래비용을 감소시키고 거래를 증가시키기 위해 존재합니다. 규제가 시장을 확대하고 활성화하는 기능이 있다는 겁니다. 이러한 규제의 기능이 무시되는 한 가지 이유는 경제학에서 대개는 거래비용을 고려하지 않고 이론을 전개하기 때문이라고 할 수 있습니다. 이런 경우에는 규제의 거래비용 감소 효과를 제대로 인식할 수 없으니까요.[*]

선택적 자유방임

앞서 언급했던 것처럼 하이에크와 프리드먼은 정부의 개입을 극도로 제

---

[*]   로널드 H. 코우즈, 같은 책, pp.19~20

한하고 가능한 한 모든 문제는 시장에 맡겨야 한다는 이론적 토대를 제공했습니다. 이들의 신조는 '작은 정부'입니다. 미국의 레이건 대통령 시기부터 수십 년 동안 작은 정부는 공화당을 이끈 이념적 지향점이었습니다. 혹자는 작은 정부라는 신조가 원래 중도 보수 정당이었던 공화당을 뻔뻔한 자유지상주의 정당으로 변질시켰다고 말합니다.[**]

물론 시장과 정부의 역할을 분명하게 구분하는 것은 간단한 문제가 아닙니다. 지금까지 살펴본 시장의 효율성과 시장실패, 정부 정책의 유효성과 정부실패와 관련된 끝나지 않는 논쟁이 이를 잘 보여줍니다. 하지만 정부의 역할이 점차 증가하고 그 활동이 확대되어 온 것은 역사적 현실입니다. 따라서 진정한 문제는 시장과 정부의 적정한 역할을 찾는 것입니다. 정부가 치안에 중점을 두고 극히 소수의 분야에서만 등대 역할을 해야 한다는 최소국가와 같은 생각은 지나치게 비현실적입니다. 한 손으로는 손뼉을 칠 수 없듯이, 효율성과 더불어 인간성을 추구하는 오늘날의 경제에서는 시장과 정부가 서로 필요합니다.[***]

만일 시장을 믿는다면 언제나 한결같이 그래야 진정성이 있습니다. 상황이 좋을 때는 시장을 따르고, 좋지 않을 때는 정부의 손길을 요청한다면 일관성 있는 시장주의자라고 할 수 없겠지요. 규제 완화와 자율규제를 주장하며 시장을 이용해 천문학적인 돈을 번 금융기관들이 서브프라임 사태에 따른 금융위기에서 살아남기 위해 구제금융을 요청하는 것은 일관성 없는 행동입니다. 이는 시장에 대한 믿음을 배신하는 것이며,

---

[**]   니컬러스 웝숏, 이가영 옮김, 『새뮤얼슨 vs 프리드먼』, 부키, 2022년, p.462
[***]   Paul A. Samuelson, William D. Nordhaus, 『Economics』, nineteenth edition, 2010, p.41

5. 의도가 좋으면 결과도 좋을까?

이익은 사유화하고 위험은 사회화하려는 잘못된 행태죠.

사실 서브프라임 사태는 규제가 풀어진 데서 그 원인을 찾을 수 있습니다. 서브프라임으로 인한 금융위기의 원인을 조사하기 위해 조직된 금융위기 조사위원회The Financial Crisis Inquiry Commission는 2011년 1월 발간한 보고서에서 다음과 같이 지적하고 있습니다.

"경계병이 자신의 초소에 없었다. 그 주요 이유는 시장이 자기 교정의 성질이 있고, 금융기관들이 효율적인 자율규제 능력이 있다는 널리 받아들여진 믿음 때문이었다. 전 연준 의장 앨런 그린스펀과 그의 동조자들이 주창했고, 연이은 정부와 의회가 지지했으며, 매 순간 강력한 금융업계가 적극적으로 밀어붙였던 30년 이상의 규제 완화 및 금융기관의 자율규제에 대한 의존은 재앙을 피하는 데 도움이 될 수 있었던 핵심적인 안전장치를 제거해 버렸다."[*]

시장은 사람들이 오랫동안 상호작용을 하며 형성해온 역사성을 지닌 공간입니다. 이 공간에서 거래비용은 정치와 경제구조, 사회와 문화구조의 영향을 받으며 오랜 기간에 걸쳐 구축된 시장구조를 반영합니다. 따라서 시장의 거래비용은 자유와 평등의 혼합 비율, 계급이나 계층의 분화 정도, 수직적 혹은 수평적 문화의 강도 등에 따라 달라질 수 있습니다. 역사성을 가진 시장은 반투명입니다. 실험실에서 만들어지는 이론처럼 그렇게 투명하지 않다는 겁니다. 거래비용을 무시하고 투명한 경쟁을 가정한 규제의 역설은 시장의 역사성을 외면하는 것입니다. 그렇다면 자

---

[*]   Financial Crisis Inquiry Commission, 「The Financial Crisis Inquiry Report」, January 2011, p. xⅷ

원 배분의 효율성만을 기준으로 규제의 효과와 결과를 논하는 것은 지나치게 단선적이라고 할 수 있습니다.

규제의 역설을 이야기할 때 대부분 시장의 역할을 자원 배분으로 국한합니다. 가격 이론의 시각으로만 문제를 바라본다고 할 수 있습니다. 더구나 거래비용을 고려하지 않은 채로 말입니다. 하지만 시장을 이용할 때에도 거래비용이 존재하고, 규제가 거래비용을 줄이는 효과가 있다는 점도 고려하면 규제의 역설을 다른 관점에서 바라볼 수 있습니다. 규제는 자원 배분만을 위한 것이 아닙니다. 국민의 건강과 안전, 사회적 약자 지원, 부의 편중 완화 등을 통해 사회적 안정과 응집력을 확보하거나 강화하려는 것도 규제의 목적이 될 수 있습니다.

또한 선의에 의한 규제가 바람직하지 않은 결과를 가져왔다고 해서 그 규제가 잘못되었다고 말하는 것은 섣부른 판단입니다. 규제의 역설 중 어떤 것은 개선될 수 있는 규제의 부작용일 수 있습니다. 더 나은 방법을 찾아 개선할 수 있다는 거죠. 게다가 정부의 규제는 결과만을 놓고 성급하게 평가할 수 없습니다. 과정도 중요합니다. 규제가 필요한 이유가 논의되고, 내용과 형식이 구체화되며, 이해관계자들의 협의가 진행되고, 제도가 갖추어져 시행되며, 피드백과 개선이 이루어지는 모든 과정이 하나의 공공재입니다. 사회는 이러한 공공재를 통해 응집력을 유지하고 진보의 길을 닦으며 나아갑니다. 만약 이러한 공공재마저도 가격을 유일한 지침으로 여기면서 자유시장경제라는 이름으로 거부한다면, 우리는 반복해서 힘든 시기를 겪어야 할 것입니다.

폴 새뮤얼슨은 다음과 같이 경고합니다.

"무엇이 2007년 이후 계속되고 있는 월스트리트 자본주의의 자멸을 초래했는가? 금세기 최악의 금융 참사의 기저에는 규제 없이 시장이 제멋대로 날뛰는 것을 허용한 밀턴 프리드먼과 프리드리히 하이에크의 자유지상주의적 자유방임 자본주의 사상이 깔려 있다. 이 사상은 오늘날 우리가 겪는 고통의 근원이다. 두 사람은 죽었지만, 이들이 남긴 독은 여전히 살아 있다.”*

구빈법과 맬서스

곤경에 처한 사람을 도우려는 측은지심은 애덤 스미스가 말했던 공감의 원리와 비슷합니다. 사회를 움직이는 한 원리인 거죠. 그런데 선한 의도로 한 행위가 좋지 않은 결과를 낳는다면 어떨까요? 규제의 역설처럼 말입니다. 만일 다른 사람을 도우려는 개인의 행위가 그 사람에게 해를 끼치거나, 개인들의 집합적 행위나 자선단체 및 국가와 같은 조직의 선한 행위가 오히려 악영향을 초래할 가능성이 있다면 선한 행위를 그만두어야 할까요?

『인구론』의 저자 토머스 맬서스는 빈민 구제를 위해 막대한 세금을 걷지만 빈민층의 삶은 조금도 개선되지 않았다고 비판합니다. 그는 부자들에게 세금을 징수하여 가난한 사람들에게 분배해도 가난한 사람들이 이전보다 더 풍족한 식생활을 할 수는 없다고 말합니다. 제한된 식량이 발목을 잡는다는 거죠. 예를 들어 부조를 받은 가난한 사람들이 이전에는 먹지 못하던 고기를 원하게 되면 고기 가격이 오르는데, 그렇다고 갑자기 고기

---

*   니컬러스 웝숏, 이가영 옮김, 『새뮤얼슨 vs 프리드먼』, 부키, 2022년, p.447

가 시장에 많이 나오는 것은 불가능합니다. 부자들만 오른 가격으로 고기를 사서 먹겠지요. 만일 고기 가격이 올라 사육하는 가축의 수가 증가하더라도 이것은 농경지를 목초지로 전환해야 가능하므로 막대한 손해를 감수해야 하는 일입니다. 따라서 인구수와 비교해 식량이 희소하면 빈곤층의 소득이 얼마간 더 증가하는 것은 큰 의미가 없다고 말합니다.[**]

　이러한 인식에 따라 맬서스는 구빈법의 점진적 폐지를 제안합니다. 구빈법이 빈곤층의 고통을 다소 경감시켰는지 모르지만 동시에 폭압, 노예근성, 게으름, 불행과 같은 많은 폐해를 낳았다고 주장합니다. 부족한 물자를 계속 늘어나는 빈곤층에 나누어줌으로써 모든 이들이 똑같이 굶주림과 질병의 고통을 감수하는 부조리한 결과를 가져온다는 겁니다. 그는 극단적인 가난은 구빈제도의 유무와 상관없이 어떤 방법과 노력으로도 해결할 수 없다고 말합니다. 산술급수적으로 증가하는 생존자원이 기하급수적으로 증가하는 인구를 감당할 수 없어 인구는 빈곤에서 벗어날 수 없다는 인구원리를 무시하고 구빈법을 계속 유지한다면 모두가 고통을 받을 것이라고 주장합니다. 그러면서 인도주의적인 차원에서 구빈법을 단번에 폐지하기보다는 점진적으로 폐지할 것을 제안합니다.[***]

　빈곤층에 대한 공적 부조가 이들의 근로 의욕을 떨어뜨린다는 생각은 맬서스만 가지고 있었던 것이 아닙니다. 잉글랜드의 한 성직자는 굶주림의 끝없는 압박이 근면의 가장 자연스러운 동기라고 말하면서 부유층과 빈곤층을 다음과 같이 비교합니다.

[**]　　토머스 맬서스, 이서행 옮김, 『인구론』, 동서문화사, 2018년, pp.341~342
[***]　토머스 맬서스, 같은 책, p.494, p.501

"부유층 사람들을 행동하게 만드는 자존감, 명예, 야망 같은 동기가 가난한 사람들에게는 거의 없다. 일반적으로 그들을 채찍질해서 노동으로 몰아갈 수 있는 건 굶주림뿐이다."[*]

사마리아인의 딜레마

맬서스와 같은 사람들은 빈곤층의 소득을 보조하는 제도가 가난한 사람들에게 계속 궁핍하게 남으려는 유인을 제공한다고 비판합니다. 자선이나 구호에 기대다 보면 생존 경쟁에서 살아남으려는 자존심과 독립심이 사라질 뿐만 아니라, 자선 및 구호 의존도를 높이는 결과를 낳는다는 것입니다. 이들은 선의에 의한 자선 행위와 구호 활동이 장점보다 단점이 더 많을 수 있다고 우려합니다. 그 대표적인 이론이 '사마리아인의 딜레마Samaritan's dilemma'입니다.

사마리아인의 딜레마는 신약성경 누가복음에 나오는 '선한 사마리아인Good Samaritan'의 이야기에서 시작됩니다. 어느 유대인 율법사가 예수를 시험하기 위해 영생을 얻는 방법을 묻습니다. 그 문답 중에 '네 이웃을 네 몸과 같이 사랑하라'는 말이 나오고, 율법사는 자신의 이웃이 누구인지 묻습니다. 이때 예수는 선한 사마리아인의 이야기를 들려줍니다.

어떤 유대인이 예루살렘에서 여리고로 가는 도중 강도를 만나 옷이 벗겨지고 두들겨 맞아 반죽음 상태로 길가에 쓰러져 있었습니다. 마침

---

[*] 매슈 데즈먼드, 성원 옮김, 『미국이 만든 가난』, 북이십일, 2023년, p.151

그 길을 지나던 제사장도 있었고, 야곱의 아들 레위의 직계자손인 레위인도 있었지만 두 사람 모두 강도 피해자를 피해서 못 본 체하며 지나갔습니다. 이때 길을 가던 한 사마리아인이 피해자를 보고 불쌍히 여겨 상처에 기름과 포도주를 붓고 싸맨 후 여인숙에 데리고 가서 돌보았습니다. 다음날 사마리아인은 여인숙 주인에게 돈을 건네며 강도 피해자를 좀 더 돌보아 주기를 요청하고, 건넨 돈이 부족하다면 나중에 자신이 다시 돌아올 때 갚겠다고 말했습니다. 당시 유대인들은 민족적 기원은 같지만 자신들과 다른 신앙을 가진 사마리아인들을 타락한 이방인으로 여겼습니다. 그런데 곤경에 처한 유대인을 같은 유대인들은 못 본 체했지만, 타락한 이방인으로 멸시하던 사마리아인이 자비를 베푼 것입니다. 이야기를 들려준 예수는 율법사에게 누가 진정한 이웃인지 되묻습니다. 그러면서 율법사에게 '가서 이와 같이 하라'고 말합니다.

자, 이제 선한 사마리아인의 이야기가 어떤 모습의 딜레마가 되었는지 살펴보겠습니다. 미국의 경제학자 제임스 뷰캐넌(James Buchanan, 1919~2013)은 자선charity과 노동work이라는 행위를 연결하여 두 사람 A와 B가 게임을 하듯 상대방의 선택에 대응하는 모형을 제시합니다. 그리고 이를 통해 선한 사마리아인이 어떻게 약탈당하는지를 보여줍니다.**

다음의 표에서 A는 두 가지 선택안을 가지고 있습니다. B에게 도움을 주지 않거나(A1) 매월 30달러의 자선을 베푸는 것(A2)입니다. B는 일하거나(B1) 아니면 놀고먹는 선택(B2)을 할 수 있습니다. 두 사람의 선택

**   James M. Buchanan, 「The Samaritan's Dilemma」 in 『Altruism, Morality, and Economic Theory』 (Russel Sage Foundation, 1974) edited by Edmund S. Phelps, pp.71~85

에 따른 결과는 Ⅰ, Ⅱ, Ⅲ, Ⅳ 등 네 가지로 표시되어 있습니다. 참고로 이런 모형은 게임이론에서 다루는데, 게임이론에 대한 자세한 내용은 7 장에서 만나게 됩니다.

아래 표에서 쌍으로 이루어진 숫자 중 앞의 숫자는 A의 효용을, 뒤의 숫자는 B의 효용을 나타냅니다. 이 네 가지 선택 결과에 따른 보수는 두 사람의 선호체계에 따라 우선순위를 표시한 것으로 숫자가 클수록 우선 순위가 높다는 것을 의미합니다. 이 숫자를 단순히 효용의 크기로 간주해도 문제가 없습니다.

		B	
		B1 (일함)	B2 (일하지 않음)
A	A1 (자선 없음)	Ⅰ 2, 2	Ⅱ 1, 1
	A2 (자선)	Ⅲ 4, 3	Ⅳ 3, 4

위의 표와 같은 네 가지 선택안 중에서 어떤 안이 선택될까요? A가 먼저 선택한다고 하면 A1과 A2 중 어느 것을 선택할까요? 당연히 A2를 선택할 것입니다. A2를 선택하는 경우의 잠재적 결과(Ⅲ 또는 Ⅳ)가 A1을 선택하는 경우의 잠재적 결과(Ⅰ 또는 Ⅱ)보다 자신의 효용이 더 크니까요. 그렇다면 A2가 선택된 상황에서 B의 선택은 무엇일까요? 자신에게 가장 큰 효용을 가져다주는 B2가 될 것입니다. 따라서 두 사람의 최종적인 선

선악의 경제학 : 의도와 결과의 괴리

택은 IV(A2, B2), 즉 A가 매월 30달러를 B에게 주고 이것을 받은 B는 일하지 않는 겁니다.

뷰캐넌은 A를 사마리아인, B를 기생 인간parasite이라고 명명했습니다. 그리고 일하지 않는 기생 인간에게 계속해서 자선을 베풀며 이를 그만두지 못하는 사마리아인의 처지를 '사마리아인의 딜레마'라고 칭합니다. 만일 기생 인간이 일하도록 유도하기 위해 사마리아인이 자선을 중단하면 (A1) 어떨까요? 그러면 기생 인간은 일하게 될 것(B1)입니다. 그것이 효용이 높으니까요. 하지만 이 경우 사마리아인은 자신의 효용이 감소하는 손실을 감수해야 합니다. 따라서 사마리아인은 조만간 자선을 재개할 동기를 가집니다. 이 경우 선택은 III(자선, 노동)이 됩니다.

잠시 후 사마리아인이 다시 도움을 주기 시작하면 기생 인간은 다시 일하지 않는 선택(B2)을 하게 됩니다. 그래야 자신의 효용이 더 커지니까요. 결국 자선금을 받고 일하지 않는 선택 IV로 회귀하게 됩니다. 위의 표에 나타난 두 사람의 선호체계를 약간 달리 하거나 기생 인간이 먼저 선택하는 경우에도 '사마리아인의 딜레마'는 발생할 수 있습니다. 심지어 기생 인간이 선한 사마리아인에게 자선을 강요할 수 있는 게임의 설계도 가능합니다.

뒤틀린 익살극

사마리아인의 딜레마가 발생하는 이유는 무엇일까요? 다시 말해 왜 사마리아인은 자선을 베풀 때 더 높은 효용을 느낄까요? 뷰캐넌에 따르면 그 이유는 '경제적 풍요economic affluence' 때문입니다. 그는 과거보다 경제적인 풍요를 누리는 세대가 대학 교육을 받으면서 전통적 가치체계가 흔들렸다고 주장합니다. 결국에는 자유시장에서의 경쟁, 패자에 대한 시장의 징벌, 우애와 사랑, 근면과 같은 전통적 가치체계와 이 가치를 준수하지 못한 자에 대한 응징과 지옥의 불이 제대로 작동하지 못하는 시대가 되었다고 말합니다. 이에 따라 반시장 정서와 통제 경제정책이 힘을 얻고 전통적으로 보수적인 가치를 실현하는 가족, 교회, 법이 변형되면서 사람들이 기존 가치체계를 거부하는 사람들을 체계 밖으로 밀어내지 못하게 되었다는 것입니다.

뷰캐넌은 선한 사마리아인이 경제적 풍요 속에서 사회복지에 공헌하지도 않으면서 자신에게 의지해 살아가는 기생 인간들의 존재를 기꺼이 받아들이는 것이 이 딜레마의 본질이라고 한탄합니다.* 마치 동생의 사탕을 뺏어먹는 형을 마음이 아파서 혼내지 못하는 엄마처럼 말이죠. 이제는 사탕 없이 지내야 하는 나이가 된 형에게도 사탕을 사줄 수 있는 경제적 여유가 생겼으니까요.

'사마리아인의 딜레마'라는 이야기는 당시 전통적 가치관과 기성세대의 권위주의를 거부하며 일어난 68세대의 과격한 정치적 언행에 대한 뷰캐넌의 반감을 반영하고 있다는 사실과는 별개로, 그의 이론은 많은 문제점을 안고 있습니다. 그는 가난한 사람들이 복지 혜택을 받으면 일도 하지 않으면서 부자들의 재산을 빼먹는 것을 당연하게 여긴다고 생각합

---

* James M. Buchanan, 「The Social Efficiency of Education」, Il Politico, Vol. 35, No. 4, Dicembre 1970, pp.653~662

니다. 그는 부자들이 자신의 종족인 약탈자들이 자신을 착취하지 못하도록 필요한 선택을 해야 하지만 그러지 못한다고 지적하며, 그 이유는 사람들이 너무 동정적이기 때문이라고 진단합니다.

뷰캐넌은 이 문제를 해결하려면 이익과 손실, 시장의 보상과 징벌의 구조 등 시장 질서를 제대로 이해하는 게 필요하다고 지적합니다. 나약한 동정심을 버리고 시장의 힘을 회복해야 한다는 거죠. 그렇지 않으면 가난한 약탈자가 일은 하지 않고 계속해서 부자의 재산을 빼먹게 되고, 결국 사회는 취약해져 마침내 자멸할 거라고 경고합니다. 따라서 부자이면서 선량한 사마리아인이 더는 사회적 기생충들에게 착취당하지 않도록 제도적 정비가 필요하다고 말합니다. 예를 들어 학생들에게 주어지는 제반 혜택을 모두 폐지하거나, 약탈자인 사회적 기생충들이 정부의 정책이나 제도를 입안할 때 영향력을 행사하지 못하도록 해야 한다는 겁니다.

선한 사마리아인이 강도 피해자를 도와주었을 때 그는 자신이 강도 피해자에게 약탈당한다고 생각하면서도 어쩔 수 없이 그를 도와준 걸까요? 사마리아인이 피투성이가 되어 쓰러져 있는 강도 피해자를 어떤 강압에 못 이겨 도와준 걸까요? 사마리아인과 강도 피해자는 효율적 의사결정을 통해 사적 이익을 추구하며 게임을 하는 사람들이 아닙니다. 위급한 곤경에 처한 사람을 보고 측은지심을 느끼는 것이 사람들의 일반적 정서가 아닐까요? 그런데 '사마리아인의 딜레마'에서는 사마리아인이 어쩔 수 없이 자선을 베풀어야만 하는 피해자가 되고, 강도 피해자는 선한 사마리아인에게 피해를 주는 가해자가 됩니다. 강도 피해자는 사마리아인의 딜레마에서 부자의 재산을 갉아먹는 약탈자, 착취자, 기생충으로 불립니다. 이것을 보면 뷰캐넌은 부자의 부는 근면, 절약, 지식 등의 노력

혹은 신의 섭리를 통해 정직하고 올바르게 획득하고 축적한 것이며, 가난한 사람들은 게으름, 낭비, 방탕, 무지 등 개인적 이유로 가난한 것이라고 믿는 듯합니다. 따라서 사회질서를 바로 세우기 위해서는 개인의 문제에 사회가 나서서 해결할 필요가 없다고 말하는 건지도 모르겠습니다.

물론 각각의 개인을 보면 그런 경우도 있겠지만, 사회 전체적으로는 과연 그럴까요? 시간을 좀 더 과거 쪽으로 돌려보면 자본주의 역사 초기에 부가 축적되는 방법은 대체로 매우 잔인했습니다. 뷰캐넌이 말하는 사마리아인은 노예제도, 약탈, 억압, 감금, 착취를 통해 사람들이 피를 흘리며 쓰러져 반죽음 상태에 이를 때까지 자신의 이익을 챙겼습니다. 역사의 관점에서 사마리아인은 뷰캐넌의 말처럼 피해자나 희생자가 아니라 약탈자나 착취자였습니다. 지금도 그렇다는 것은 아니지만 오늘날에도 역사의 흔적은 남아 있습니다.*

뷰캐넌은 사람들이 복지 혜택을 받으면 일을 하지 않으려 한다고 말합니다. 어느 정도는 그런 경향이 있을 수 있겠지요. 하지만 대다수 사람들이 그럴까요? 또 무한정 그럴까요? 만일 실업급여를 계속해서 받을 수 있다면 사람들은 일을 그만두려고 할까요? 아마 그렇지 않을 겁니다. 실업급여가 충분한 금액이 아니어서가 아니라 직장을 가지고 일을 한다는 것이 삶의 결을 아름답게 하기 때문이지요. 사회적 기생충으로 살아도 무방하다고 생각하는 사람은 매우 드물 것입니다. 하지만 뷰캐넌은 무위도식하려는 사람들이 그러지 못하도록 시장의 보상과 징벌 구조를 이용하

---

* André Douglas Pond Cummings, 「The Farcical Samaritan's Dilemma」, Journal of Civil Rights and Economic Development, Vol. 35, Spring 2022, Issue 2, pp.218~243

선악의 경제학 : 의도와 결과의 괴리

여 위협해야 한다는 식으로 말합니다. 뷰캐넌이 '사마리아인의 딜레마'를 통해 말하고자 했던 것은 자유시장하에서 개인이 이기심을 기반으로 효용 극대화를 추구하는 시스템을 공공부문에도 적용해야 한다는 것이었습니다. 사적 선택의 원리를 공공선택의 영역으로 확장해야 한다는 거죠.

경제학에서 정부를 바라보는 시각은 크게 두 가지입니다.

하나는 선善을 추구하는 정부를 강조하는 시각입니다. 구성원의 복지, 재산권 보호, 공정한 사법제도, 빈곤 퇴치, 시장실패 보정, 독과점 규제 등으로 사회후생을 증진하는 것이 정부의 역할이라는 거죠. 즉 '시장실패'를 강조하고 이를 해결하려는 입장입니다. 이 입장은 사회 후생을 기준으로 정부의 정책이나 제도를 평가합니다. 특정 정책이나 제도로 인해 사회구성원 일부는 혜택을 보고 일부는 비용을 부담하게 되지만, 전체적으로 사회 후생이 커지면 좋은 정책으로 평가하는 거죠. 물론 사회후생이 무엇이고 이를 어떻게 측정하는지에 대해서는 다양한 입장이 존재합니다.

다른 하나는 정부의 행위를 이기적인 사익 추구의 관점에서 분석해야 한다는 시각입니다. 정부를 이끄는 정치인이나 관료도 민간인과 마찬가지로 사익을 추구하는 이기적인 동기에 의해 선택한다는 거죠. 이를 흔히 공공선택론이라고 합니다. 여기서는 정치인이나 관료 등 사회 지도자가 양심적이라고 믿고 의지하려는 건 잘못된 것이라고 말합니다. 개인들이 자발적으로 참여한 사회계약 이외에 정부가 나서서 선택을 강요하면 안 된다고 말합니다. 따라서 공공선택론은 정부의 간섭을 최소화하려고 하며, '정부실패'를 강조합니다. 공공선택론은 개인의 사익 추구와 최소 정부, 재량보다 준칙rule에 의한 정책 집행 등을 강조한다는 점에서 신자유주의의 모태인 시카고학파의 철학과 비슷합니다.*

　이런 의미에서 사마리아인의 딜레마는 신자유주의와 연결됩니다. 사마리아인의 딜레마는 개인의 이기심에 기초한 사익 추구의 메커니즘을 통해 이루어지는 합리적 선택이, 복지국가를 강화하는 민주주의의 비능률을 제거하고 공익을 증진할 수 있다는 자유시장 근본주의에 뿌리를 두고 있습니다. 뷰캐넌은 사마리아인의 딜레마에서 벗어나기 위해서는 부자에게 은혜를 베풀고 빈자에게는 징벌을 내리는 시장신Market God이 지나친 동정심 때문에 타락한 인간의 가치체계를 회복시켜 전략적 선택을 할 수 있는 인간으로 재창조해야 한다고 주장합니다.

이야기의 함정

개인 차원에서 의도는 중요합니다. 설혹 결과가 좀 나빠도 의도가 좋았다면 어느 정도 위안이 됩니다. 때론 의도만으로도 좋은 사람으로 평가받기도 합니다. 사회 영역에서도 그럴까요? 많은 사람이 그렇지 않다고 생각할 겁니다. 아무리 의도가 좋다고 해도 결과가 나쁘면 사회 차원에서는 긍정적으로 평가받기 어렵습니다.** 따라서 정부가 정책이나 제도를 도입할 때는 개인의 경우보다 결과에 대해 훨씬 더 신중하고 다면적인 검토가 필요합니다. 그렇다고 이것이 정부의 역할 대부분을 시장으로

---

*　　김영세, 『공공경제론』, 도서출판 청람, 2019년, pp.14~16
**　최성락, 『규제의 역설』, 페이퍼로드, 2021년, p.260

　　　　　　　선악의 경제학 : 의도와 결과의 괴리

넘거야 하는 이유가 될까요? 사마리아인의 딜레마에서 벗어나야 한다는 이유로 복지제도를 축소하고, 부자 감세를 확대하고, 감옥과 공공병원을 영리화하고, 금권정치나 엘리트주의를 한층 더 교묘하게 법제화하는 것이 정당할까요?

사마리아인의 딜레마는 잘 쓰인 극본입니다. 선한 사마리아인이 강제된 자선으로 고통받는 이야기를 계속해서 듣다 보면 복지국가의 폐해가 아주 커 보일 수 있습니다. 뷰캐넌이 바라는 것도 이것입니다. 프리드먼이 주장하는 것처럼 개인의 선택할 자유를 침해하면서까지 사회가 나설 필요가 없다는 겁니다. 뷰캐넌은 선한 사마리아인이 약탈당하는 이야기가 널리 퍼져 세상을 유복한 자의 젖과 꿀이 흐르는 땅으로 만들 수 있기를 바랍니다.

그렇지만 많은 사람은 여전히 사회의 역할과 책임을 믿고 있습니다. 이탈리아계 정치인인 피오렐로 라과디아Fiorello La Guardia는 1934~1945년 동안 뉴욕시장을 역임한 사람입니다. 그는 대공황 시기였던 1930년대 초에 뉴욕 치안판사였습니다. 그는 배가 고파서 빵을 훔친 노인에게 10달러의 벌금형을 선고했습니다. 그러면서 그는 노인을 방치한 사회의 구성원으로서 책임을 물어 자신에게도 10달러의 벌금형을 선고하고, 모든 방청객에게 50센트의 벌금형을 선고했다고 합니다. 이렇게 걷은 돈을 노인에게 건넸고, 노인은 벌금 10달러를 내고 나머지를 가지고 법정을 떠났습니다. 그는 공화당원이었지만 민주당 루스벨트 대통령의 뉴딜 정책을 지지했습니다. 뉴욕의 라과디아 공항은 그의 이름을 딴 것입니다.***

***　　조국, 『디케의 눈물』, 다산북스, 2023년, p.133

이처럼 시장이 보호하지 못한 사람을 사회가 보호해야 한다는 생각은 적지 않은 사람들이 공유하고 있습니다. 설령 그 효과가 미미하거나 당장에 부작용이 있다고 해서 사회의 보호막을 모조리 걷어내야 하는 건 아닙니다. 예를 들어 공정무역과 해외원조가 때로 의도와 다른 결과를 가져온다고 해서 이를 멈추고 국제사회의 곤궁한 사람들의 문제를 모두 자유로운 글로벌 자유경쟁시장에 맡겨야 할까요? 그것은 개선해야 할 과제이지 제거해야 할 부조리가 아닙니다. 시장의 보상과 징벌의 구조만 작동하도록 해서는 인간이 부딪히는 모든 문제를 해결할 수는 없습니다. 미국의 토지개혁가이자 저술가이며 경제학자인 헨리 조지(Henry George, 1839~1897)는 다음과 같이 말합니다.

"빈곤에서 생기는 고통과 야만성을 하나님의 불가사의한 섭리로 돌린다거나 또는 두 손을 모으고 만물의 아버지All-Father 앞에 가서는 대도시의 궁핍과 범죄의 책임을 미룬다면 형식상으로는 기도일지 모르나 실제로는 신성모독이다."*

---

*   헨리 조지, 김윤상 옮김, 『진보와 빈곤』, 비봉출판사, 2010년, p.532

PARADOXES & DILEMMAS IN ECONOMICS

6
원하는 것을 모두 얻을 수 있을까?

잔인한 유산

역사는 흔적을 남깁니다. 특히 아픈 역사는 그렇습니다. 한국경제에서 오늘날까지 뚜렷한 흔적을 남기고 있는 사건 중 하나는 1997년에 터진 IMF 외환위기입니다. 외환위기 이후 한국 사회는 신자유주의 정책에 휩싸이며 사회적 변곡점을 통과했습니다. 자금 지원의 대가로 IMF에 약속한 구조 개혁 프로그램에 따라 정부, 기업, 개인 모두가 적자생존의 법칙에 따라 치열한 경쟁에 직면했습니다. 특히 외환위기에 직접적 책임이 없는 개인들도 정부가 자신들을 보호해 줄 거라는 희망을 접어야 했습니다. 갑자기 닥친 위기에서 사회는 개인에게 안전망을 제공하지 못했습니다. 이제 개인은 그 어느 때보다 각자도생이라는 말을 가슴에 품고 살아야 했습니다. 승자독식의 논리가 사람들 머릿속을 가득 채웠고, 비용 절감이라는 명목으로 비정규직이 일반화되어 노동계층을 양분시켰으며, 경제적 계층을 정치적 계급으로 경직화하며 사회적 균열을 심화시켰습니다.

외환위기는 달러로 빚을 갚아야 하는 단기외채와 관련된 유동성 위기였습니다. 만약 원화로 빚을 갚는 거라면 문제가 되지 않았을 겁니다. 비교적 쉽게 조달할 수 있으니까요. 그런데 외국 투자자들이 아시아에서 위기 탈출을 시도하는 상황에서 부족한 달러를 상환일에 맞춰 조달하기는 쉽지 않았습니다. 외환위기의 원인에 대해서는 다양한 의견이 있지만, 가장 설득력 있는 주장은 금융의 국제화를 서두르는 바람에 정부의 건전성 규제가 정착되거나 기업과 금융기관의 외환 위험 관리 역량이 채 갖추어지기 전에 단기 투기성 외환거래가 과도하게 이루어졌고, 이 때문에 외부 충격에 제대로 대응할 수 없었다는 것입니다. 아래에서는 이에 대해 더 구체적으로 살펴보도록 하겠습니다. 이를 위해서는 먼저 국제통화제도에 대한 이해가 필요합니다.

국제통화제도

초국적 중앙정부가 없는 세상에서 나라와 나라 사이의 원활한 국제거래를 위해서는 거래에 이용하는 통화를 무엇으로 할 것인지가 매우 중요합니다. 원활한 거래를 위해서는 통화와 관련된 잘 설계된 게임의 규칙이 필요한데 이것이 국제통화제도입니다. 국제통화제도는 국경 간 거래의 계산단위와 결제의 근간이 되는 규칙이라고 할 수 있습니다. 그리고 그

선악의 경제학 : 의도와 결과의 괴리

규칙은 시대 상황을 반영하며 여러 차례 변해 왔습니다. 특히 두 번의 세계대전을 거치며 사람들의 세계관이 해체와 재구성의 변화를 경험했던 것처럼 국제통화제도도 함께 변하게 됩니다. 국제금융시장에서 게임의 규칙이었던 금본위제gold standard가 제1차 세계대전을 계기로 해체되기 시작했고, 두 대전 사이의 과도기를 거쳐 제2차 세계대전 이후에는 달러를 기축통화로 하는 금환본위제gold-exchange standard가 들어섰습니다. 오늘날은 1971년 닉슨 쇼크Nixon shock로 또 한 번의 변곡점을 맞이한 후 변동환율제도를 중심으로 각국의 상황에 따라 다양한 환율제도가 채택되어 있습니다.

금본위제는 금이 화폐 가치의 최종 담보물이 되는 제도입니다. 각국이 자국 통화단위를 일정량의 순금으로 정해 놓고 화폐를 아무런 제한 없이 금과 바꿀 수 있도록 하는 제도입니다. 따라서 각국 통화의 교환비율인 환율은 금을 매개로 하여 고정됩니다. 따라서 금본위제는 고정환율제도라고 할 수 있습니다. 금본위제에서 세계의 유동성은 돈의 담보물이 되는 금의 양에 달려 있습니다. 금 채굴이 활발하게 이루어져 금의 양이 많아지면 통화량이 많아지는 거죠. 그런데 금의 채굴량이 하루아침에 급증하기는 어려우므로 금본위제는 과도한 통화공급을 억제하는 효과가 있습니다. 반면에 금본위제는 실물경제를 압박하는 걸림돌이 될 수도 있습니다. 새롭게 추가되는 금의 양이 경제 성장 속도를 따라가지 못하게 되면 통화 부족으로 인해 경제활동이 침체되는 디플레이션이 발생할 수 있기 때문입니다.

금본위제는 본격적으로 시작된 1870~1914년 이전까지의 고전적 금본위제 시대에 국제경제와 금융을 이끌었습니다. 많은 나라가 제1차 세계대전의 발발과 함께 금본위제에서 이탈했다가 전후 다시 복귀했지만 이미 국제통화제도로서 예전의 명성은 회복할 수 없었습니다. 야만스러운 유물barbarous relic! 케인스는 금본위제를 그렇게 평가했습니다. 금본위제도는 1929년부터 시작된 대공황의 한 배경이 되었고, 결국에는 명맥만을 유지하다가 1936년에 사실상 역사에서 사라졌습니다.

국제금융과 통화제도의 세계적 권위자로 인정받는 배리 아이켄그린(Barry Eichengreen, 1952~)에 따르면 금본위제가 제1차 세계대전 이전까지 안정된 국제통화제도로 받아들여진 것은 주요국의 신뢰와 협력 덕분이었습니다. 경제정책과 관련된 각국 정부의 우선순위는 국제수지 균형이었으며, 금과 통화 사이의 정해진 비율에 따라 자국 통화의 태환을 위해서는 어떠한 조치라도 취할 거라는 믿음이 있었습니다. 따라서 일시적으로 특정 국가의 통화가치가 하락하면 해외로부터 자본이 유입되어 그 통화가치를 다시 회복시키는 자동조정 메커니즘이 작동했습니다. 이것은 사람들이 가치가 하락한 통화에 투자하면 조만간 가치가 상승하여 자본이득을 얻을 수 있다고 믿었기 때문에 가능한 일이었습니다. 따라서 고전적 금본위제는 기본적으로 국제적 자본흐름에 대한 통제를 하지 않았습니다.

이처럼 자유로운 자본의 이동으로 외환시장에서 자동적인 환율 조정이 이루어지지 않는다고 해도 정부가 긴축정책을 통해 자국의 통화가치를 올리는 방법도 가능했습니다. 긴축정책에 따른 부작용이 있을 수 있지만, 그것이 사회적 반발을 불러오지 않았습니다. 정부의 긴축정책은 경기를 둔화시켜 실업이 증가하지만, 당시에 실업은 개인의 문제로 인식되었을 뿐이며 사회적 문제가 아니었습니다. 따라서 대외균형을 위해 취하는 정책은 대내 번영과 모순될 수 있다는 인식이 없었습니다. 당시 노동자들의 선거권이 제한되어 있었다는 사실이 이러한 인식의 결정적 배경입니다.

한편 한 나라의 문제가 아닌 국제적 문제가 발생하면 각국 정부와 중앙은행은 문제 해결을 위해 서로 협력했습니다. 특히 선도적 중앙은행인 잉글랜드은행이 금리인하와 같은 조치를 취하면 다른 나라의 중앙은행들도 나란히 금리를 인하하는 모습을 보였습니다. 이처럼 제1차 세계대전 이전의 금본위제는 신뢰와 협력으로 비교적 안정적으로 유지될 수 있었습니다.[*]

하지만 전쟁과 대공황으로 인해 금본위제에 대한 사람들의 신뢰와 국가 간 협력에 금이 가면서 새로운 국제통화제도를 모색해야 하는 상황이 되었습니다. 그리고 그 해결책이 브레턴우즈Bretton Woods 체제였습니다. 브레턴우즈 체제는 제2차 세계대전이 끝날 무렵인 1944년에 44개국 대표들이 미국 뉴햄프셔주의 브레턴우즈에 모여 합의한 국제통화제도를 말합니다. 이 체제에서는 기축통화인 미국 달러만 금과의 태환을 허용했는데, 달러와 금의 교환비율은 금 1온스당 35달러로 설정했습니다. 달러 이외의 각국 통화는 달러와 기준환율을 설정하고 이를 유지함으로써 환율 안정을 도모했습니다. 이에 따라 각국 통화는 달러에 고정된pegged 환율을 갖게 되었습니다. 아울러 각국은 기준환율을 유지하기 위해 국경 간 자본이동을 통제할 수 있었습니다. 이처럼 브레턴우즈 체제는 기본적

---

[*]   배리 아이켄그린, 박복영 옮김, 『황금 족쇄 : 금본위제와 대공황, 1919~1939년』, 미지북스, 2018년, pp.31~35

으로 고정환율을 유지하는 체제이지만 각국의 국제수지에 구조적인 불균형이 발생하면 환율을 조정할 수 있도록 했습니다. 따라서 브레턴우즈 체제의 환율제도는 '조정 가능 고정환율제도'라고 할 수 있습니다.

사실 브레턴우즈 협정을 체결하기 위해 모였던 각국 대표단 중에는 금과 달러를 중심으로 한 금환본위제와는 다른 제도를 제안했던 사람도 있었습니다. 영국의 케인스가 그렇습니다. 케인스는 이미 1941년에 전후 새로운 국제통화제도의 방안으로 초국적 통화라고 할 수 있는 '방코르bancor'의 도입을 제안한 바 있습니다. 이것은 달러와 같이 특정 국가의 통화를 중심으로 한 국제통화제도가 아니라 초국적 중앙은행이 발행하는 초국적 통화를 통해 국제거래의 결제가 이루어지도록 하자는 것이었습니다. 금의 채굴량이 글로벌 유동성을 제약하는 문제를 초국적 중앙은행이 자체 판단에 따라 자유롭게 발행량을 조절할 수 있는 방코르로 대체한 것입니다. 하지만 미국이 주도하는 브레턴우즈 협정은 달러 중심의 금환본위제로 결론이 났습니다. 바야흐로 달러 패권의 시대가 시작된 겁니다. 그런데 이때까지만 해도 달러는 금과의 태환을 보장하는 책임을 지면서 기축통화의 지위를 누렸습니다.

트리핀 딜레마

사실 금과 달러를 중심으로 한 브레턴우즈 체제는 지속하기 어려운 제도였습니다. 초국적 중앙정부가 없는 상태에서 안정적으로 글로벌 유동성을 창조하기 위해서는 어쩔 수 없이 중심을 잡아주는 통화가 있어야 합

선악의 경제학 : 의도와 결과의 괴리

니다. 금본위제에서는 금이 그 역할을 했고, 브레턴우즈 체제에서는 금과 달러가 그 역할을 맡았습니다. 그런데 앞서 언급했던 것처럼 금은 채굴량이 탄력적이지 못해 경제 상황을 반영한 원활한 유동성 공급이 어렵습니다. 금의 이러한 한계 때문에 브레턴우즈 체제가 시작된 이후 글로벌 유동성은 달러에 크게 의존하게 됩니다.

하지만 달러의 공급이 점차 증가하면서 달러에 대한 신뢰 문제가 불거집니다. 베트남 전쟁의 비용조달 때문에 달러 발행이 크게 늘고, 1960년대에 독일과 일본 등 경쟁국 경제가 급성장하면서 미국의 국제수지가 악화되었습니다. 이들이 대외준비자산으로 달러를 대량으로 보유하게 되자 이들이 보유한 달러를 과연 금으로 태환할 수 있을까 하는 의문이 제기됩니다. 글로벌 유동성을 위해 공급되는 달러가 점차 증가하면서 그 금액이 미국이 보유한 금의 가치를 초과하는 사태가 발생할 거라는 우려였습니다. 이것이 달러의 공급이 증가하면 글로벌 유동성은 좋아지지만, 달러의 공급이 증가할수록 그 신뢰도는 하락한다는 '트리핀 딜레마Triffin dilemma'입니다. 두 마리 토끼를 다 잡을 수는 없다는 거죠.

미국은 트리핀 딜레마를 매우 과격한 방법으로 해결합니다. 이른바 '닉슨 쇼크'입니다. 닉슨 대통령이 1971년 8월 15일 특별 방송을 통해 달러의 금태환 정지를 선언합니다. 금과 달러의 연결을 끊어버린 겁니다. 이로부터 얼마 후 국제통화제도는 변동환율제로 이행합니다. 이제 국제경제에서 환율의 변동이 매우 중요한 쟁점이 되었습니다. 그렇다고 모든 나라가 변동환율제를 채택한 것은 아닙니다. 각국은 자국의 여건을 고려하여 다양한 환율제도를 채택하게 됩니다. 이제 달러는 금과의 태환을 걱정하지 않고 자유롭게 기축통화의 지위를 누리게 됩니다.

한국의 환율제도

우리나라는 1980년대 말부터 그 시기의 경제성장을 배경으로 안에서는 정치적 민주화 요구가 비등해졌고, 밖에서는 개방과 자유시장에 대한 압력이 커졌습니다. 이에 따라 정부는 1990년대 초부터 점진적인 개방화 및 자율화 프로그램을 통해 한국 경제의 국제화를 추진했습니다. 그런 프로그램 중에는 환율제도를 보다 시장 친화적으로 만든다는 내용도 들어 있었습니다. 바로 1990년 3월에 도입한 '시장 평균 환율제도'인데, 이 제도는 외환시장에서 외환의 수요와 공급에 따라 환율이 결정되도록 했습니다. 따라서 이 제도가 성공하려면 외환시장 기능을 활성화할 필요가 있었습니다.

당시 정부는 외환의 해외 유출을 막고 국가의 대외 지급능력을 확보하기 위해 외환집중제를 실시하고 있었습니다. 외환집중제는 해외에서 벌어들인 외화를 외환은행을 거쳐 한국은행으로 집중시킨 제도입니다. 개인이나 기업이 외화를 벌어들이면 이를 외환은행에 매각하거나 예치하고, 외환은행이 이를 다시 한국은행으로 집중시키는 것입니다. 이 때문에 외환시장에서 자유로운 외환거래가 이루어질 수 없어 외환시장의 기능이 취약할 수밖에 없었습니다. 정부는 이러한 문제점을 인식하고 시장 평균 환율제도의 도입과 함께 외환집중제를 완화하기 시작했습니다. 이 제도에서는 환율의 일일 변동폭을 상하 일정한 폭으로 제한하였으며, 처음에는 변동폭을 0.4%로 좁게 설정했으나 1997년 11월에 10%까지 확대했습니다. 이처럼 환율의 변동폭은 점차 확대되었지만 자유로운 변동환율제라고 할 수는 없었습니다.

선악의 경제학 : 의도와 결과의 괴리

환율제도가 바뀐 것은 외환위기를 맞은 이후입니다. IMF의 요구에 따라 1997년 12월에 '자유 변동free floating 환율제도'로 이행한 것입니다. 하지만 이는 대외적으로 선언적 의미가 강하고 실제로는 긴급한 상황에서 정부가 외환시장에 개입하는 '관리변동managed floating 환율제도'라고 할 수 있습니다. 외환시장이 크게 흔들릴 때마다 정부가 시장 안정화를 위해 개입하기 때문입니다.

환율의 영향

지금까지 환율제도에 대해서 살펴보았으니 이제는 '환율'이 우리에게 어떤 의미가 있는지 알아보도록 하겠습니다. 환율은 특정 통화와 다른 통화 간의 교환비율입니다. 예를 들어 원화와 달러를 교환할 때 적용되는 비율이죠. 달러 환율이 1,350원인 경우 1달러를 사려면 1,350원을 내야 합니다. 만일 고정환율제를 택하고 있다면 내일은 물론이고 다음 달 그리고 내년에도 환율은 여전히 1,350원이겠지요. 이 경우 다른 조건이 변하지 않는다면 수입하는 물건$의 국내 가격₩과 수출하는 물건₩의 달러 가격$은 변하지 않을 것이고, 사람들은 해외여행 경비를 계산할 때 환율 상승으로 인한 추가 비용을 걱정하지 않아도 됩니다. 해외에 투자하는 내국인이거나 국내에 투자하는 외국인도 투자 전후에 환전으로 인해 발생하는 위험은 없습니다. 언제나 달러당 1,350원으로 바꿀 수 있으니까요.

변동환율제라면 어떨까요? 달러 환율이 오늘은 1,350원이지만 내일은 1,370원, 다음 달에는 1,400원 또는 1,300원, 내년에는 1,500원 또는

1,200원이 된다면 어떨까요? 만일 환율이 계속 오르는 상황이라면 달러에 비해 원화의 가치가 계속 떨어지겠지요. 1달러를 1,350원에 사던 것을 1,400원, 1,500원에 사야 하기 때문입니다. 이 경우 수입하는 물건$의 국내 가격₩은 오르고, 수출하는 물건₩의 달러 가격$은 내립니다. 따라서 수입은 줄어들고 수출은 늘어나는 효과가 있습니다. 이런 효과 때문에 무역수지를 개선할 목적으로 자국의 통화가치를 떨어뜨리는, 즉 환율을 올리는 방법을 쓰기도 합니다.

한편, 환율이 오르면 해외여행 경비가 늘어납니다. 해외에서 사용하는 돈은 원화가 아니고 달러이기 때문이죠. 물론 여행하는 곳이 달러를 사용하는 지역이 아니라면 상황이 다를 수도 있겠지만요. 만일 환율이 내리는 상황이라면 수입과 수출, 그리고 여행 경비에 미치는 영향은 반대가 될 것입니다.

그렇다면 투자자는 어떤 영향을 받을까요? 환율이 1,350원일 때 해외에 5,000달러를 투자한 내국인이 10%의 수익을 보고 환율이 1,400원일 때 투자를 회수했다고 가정합시다. 이때 투자자는 675만 원(₩1,350×$5,000)을 투자해서 5,500달러를 회수합니다. 이 금액은 투자한 675만 원에 10%를 더한 742만 5,000원이 아닙니다. 그보다 많은 770만 원(₩1,400×$5,500)입니다. 투자 시점과 회수 시점 사이의 환율 상승 덕분에 환차익으로 27만 5,000원을 추가로 얻은 겁니다. 따라서 자국 통화가 약세, 즉 환율의 상승이 예상되면 해외 투자가 늘어날 가능성이 커집니다.

반면 국내에 투자하는 외국인은 그 반대의 영향을 받습니다. 환율이 상승하면 국내에 투자하는 외국인은 투자금을 회수할 때 원화 가치 하락으로 환차손을 보게 됩니다. 투자에서 수익을 본다고 해도 환차손이 크면 최종적으로 손실이 날 수도 있습니다. 그런 상황이 예상된다면 외국인은 국내에 투자하려고 하지 않을 것이고, 이미 투자한 외국인은 환율이 더 오르기 전에 우리나라를 떠나려고 할 것입니다. 물론 환율의 하락, 원화 가치의 상승이 예상되면 상황은 반대가 되겠지요. 따라서 통화 가치의 상승과 하락, 즉 환율의 하락과 상승 여부는 투자자에게도 매우 중요한 고려사항입니다.

트릴레마

경제가 개방될수록 국제거래가 많아지고 이에 따라 환율의 영향이 커지는데, 고정환율인지 변동환율인지에 따라 그 영향이 다릅니다. 그리고 이에 대해 경제주체별로 입장이 서로 다릅니다. 위에서 언급한 것처럼 환율의 영향을 받는 사람들은 크게 세 집단으로 나누어볼 수 있습니다. 수출입을 하는 상인과 기업가, 해외여행을 위해 월급을 모으는 노동자, 해외에 투자하는 금융가와 금융투자자 등입니다.

먼저 상인과 기업가는 환율이 안정되기를 바랍니다. 그래야만 거래도 원활하게 진행하고, 사업계획을 세우는 데도 도움이 되기 때문입니다. 이들은 대개 환율의 변동으로 인한 위험을 피하려고 합니다. 노동자는 어떨까요? 이들이 환율에 직접적인 관심을 가지는 경우는 많지 않습니다. 앞서 언급한 해외여행의 경우처럼 간헐적으로 환율에 관심을 가집니다. 따라서 이들에게 고정환율이나 변동환율은 주요 관심사가 아닙니다. 상황에 따라 선호가 달라질 수 있습니다. 대신 이들은 앞으로 임금이 높아져 자신의 경제 여건이 나아지기를 바랍니다. 이들은 정부가 적극적으로 나서서 실업, 물가, 금리 문제 등을 해결해 주기를 기대합니다.

금융가나 금융투자자는 환율에 대해 어떤 입장일까요? 이들은 고정환율이든 변동환율이든 개의치 않을 겁니다. 각각에 대해 많은 대응책을 가지고 있으니까요. 고정환율이라면 환차손 걱정 없이 투자하거나 투기 공격으로 막대한 이익을 얻을 수도 있습니다. 변동환율이라면 환율에 대한 전망이나 정교한 통화 파생상품을 이용해 이익을 창출할 기회를 만들어낼 수도 있습니다. 이들에게 중요한 것은 자신들이 원하는 시기에 언제라도 아무 제한 없이 자신의 돈을 움직일 수 있는 것입니다. 완벽한 자본이동의 자유를 바라는 거죠. 세계 경제의 금융화가 진전될수록 금융가와 금융투자자의 영향력이 커지면서 자유로운 자본이동에 대한 이들의 요구도 더욱 강해집니다.

이처럼 경제주체에 따라 개방된 경제를 대하는 태도가 다릅니다. 따라서 개방된 경제는 여러 가지 거시경제적 목표에 직면합니다. 위에서 언급한 경제주체별 주요 관심 사항을 고려할 때 환율과 통화에 관한 목표는 세 가지로 나눌 수 있습니다. 바로 환율 안정, 자유로운 국제적 자본이동, 자주적 통화정책입니다.

고전적 금본위제의 경우처럼 환율이 고정되어 안정되면 불확실성이 해소되어 국제거래가 촉진되고 미래의 투자를 보다 긍정적으로 생각할 수 있습니다. 자본 유출입이 자유로우면 외국자본의 유치에 유리하고, 국제화 흐름에 대응해야 하는 자국의 경제 체질을 개선할 수 있습니다. 한편, 각국 정부는 대외 문제와 별개로 자국 내의 필요에 따라 독자적으로 통화정책을 결정하고 실행할 수 있기를 바랍니다. 일종의 경제 주권

선악의 경제학 : 의도와 결과의 괴리

입니다.

그런데 이 세 가지 목표 중에서 정책 입안자는 어느 하나를 포기해야 한다고 합니다. 원하는 모든 것을 다 가질 수는 없다는 거죠. 만일 세 가지 목표를 모두 달성하려고 한다면 어디선가 큰 문제가 터져 위태로운 상황을 맞이하게 된다는 겁니다. 이것을 '트릴레마(trilemma, 3각 딜레마, 삼자택이)' 혹은 '불가능한 삼위일체impossible trinity'라고 부릅니다. 따라서 트릴레마에 직면한 각국 정부가 큰 문제 없이 개방경제를 이끌어가기 위해 선택할 수 있는 정책안은 아래 그림에서처럼 세 가지(a, b, c)입니다.

물론 어느 한 가지 목표를 완벽하게 포기하고 나머지 두 가지 목표를 극단적으로 추구하는 경우는 없을 겁니다. 그보다는 세 가지 목표 각각을 어느 정도 수준으로 추구하는지가 문제일 것입니다.

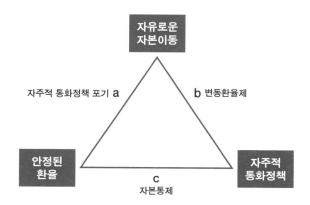

〈 개방경제의 트릴레마 〉

선택안 a는 안정된 환율을 유지하고 자유로운 자본이동을 허용하는 대신 자주적인 통화정책을 포기하는 것인데, 고전적 금본위제가 대표적인 사례입니다. 각국의 통화가치가 금과 일정한 교환비율로 고정되어 있어 환율의 변동성이 없는 안정된 상태에서 국가 간 자본이동을 통제하지 않았습니다. 이 경우 영국과 같은 금본위 시대의 대표적인 선도국이 금리를 인상하면 어떻게 될까요? 자본이동이 자유로우므로 높아진 금리를 찾아 자국의 자본이 영국으로 유출될 것입니다. 이로 인해 자국 통화가치의 하락 압력이 강해지게 됩니다. 이를 해소하기 위해서는 자국의 금리를 영국에 발맞추어 인상해야 합니다. 자국 내 경제 상황이 어떠하든 정부는 영국의 통화정책에 부응하는 종속적 행태를 보이는 겁니다.

이것은 자주적인 통화정책의 포기를 의미합니다. 만일 자주적인 통화정책을 고수하여 자국 금리를 그대로 유지한다면, 자국의 자본은 점차 고갈되어 경제가 무너질 위험이 커질 것입니다. 오늘날 자유로운 자본이동을 허용하면서 자국 통화의 가치를 달러에 고정한 환율제도인 달러 페그dollar peg를 가진 홍콩과 공통의 화폐를 사용하는 유로존 국가들이 선택안 a의 사례라고 할 수 있습니다.

선택안 b는 자유로운 자본이동에 따른 자금 수급 변화의 영향을 환율 변화를 통해 흡수하면서, 대내적으로는 자국의 경제 상황을 고려한 자주적인 통화정책을 실행하는 것입니다. 이것은 자국 경제의 경쟁력과 건전성에 어느 정도 자신감이 있는 나라가 선택할 가능성이 크다고 할 것입니다. 오늘날 기축통화국인 미국이 대표적인 사례입니다.

사실 미국은 트릴레마를 대하는 관점이 다른 나라들과 다릅니다. 각국이 트릴레마에 신경을 쓰는 이유 중 하나는 국제거래에서 결제통화가 자국의 통화가 아니기 때문입니다. 만일 미국처럼 자국 통화로 결제를 할 수 있다면 트릴레마에 그렇게 많은 신경을 쓸 이유가 없을 것입니다. 물론 달러가 강세인지 약세인지에 따라 미국 경제도 영향을 받겠지만, 우리나라처럼 달러 빚 때문에 외환위기가 발생하지는 않습니다. 미국이 누리는 이러한 혜택은 기축통화국이 세계를 상대로 누리는 일종의 프리미엄이라고 할 수 있습니다.

선택안 c는 고정환율처럼 환율의 안정을 도모하고 자주적인 통화정책을 실행하면서 대외 부문과 관련해 나타나는 문제를 최소화하기 위해 자본이동을 통제하는 경우입니다. 외환위기 이전에 우리나라가 선택한 방법이 이것입니다. 정부는 일정한 폭 안에서 움직이게 하고 필요에 따라 외환시장 개입을 통해 안정적으로 환율을 유지하면서, 경제 상황을 고려하여 고금리 정책을 택했습니다. 반면 국내 금융기관의 해외영업이나 해외 금융기관의 국내영업에는 많은 제한이 가해지고 있었고, 국내 기업의 해외 자금조달 또한 규제가 많았습니다. 따라서 트릴레마의 논리에 따르면 이때까지는 심각한 위험은 존재하지 않았습니다.

그런데 1990년대 초부터 우리나라의 금융시장이 점차 대외적으로 문을 열기 시작합니다. 예를 들어 외국인의 국내 주식투자는 1992년부터 허용되었는데, 당시에 상장법인 발행주식 총수의 10%를 한도로 했습니다. 이 한도는 점차 확대되어 외환위기가 터지기 직전에는 26%가 되었습니다. 이러한 금융 자율화 및 개방 추세는 1996년 OECD 가입을 계기로 더욱 강화되었습니다. 국내외 금융기관의 상호진출이 확대되고 자본이동에 대한 규제가 대폭 완화된 것입니다. 다시 말해 외환위기 전에 우리나라는 자본통제를 시행하고 있었으나, 1990년대 중반 이후 단기간에 자유로운 자본이동을 폭넓게 허용하는 방향으로 나아간 것입니다. 한국 사회의 변곡점이 된 IMF 외환위기는 선택안 c를 택하며 포기했던 자유로운 자본이동을 비교적 단기간에 급속하게 허용하면서 트릴레마의 덫에 걸린 것이라고 할 수 있습니다.

트릴레마의 역사적 실재성

트릴레마는 역사적으로 확인된 것일까요? 안정된 환율, 자유로운 자본이동, 자주적 통화정책은 동시에 병립할 수 없는 것일까요? 다음 그래프는 시기별로 고소득 선진국들이 트릴레마를 구성하는 세 가지 목표를 어느 정도 달성했는지를 지수화해서 보여줍니다.[*]

지수값 1은 목표를 완전히 달성한 상태를 나타내며, 0은 목표를 전혀 달성하지 못한 것을 나타냅니다. 우선 눈에 띄는 것은 금본위제가 시행된 시기에는 환율 안정성과 금융 개방성 둘 다 높지만, 브레턴우즈 체제에서는 환율 안정성은 높으나 금융 개방성은 낮다는 것입니다. 또한 1950년대 말부터 금융 개방성이 지속적으로 강화되면서 통화정책의 자주성이 지속적으로 약화되는 모습을 보입니다. 특기할 점은 금융 개방성과 통화정책의 자주성이 전 기간에 걸쳐 예외 없이 반대 방향으로 움직

---

[*]   Barry Eichengreen and Rui Pedro Esteves, 「International Finance」 in 『The Cambridge Economic History of the Modern World』, Volume II, 1870 to the Present, edited by Stephen Broadberry and Kyoji Fukao, Cambridge University Press, 2021, p.513

인다는 것입니다. 환율 안정성과 통화정책의 자주성은 제2차 세계대전 이전까지 서로 반대 방향으로 움직였는데, 브레턴우즈 체제부터 1990년대 말까지는 같은 방향으로 움직인 후 21세기 들어 다시 반대 방향으로 움직이고 있습니다.

전반적인 흐름을 살펴볼 때 시기별로 그 강도가 다르기는 하지만 트릴레마는 역사에 실재하는 것으로 확인됩니다. 이곳에 인용하지 않은 신흥시장국들의 트릴레마 지수도 그래프 모양이 좀 다르기는 하지만, 세 지수가 모두 한쪽으로 쏠리지 않았다는 점에서 대체로 트릴레마의 존재를 확인할 수 있습니다.

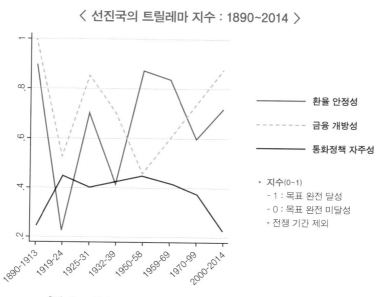

〈 선진국의 트릴레마 지수 : 1890~2014 〉

환율 안정성
금융 개방성
통화정책 자주성

· 지수(0~1)
  - 1 : 목표 완전 달성
  - 0 : 목표 완전 미달성
· 전쟁 기간 제외

출처 : Barry Eichengreen and Rui Pedro Esteves, 「International Finance」

IMF 외환위기

앞서 언급한 것처럼 외환위기의 직접적인 원인은 단기외채로 인한 유동성 문제였습니다. 금융규제 완화로 인해 이전보다 해외에서 자금조달이 쉬워진 금융기관들이 해외에서 단기로 달러를 차입하고 이것을 국내 기업에 장기로 대출해 주었습니다. 환율이 안정된 상태에서 국내보다 해외의 이자율이 낮고 기업들의 자금 수요가 많았기 때문에 가능한 일이었습니다. 당시 기업들은 반도체, 자동차, 철강, 석유화학 등에 대규모 투자를 시도하고 있었습니다.

그런데 1996년부터 상황이 급변합니다. 먼저 수출 경쟁국인 일본이 1985년 플라자합의 이후 계속되던 엔화의 고평가 상태에서 벗어나 저평가 상태로 진입하기 시작했습니다. 엔화가 저평가되면 달러로 표시한 일본 기업의 수출품 가격이 저렴해져 수출이 증가합니다. 이는 경쟁국인 우리나라에 부정적인 영향을 미칩니다. 또한 1996년부터 반도체 수요가 감소하면서 무역적자가 확대됩니다. 전반적인 경제 여건이 나빠지면서 기업의 실적은 악화되고 금융기관의 대출은 부실화되기 시작했습니다. 1997년 초부터 시작된 기업들의 부도는 이들에게 대출해준 금융기관들을 거의 파산 상태로 몰아갔습니다. 갑작스러운 상황 변화에 놀란 외국의 금융기관들이 한국 금융기관에 대한 대출을 중단하고 상환을 요청했습니다. 이에 따라 단기외채를 들여와 장기 대출을 했던 금융기관들은 달러 부족으로 위태로운 상황에 빠집니다.[*]

---

[*]   오건영, 『위기의 역사』, 페이지2북스, 2023년, pp.118~131

선악의 경제학 : 의도와 결과의 괴리

여기에 결정타를 날리는 사건이 발생합니다. 1997년 7월에 태국의 바트가 폭락하고, 이어 8월에는 인도네시아의 루피아가 폭락합니다. 이것은 해외 투자자들에게 아시아 신흥시장이 위험하다는 강력한 신호였습니다. 해외 투자자들의 심리에 결정적 영향을 미쳐 신흥시장에서 빠져나가려는 이들의 군집행동을 촉발한 겁니다.

당시 한국도 태국이나 인도네시아와 같은 신흥시장이었습니다. 정부는 비축해 두었던 달러를 금융기관에 긴급 지원하고 환율을 방어하는 데 쏟아부었습니다. 하지만 사태는 진정되지 않았고 상황이 악화되면서 단기외채 상환에 필요한 달러를 구하는 것이 더욱 어렵게 되었습니다. 이는 안정된 환율과 자주적인 통화정책에 더해 단기외채를 손쉽게 들여올 수 있도록 자유로운 자본이동을 확대하면서 벌어진 일이었습니다. 트릴레마의 덫에 걸린 겁니다. 정부는 하는 수 없이 1997년 11월 21일 IMF에 구제금융을 요청했고, 12월 3일에 구제금융 합의서를 체결함으로써 우리나라는 IMF 관리체제에 들어갔습니다. 외환위기 이후 우리나라는 변동환율제도를 채택하면서 트릴레마의 선택안 b에 가까운 정책을 취하고 있습니다.

IMF 외환위기는 한국 사회를 폭력적으로 변화시켰습니다. 많은 사람들이 직장을 잃고 거리로 내몰렸고, 경제적 양극화의 골이 깊어졌으며, '부자 되세요'라는 블랙홀이 다양한 삶의 가치와 개인의 개별성을 빨아들였습니다. 역사에 가정은 없다지만 만일 자유로운 자본이동을 제한하는 규제를 조금만 느리게 완화했다면, 환율의 탄력성을 좀 더 내실 있게 다진 다음에 개방화를 추진했다면 어땠을까요? 아픈 만큼 성숙해진다고 말하기에는 한국 사회는 너무 잔인한 유산을 떠안았고, 지금도 힘들어하고 있습니다. 성급하게 추진했던 자본의 자유가 부메랑이 되어 한국 사회에 폭력을 가한 것입니다.

트릴레마의 정치경제학

앞서 환율의 영향에 대해 언급할 때 우리는 노동자, 기업가, 금융가의 관점을 살펴보았습니다. 이들은 한 나라의 경제주체이면서 집단별로 비슷한 정치적 성향을 보이는 정치 주체이기도 합니다. 민주주의는 세 집단이 서로의 이해관계가 걸린 정책과 관련해서 갈등하고 타협하는 과정을 거치며 발전합니다. 따라서 각국이 직면하는 트릴레마는 세 집단의 정치과정에서 발생하는 타협의 결과일지도 모릅니다. 모든 정책policy은 정치 politics인 거죠.

　따라서 민주주의가 발달하면 트릴레마의 세 가지 목표 중 하나를 완전히 포기하고 나머지 두 가지를 완벽하게 추구하는 것은 불가능합니다. 앞서 언급한 것처럼 세 가지 목표 각각을 추구하는 정도는 달라질 수 있습니다. 다시 말해 우리가 찾아야 할 해결책은 트릴레마 삼각형의 세 변이 아니라 삼각형 내부에 있다는 겁니다.

　다음 그림에서 세 집단의 정치적, 경제적 이해관계의 이상적 무게중심은 삼각형 내부의 점(●)으로 표시됩니다. 이 점이 a(노동자 목소리 위축), b(기업가 목소리 위축), c(금융가 목소리 위축) 중에서 어느 방향으로 움직이는지는 각국의 정치 과정에서 세 집단의 영향력에 따라 결정될 것입니다. 앞서 트릴레마의 역사적 실재성에서 살펴보았던 선진국의 트릴레마 지수에

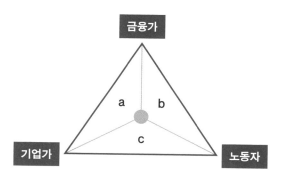

따르면 무게중심에 가장 가까운 시기는 대공황 때였습니다.

　한 연구에 따르면 민주주의가 제도화된 수준이 높은 국가일수록 환율 안정보다는 금융시장 개방과 자주적 통화정책을 선호한다고 합니다. 이는 트릴레마에서 선택안 b를 선호한다는 의미입니다. 그런데 이러한 선택은 단순한 경제적 선택이 아니라 정치적 선택이기도 합니다.

　금융시장 개방은 금융계가 자본통제에 반대하는 목소리를 낸 결과이며, 자주적 통화정책은 민주주의의 한 축인 노동자계급의 요구에 따른 결과라고 할 수 있습니다. 제1차 세계대전 후부터 본격적으로 확산된 보통선거권을 통해 정치적 목소리를 내기 시작한 노동자계급은 정부가 만연한 실업에도 불구하고 자국 경제를 희생하면서까지 고정환율제를 유지하는 것에 반대하며 자주적인 통화정책을 추진할 것을 압박했다는 겁니다. 이러한 이유로 제2차 세계대전 이후 고정환율제인 금본위제로 복귀하기 어려웠던 것입니다. 따라서 민주주의는 변동환율제와 결합할 가

능성이 크다고 할 수 있습니다.[*]

물론 각국의 역사적 배경이나 정치집단의 성향에 따라 트릴레마의 선택안이 달라질 것입니다. 그리고 각국이 세계 경제체제에 편입되는 정도가 심해지는 세계화가 진전될수록 트릴레마의 선택안에 고심할 가능성이 더욱 커질 것입니다. 여기서 우리는 세계 경제의 정치적 트릴레마를 마주하게 됩니다.

경제학자 대니 로드릭Dani Rodrik은 『자본주의 새판짜기』에서 민족적 민주주의와 깊은 세계화는 양립할 수 없다고 주장합니다. 그에 따르면 세계화가 국내 정치와 충돌하면 정치적 압력 때문에 정치가 이깁니다. 예를 들어 1990년대 아르헨티나의 세계화 정책은 결국 전국적 파업과 폭동으로 이어지면서 참담한 실패로 끝났습니다. 1970년대 이후 극심한 인플레이션에 시달리던 아르헨티나는 1991년에 페소를 달러에 1대 1로 고정하는 정책을 채택하고 무역 자유화, 세금 개혁, 민영화, 금융 개혁 등 자국 경제를 세계 경제에 깊이 통합하는 하이퍼글로벌라이제이션 hyperglobalization을 추진했습니다. 정책 입안자들의 재량권이 지나치게 커져 경제가 망가졌다는 인식이 이러한 깊은 세계화를 추진한 배경이었습니다. 이에 따라 정책 입안자들의 재량권은 제거되었고, 달러의 유출입에 연동되어 통화공급이 이루어지면서 이자율이 결정되었습니다. 이는 통화정책의 자주성을 포기한 겁니다.[**]

---

[*]   Barry Eichengreen and Rui Pedro Esteves, 「International Finance」 in 『The Cambridge Economic History of the Modern World』, Volume II, 1870 to the Present, edited by Stephen Broadberry and Kyoji Fukao, Cambridge University Press, 2021, p.516

[**] 대니 로드릭, 고빛샘·구세희 옮김, 『자본주의 새판짜기』, 21세기북스, 2011년, pp.273~274

달러 페그제 이후 아르헨티나의 경제 상황은 잠시 개선되는 듯했습니다. 그러나 달러 페그로 인해 아르헨티나의 수출품은 매우 비싸졌고 수입품은 헐값이 되면서, 페소의 안전성에 대한 우려를 낳았습니다. 게다가 1990년대 후반 세계 경제의 성장이 둔화되고 아시아 외환위기로 인해 신흥시장에서 외국 자본이 대거 이탈하면서 아르헨티나의 악몽이 재현되었습니다. 결정적으로 1999년 브라질이 자국 통화를 평가절하하면서 경쟁국인 아르헨티나 경제에 심한 타격을 주었습니다. 정부는 재정을 삭감하고 은행 인출을 제약하는 등 사태를 진정시키려고 했지만 이는 허사였습니다. 전국적으로 파업과 폭동이 확산되었고 결국 정부는 은행 계좌를 동결하고 해외 채무 불이행을 선언하며, 자본이동을 통제하고 페소화의 평가절하를 단행했습니다. 세계화와 국내 정치가 충돌해서 국내 정치가 이긴 겁니다.

깊은 세계화는 자국 경제의 고통스러운 구조조정을 가져왔고, 정치적으로 국내 지지층을 확보하는 데 실패하게 만들었습니다. 로드릭에 따르면 민주정치는 한 나라가 세계 경제와 깊이 통합할 수 없게 합니다.**** 이는 정치적인 목소리를 내는 많은 국민이 자신들의 희생을 강요하는 세계화보다 자국의 경제 여건을 반영한 자주적 통화정책을 선호하기 때문입니다. 로드릭은 앞서 살펴본 트릴레마를 정치적 관점으로 확장하여 '세계 경제의 정치적 트릴레마'를 제시합니다.**** 하이퍼글로벌라이제이션, 즉 깊은 세계화와 더불어 국민국가(주권국가)와 민주주의를 한꺼번에 잡

*** 대니 로드릭, 같은 책, pp.275~277
**** 대니 로드릭, 같은 책, pp.292~300

을 수 없기 때문입니다.

각국의 선택안은 앞서 언급한 트릴레마와 마찬가지로 세 가지입니다. 첫 번째 선택안은 세계화로 인한 충격을 받아들이면서 국제거래 비용을 최소화하고 국민국가를 지키기 위해 민주주의를 제한해야 합니다. 이것은 금본위제의 경우처럼 '황금 구속복golden straitjacket'을 입는 것과 같습니다. 중앙은행이나 규제기관의 독립, 사회보험의 약화, 민영화, 법인세 축소, 노사협약 붕괴, 시장 신뢰 회복 프로그램 등 게임의 규칙이 세계 경제의 요구를 수용하게 됩니다.

두 번째 선택안은 경제적 세계화와 함께 민주주의를 지키면서 국민국가를 포기하는 겁니다. 로드릭은 이를 글로벌 거버넌스global governance 라고 칭합니다. 이는 적절한 책임과 합법성을 갖춘 국제기관이 국제적으로 적용되는 경제와 정치의 기본 규칙을 만들고 감독하는 방법입니다. 로드릭은 미국 연방제와 비슷한 세계 연방제나 유럽연합EU이 글로벌 거버넌스의 예가 될 수 있다고 말합니다. 여기서 각국의 중앙정부는 사라지지 않지만 그 권한은 초국적 국제기관에 의해 엄격히 제한받게 됩니다. 결과적으로 국가의 주권이 축소되는 겁니다.

로드릭은 민주주의가 뿌리내리지 못하는 첫 번째 선택안과, 다양성을 무시하고 모든 나라를 기본 틀에 끼워 맞추며 취약하고 비효율적인 규칙에 따라 돌아가게 만드는 두 번째 선택안에 부정적입니다. 그는 국가의 주권을 지키며 민주주의가 뿌리내릴 수 있는 세 번째 선택안이 최선이라고 말합니다. 이 안은 깊은 세계화를 포기하는 것으로 로드릭은 이를 '브레턴우즈 타협Bretton Woods compromise'이라고 칭합니다.

그에 따르면 브레턴우즈 체제는 관리변동 환율제도를 채택하고, 자본

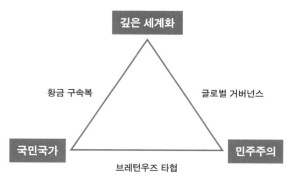

< 세계 경제의 정치적 트릴레마 >

출처 : 대니 로드릭, 『자본주의 새판짜기』, p.293 (용어 일부 수정)

이동의 통제를 허용하고, 자국을 동등하게 대우하는 무역 상대국에 대해서는 간섭하지 않는 등 세계 경제의 깊은 통합을 강제하지 않고 각국의 주권과 다양성을 인정했습니다. 로드릭은 1950년대와 1960년대의 브레턴우즈 체제가 세계화를 제한함으로써 세계 경제와 주권국가의 민주주의 번영을 꾀했다고 말합니다. 하지만 '트리핀 딜레마'에서 보았듯이 문제점도 있었죠. 따라서 이 체제를 그대로 복원하기보다는 오늘의 실정에 맞도록 재창조해야 한다는 겁니다. 그래서 브레턴우즈 체제라는 말 대신에 자신의 용어로 '브레턴우즈 타협'이라고 부르는 거죠.

로드릭은 생각의 전환을 주장합니다. 그는 깊은 세계화가 바람직한 것 혹은 불가피한 것이며 각국의 다양성을 인정하면 세계 경제가 심각한 피해를 입을 것이라는 생각을 바꿔야 한다는 겁니다. 건전하고 지속 가능한 세계 경제를 위해서는 세계화가 다양한 국가를 인정하는 것에서부터 출발해야 하며, 평평한 세상이나 국경 없는 세계 경제는 불가능하다는 사실을 받아들여야 한다고 피력합니다.[*] 그는 민주주의와 주권국가, 즉 민족자결권이 깊은 세계화보다 우선해야 한다고 생각합니다. 그는 말합니다. "민주주의는 자신의 사회적 합의를 보호할 권리가 있으며, 이러한 권리가 글로벌 경제의 요구와 충돌할 때 물러서야 할 것은 후자다." 그는 세계 경제에서 개별 국가의 자율성을 높이면 더 나은 세계화가 가능하다고 주장합니다.[**]

자본의 자유를 최우선으로 하는 오늘날의 세계 경제에서 트릴레마의 무게중심은 자유로운 자본이동 쪽으로 기울었습니다. 그렇다면 로드릭의 말처럼 민주주의가 고삐 풀린 자본의 자유를 어느 정도라도 제어할 수 있어야 합니다. 자본의 자유가 야만스러운 폭력을 사용하지 못하도록 말입니다. 진정한 자유는 신자유주의가 내세우는 타인, 집단, 사회, 국가로부터 간섭받지 않을 자유뿐만 아니라 집단, 사회, 국가를 구성하고 운영하는 데 참여하는 자유를 함유하고 있기 때문입니다.[***]

자본의 자유는 시장을 모태로 해서 자랍니다. 자유로운 경쟁과 부의 축적은 자유로운 시장을 기반으로 하는 거죠. 그런데 시장이 무제한의 경쟁만을 추구하다 보면 의식적이든 무의식적이든 경제적 폭력을 행사하게 됩니다. 예를 들어 글로벌 단기 투기자금인 핫머니가 특정 국가의 통화를 공격하거나 주식시장을 교란하는 것처럼 말이죠. 세계 시장의 폭력, 즉 자유로운 자본의 폭력은 사람들에게 오랫동안 아물지 않는 상처를 남깁니다. 트릴레마가 우리에게 던지는 메시지는 세 가지 목표를 동시

---

[*]   대니 로드릭, 같은 책, pp.399~400
[**]   대니 로드릭, 같은 책, pp.21~22
[***] 박구용, 『자유의 폭력』, 도서출판 길, 2024년, p.6

에 달성할 수 없으니 하나를 포기해야만 한다는 불가피성이 아니라, 무게중심이 한쪽으로 지나치게 쏠리지 않도록 하여 이러한 폭력을 방지하라는 것입니다.

PARADOXES & DILEMMAS IN ECONOMICS

분배의 경제학 : 집합행위와 상호작용

PARADOXES & DILEMMAS IN ECONOMICS

7
더 좋아질 텐데 왜 서로 협력하지 않을까?

죄수의 딜레마

맨해튼 프로젝트로 탄생한 원자폭탄은 전쟁을 종결시켰고, 이후 강대국의 군사전략에서 중요한 변수가 되었습니다. 그런데 제2차 세계대전은 경제학에도 폭발적인 영향력을 남겼습니다. 바로 게임이론game theory입니다. 게임이론은 간단하게 말하면 어느 일방의 선택행위가 상대방의 선택에 영향을 미치는 전략적 상호작용이 존재하는 상황에서 각 경제주체가 어떤 결정을 내리는지를 탐구하는 분야입니다. 즉, 이해 갈등이 발생할 수 있는 상황에서 최선의 해결책을 찾는 과정을 게임에 빗대어 분석하는 것입니다.

게임이론의 본격적인 출발은 1944년에 출간된 『게임이론과 경제행위Theory of Games and Economic Behavior』입니다. 이 책은 존 폰 노이만(John von Neumann, 1903~1957)이 경제학자 오스카 모건스턴(Oskar Morgenstern, 1902~1977)과 함께 쓴 것입니다. 폰 노이만은 맨해튼 프로젝트에 참여했던 수학자이자 물리학자로 천재들이 천재라고 불렀던 사람입니다. 이후 수많은 연구가 이루어졌고 경제학과 경영학은 물론 정치학, 사회학, 심리학, 생물학, 전자공학 등에서도 활발하게 응용되고 있습니다.

기본적으로 수학에 기반을 둔 게임이론이 학자들뿐만 아니라 일반 대중의 관심을 끌 수 있었던 것은 '죄수의 딜레마'라는 단순한 구조의 게임이 엄청난 광고효과를 불러왔기 때문입니다. 이 게임의 단순성과 명료성, 현실을 반영한 갈등 상황, 합리성에 기초한 전략적 선택, 선택 결과의 반전 등이 사람들의 이목을 끈 겁니다.

공범으로 보이는 두 명의 용의자가 체포되어 각기 다른 방에서 취조받고 있습니다. 두 용의자가 처한 결정 상황은 단순합니다. 자백할 것인가 아니면 침묵할 것인가. 문제는 형량이 자신의 자백이나 침묵뿐만 아니라 다른 용의자의 선택에도 영향을 받는다는 것입니다. 두 용의자는 체포되기 전에 미리 자백하지 말고 침묵하기로 약속했을 수도 있습니다. 그런데 문제가 있습니다. 둘은 다른 방에서 상대가 어떤 선택을 하는지 모른 채 자백할 것인지 침묵할 것인지 선택해야 합니다. 이들에게 자백은 서로를 배신하는 것(Defect, D)이고 침묵은 서로 협력하는 것(Cooperate, C)이라고 할 수 있습니다. 두 용의자의 선택에 따른 형량의 조합은 다음과 같습니다.

분배의 경제학 : 집합행위와 상호작용

〈 죄수의 딜레마 〉

		용의자 B	
		침묵 (C)	자백 (D)
용의자 A	침묵 (C)	-1, -1	-7, -0.5
	자백 (D)	-0.5, -7	-5, -5

각 조합에서 앞의 숫자는 용의자 A가 받게 되는 형량이고, 뒤의 숫자는 용의자 B가 받게 되는 형량입니다. 만일 두 용의자 모두 침묵하면 각각 1년 형에 그치고, 모두 자백하면 각각 5년 형을 선고받습니다. 한 명은 자백하고 다른 한 명은 침묵하면 자백하는 용의자는 반년 형을 받고, 침묵하는 용의자는 7년 형을 선고받습니다. 감옥에 갇히는 비효용을 표시하기 위해 형량 앞에 마이너스 부호를 붙여 표시했습니다.

두 명의 용의자는 어떤 선택을 할까요? 결론부터 말하면 각 용의자는 상대방이 어떤 선택을 하든지 자백하는 것이 더 나은 선택입니다. 먼저 용의자 A의 관점에서 살펴보겠습니다. 만일 용의자 B가 침묵했을 경우 용의자 A가 침묵하면 -1, 자백하면 -0.5가 됩니다. 따라서 자백이 더 나은 선택이 됩니다. 만일 용의자 B가 자백했을 경우 용의자 A가 침묵하면 -7, 자백하면 -5가 됩니다. 따라서 이 경우에도 자백하는 것이 더 나은 선택입니다. 두 용의자의 침묵과 자백에 따른 보수가 대칭적이기 때문에 용의자 B도 똑같은 논리로 용의자 A가 무슨 선택을 하든지 자백하는 것이 더 나은 선택이 됩니다. 결국 두 용의자는 상대방을 배신하는 조합(D, D)을 택하게 되어 각각 5년 형을 받게 됩니다.

그런데 두 용의자에게 확실히 더 나은 선택안이 있지 않은가요? 서로 협력해서 둘 다 침묵하는 선택(C, C)을 하면 모두 1년 형을 받을 수 있는데 말입니다. 하지만 각자가 상대방의 선택과 무관하게 개인의 이익을 극대화하는 '합리적' 행동을 한다면 이 선택은 불가능합니다. 합리적인 개인은 타인의 효용이 증가하든 감소하든 관심이 없기 때문입니다. 모두에게 더 나은 선택안이 있음에도 불구하고 각자의 합리적 선택에 따른 논리적 결과가 전체적으로 모두에게 불리한 선택이 되는 겁니다. 이것을 '죄수의 딜레마prisoner's dilemma'라고 합니다. 참고로 게임의 내용상 '용의자의 딜레마'가 더 적절한 표현이긴 하지만 사람들에게 익숙한 '죄수의 딜레마'라는 표현을 사용하기로 합니다.

죄수의 딜레마와 같이 개별적으로 최선을 다하는데 이를 모두 합한 결과는 최선이 아닌 경우가 적지 않습니다. 이미 살펴본 시장실패가 그렇고, 아래에서 살펴볼 공유지의 비극이나 집합행위의 논리도 마찬가지입니다. 개인의 합리성이 사회의 부나 효용을 극대화하는 데 걸림돌로 작용할 수 있습니다.

공공재와 공유자원

경제주체들 사이의 협력 문제를 좀 더 쉽게 이해하기 위해서는 먼저 경제학에서 재화(용역을 포함한 의미로 사용)를 어떻게 구분하는가를 살펴볼 필요가 있습니다. 다음의 표에서처럼 재화는 경합성rivalry과 배제성excludability을 기준으로 네 가지로 분류할 수 있습니다. 보통의 경우 우리가 특정 재화를 구입하면 그 재화는 다른 사람이 다시 구입하거나 사용할 수 없습니다. 이런 재화는 한 사람이 사용하면 다른 사람이 사용할 수 있는 양이나 가치가 줄어듭니다. 따라서 개인들은 재화를 차지하기 위해 서로 경합하고 다른 사람이 소비하지 못하도록 배제할 수 있습니다. 이처럼 경합성과 배제성이 있는 재화를 사유재(private good, 사적재)라고 합니다. 우리가 일상적으로 구입하는 옷, 식료품, 주택, 스마트폰, 자동차 등이 사유재입니다.

이와는 반대로 다른 사람의 사용을 배제할 수 없고, 한 사람이 사용한다고 해서 그 양이나 가치가 줄어들지도 않는 재화가 있습니다. 국방과 치안, 공원이나 가로등, 등대가 주는 혜택에서 특정인을 배제할 수 없고 어떤 사람이 그 혜택을 누린다고 해서 다른 사람이 누리는 혜택이 줄지도 않습니다. 라디오나 공중파 방송도 이런 특성이 있습니다. 이처럼 경합성과 배제성이 없는 재화를 공공재public good라고 합니다.

〈 재화의 분류 〉

(기준)	경합성	비경합성
배제성	사유재	클럽재
비배제성	공유자원	공공재

그렇다면 특정인이 사용하는 것을 막을 수는 없는데 사용하는 사람이 늘어날수록 다른 사람이 사용하는 양이나 가치가 줄어드는 재화는

없을까요? 비배제성과 경합성을 특징으로 하는 재화 말입니다. 공해상의 어류는 누구나 포획할 수 있지만, 포획량이 많아질수록 다른 사람들이 포획할 수 있는 양이 줄어듭니다. 아래에서 살펴볼 공유지도 마찬가지입니다. 이런 재화를 '공유자원(common resource, commons)'이라고 합니다. 무료로 이용하는 자동차 도로도 공유자원이라고 할 수 있습니다.

공유자원과 반대로 특정인에게 배타적으로 허용되지만 한 사람이 사용한다고 해서 다른 사람이 사용할 양이나 가치가 줄어들지는 않는 재화가 있습니다. 제한된 수의 회원제로 운영되는 골프장이나 사교클럽 등이 여기에 속합니다. 영화나 공연을 관람하는 것도 마찬가지입니다. 이런 재화를 '클럽재club good'라고 합니다.

이들 재화 중에서 경제주체 사이의 협력 문제가 대두되는 것은 비배제성을 특징으로 하는 공공재와 공유자원입니다. 이 둘을 합해 '집합재collective good'라고 부르기도 합니다. 그런데 순수한 공공재와 공유자원 사이에는 중요한 차이가 있습니다. 위에서 본 바와 같이 공공재의 경우 누군가 그 재화를 소비해도 다른 사람이 소비할 수 있는 양이 줄어들지는 않습니다. 하지만 공유자원은 소비량이 늘면서 이용 가능한 자원의 양이 줄어들 수 있어 혼잡이나 남용의 문제가 발생합니다. 공유지의 비극처럼 말이죠.

공유지의 비극

미국의 생태학자 개릿 하딘(Garrett Hardin, 1915~2003)은 1968년에 「공유지의 비극The Tragedy of the Commons」이라는 논문을 발표했습니다. 여기에서 하딘은 모두에게 개방된 목초지, 즉 공유지에서 소를 치는 목동들의 이야기를 통해 한 편의 비극적 서사를 들려줍니다.*

한 목동이 공동으로 방목하는 목초지를 이용해서 자신의 이득을 극대화하려고 합니다. 목동은 목초지에 소를 한 마리 더 풀면 자신에게 어떤 일이 생길지 자문합니다. 목동이 생각하기에 풀을 잘 먹인 소를 팔아서 추가로 얻는 효용positive utility은 +1이 되고, 소 한 마리를 더 풀었을 때 목초지의 풀 공급 능력의 감소로 인한 비효용negative utility은 -1이 됩니다. 그런데 효용 +1은 온전히 자신이 차지하는 반면, 추가 방목의 부작용인 비효용은 공유지의 모든 목동이 나누어 떠안게 됩니다. 이익은 사유화하고 비용은 사회화하는 거죠. 따라서 이 목동은 소 한 마리를 추가로 방목하는 것이 이득이 됩니다. 한 마리가 아니라 두 마리, 세 마리, … 등 효용이 비효용을 초과할 때까지 목초지에 계속해서 소를 풀어놓는 것이 목동 개인으로서는 합리적인 결정입니다.

그런데 공유지를 이용하는 모든 목동이 똑같은 생각을 하고 목초지에 소들을 계속해서 추가한다면 어떻게 될까요? 목초지는 늘어나는 가축을 감당할 수 없는 상황에 이르게 될 겁니다. 과잉 방목으로 풀은 사라지고 제대로 풀을 먹지 못해 수척한 소는 제값에 팔리지 못하고 결국 목동들은 큰 손해를 보겠지요. 이용 가능한 자원이 제한된 상태에서 목동들은 자신의 합리적 결정에 따라 방목하는 소를 계속 늘리도록 만드는 시스템에 갇힌 것입니다. 결국에는 모든 목동이 막대한 손실을 보는

---

*   Garrett Hardin, 「The Tragedy of the Commons」, Science, Vol. 162, Dec. 13, 1968, pp.1243~1248

비극으로 끝나는 거죠.

공유지의 비극은 특정 자원에 대한 접근과 사용에 대한 통제 규칙이 없는 상태에서 각 개인이 자신의 이익에 따라 독립적으로 행동하면 자원이 고갈되어 모두에게 손실이 발생하는 현상을 말합니다. 이런 현상을 '공유자원의 딜레마commons dilemma'라고 할 수 있습니다. 공유지의 비극은 죄수의 딜레마와 유사한 구조를 가지고 있습니다. 두 명의 목동이 공유지에서 비극의 게임을 하는 상황을 통해 이를 확인해 보겠습니다.

아래 보수표에 나타난 바와 같이 두 목동이 상대를 배려해 현상을 유지하는 협력 전략을 사용하면 각각 6의 보수를 얻습니다. 반면 너도나도 추가로 방목하게 되면 각각 2의 보수를 얻습니다. 만일 한 목동은 현상을 유지하고 다른 목동은 추가 방목한다면 협력한 목동은 1의 보수를 얻고 배신한 목동은 8의 보수를 얻습니다. 이 게임의 선택 조합은 죄수의 딜레마와 마찬가지로 개별 목동들의 합리적 선택에 따라 '추가 방목, 추가 방목'이 됩니다.

〈 공유지의 비극 〉

		목동 B	
		현상 유지 (C)	추가 방목 (D)
목동 A	현상 유지 (C)	6, 6	1, 8
	추가 방목 (D)	8, 1	2, 2

하딘은 공유지에서 일어나는 비극은 제한된 공유자원을 제한 없이 사용하는 자유가 모두에게 파멸을 가져오는 '자유의 비극tragedy of freedom'이

분배의 경제학 : 집합행위와 상호작용

라고 말합니다. 공유자원의 자유로운 이용을 신봉하는 사회, 즉 공유지 철학philosophy of the commons에 물들어 있는 사회에서 자신의 이익을 극대화하려는 사람들 모두가 우르르 몰려가 이르는 종착지는 파멸이라는 겁니다.

그런데 사람들은 과도한 사용으로 인해 자원이 고갈되면 모두가 손실을 본다는 사실을 알고 있음에도 왜 서로 협력하여 비극을 막지 않고 이런 일이 계속 일어날까요? 하딘에 따르면 이것은 오랜 역사를 거치며 자연선택을 통해 생존한 인간이 심리적으로 공유지의 비극을 외면하기 때문입니다. 사회 전체가 고통을 당하는 걸 알지만, 이러한 진실을 부정함으로써 개인적으로 이익을 얻고 살아남았다는 겁니다. 즉, 인간은 자신의 이익을 위해 진실을 부정하는 경향이 있기 때문이라는 거죠.

생태학자인 하딘이 공유지의 비극을 이야기한 근본 배경은 과잉인구 문제 때문이었습니다. 인구가 적을 때는 비록 자원이 한정되어 있어도 큰 문제가 없지만, 인구가 늘어나면서 여기저기서 공유지의 비극이 발생할 수 있다는 겁니다. 예를 들어 물과 공기, 국유지와 바다 등이 공유지처럼 되면 인구가 늘면서 무분별하게 남용하게 되어 모두에게 좋지 않은 결과를 가져올 수 있다는 거죠. 특히 하딘은 복지국가에서의 과잉출산에 대해 우려를 표합니다. 갈수록 많아지는 복지국가의 각종 혜택을 공유지라고 여기고 너도나도 더 많은 자식을 이 세상에 내놓을 거라는 이유에서죠. 하딘은 다양한 혜택이 제공되는 복지국가에서 특정 가계, 종교, 인종 혹은 계급에 속하는 사람들이 자신들의 세력 범위를 확대하려는 의도에서 자식을 너무 많이 낳는다면 어떻게 해야 할 것인가를 묻습니다. 그리고 복지국가에 경도된 사회에서 출산의 자유가 공유지 철학과 결합하면 세계는 비극적 행위로 가득 찰 것이라고 경고합니다.

하딘은 실제로 그런 상황이 되면 과잉인구로 인한 고통에서 우리를 구할 수 있는 기술적 해결책은 없다고 단언합니다. 군비경쟁에서 양국의 군사력이 지속적으로 강화되는 반면 각국의 국가 안보는 지속적으로 취약해지는 딜레마에 빠지는데, 이에 대한 기술적 해결책이 없는 것처럼요.

하딘은 사람들이 자발적으로 혹은 이들의 책임감이나 양심에 호소하여 공유지의 비극을 해결할 수 있다고 생각하지 않았습니다. 그는 사람들이 사익 추구를 위해 '독립적으로' 그리고 '합리적으로' 행동하는 한 이 문제를 해결할 수 없다고 주장했습니다. 그가 제시한 해법은 '서로 합의한 상호 강제(mutual coercion, mutually agreed upon)'였습니다. 다소 어색한 비유지만 그는 은행강도를 예로 들어 설명합니다. 그에 따르면 은행에서 돈을 빼가는 강도는 은행을 공유지로 생각한 겁니다. 그렇다면 이를 막기 위해 어떻게 해야 할까요? 강도에게 좋은 말로 책임감이나 양심에 호소하는 것은 효과가 없을 겁니다.

하딘의 해결책은 사회적 제도를 통해 은행이 공유지가 되는 것을 근본적으로 차단하는 것입니다. 이를 위해 은행강도가 되려는 자의 자유를 침해하는 것을 꺼리거나 후회할 이유는 없습니다. 물론 하딘이 권장하는 '강제'는 어떤 행위로 인해 영향을 받는 대다수 사람 사이에서 이루어진 '합의에 기초한' 상호 강제입니다. 다시 말해 일종의 사회계약을 통해 자유를 제한하는 거죠. 그는 "인구 과잉의 세계에서 파국을 피하기 위해서는 사람들이 각자의 정신세계 바깥에 존재하는 강제력, 즉 홉스가 말하는 리바이어던에 순응해야 한다"고 주장합니다.[*]

---

[*]   엘리너 오스트롬, 윤홍근·안도경 옮김, 『공유의 비극을 넘어』, 알에이치코리아, 2015년, p.34

역사적 공유지

사실 무제한의 접근이 허용된 제한된 자원이 팽창하는 인구로 인해 파멸에 이르는 현상은 실제로 존재합니다. 이를 반영하듯 하딘의 논문이 발표된 이후 수많은 연구가 이어졌고, 공유지의 비극이 사회에 대해 가지는 의미와 정책적 함의에 대한 다양한 논의가 이루어졌습니다. 그런데 하딘이 말한 공유지의 비극은 역사적으로 실재했던 것일까요? '공유지'는 역사적으로 실재했습니다. 하지만 '비극'은 아니었던 것 같습니다.

공유지는 역사적으로 유럽의 중세시대부터 존재하던 것입니다. 장원을 중심으로 돌아가던 중세 유럽의 경제는 마을 구성원들이 가축과 쟁기 등의 장비를 함께 이용하여 경작하는 개방 경지open field를 기반으로 했습니다. 개방 경지의 바깥쪽으로 공유지가 있었고, 주민들은 여기에서 가축을 방목하거나 땔감을 구하는 등 공유지의 자원을 공동으로 사용했습니다.**

그런데 실제로 대부분의 공유지는 누구나 이용할 수 있는 게 아니었습니다. 공유지를 이용할 수 있는 사람들은 토지 개간 등을 통해 공유지와 관련된 일정한 권리를 가지고 있었거나, 땅 주인에 대한 특정한 봉사의 대가로 공유지에 대한 권리를 부여받았습니다. 비록 이들의 권리는 분명 오늘날과 같은 사유재산권과는 다르지만 엄연히 공유지는 권리를 가진 사람들만이 이용했습니다. 더구나 공유지는 공을 들여 주의 깊게 관리되었습니다. 공유지라는 것이 시작될 때부터 그 이용과 관리는 공동

** 송병건, 『세계경제사 들어서기』, 도서출판 해남, 2013년, pp.58~59

체의 통제를 받았는데, 이는 당시 장원의 법정 기록이나 마을 규약 등을 통해서도 확인할 수 있습니다. 이에 따르면 가축의 종류뿐만 아니라 때로는 그 수도 제한했습니다. 공유지가 감당할 만한 수준을 고려한 것이지요. 따라서 공유지의 '비극'은 역사적으로 잘못된 비유라고 할 수 있습니다.[*]

공유지의 비극은 역사적 사실이 아니지만 때때로 공유지가 잘못 이용되는 경우가 있기는 했습니다. 공유지에 대한 권리가 없는 사람이 불법적으로 이용하는 경우가 한 예입니다. 이런 경우는 법에 호소해서 해결할 수 있었습니다. 또 다른 사례는 부유한 지주가 공유지에 대한 자신의 권리를 과도하게 사용해서 가난한 소작인의 권리를 침해하는 경우입니다. 소작인은 법에 호소하기도 하지만 권력을 가진 대지주를 이길 수는 없지요. 끝내는 공유지에 울타리를 치는 인클로저enclosure를 통해 공유지가 사유지로 전환되기도 했습니다. 하지만 인클로저가 공유지 소멸의 유일한 이유는 아닙니다. 산업혁명과 농업개혁 그리고 농법의 변화가 공유지의 소멸에 더 큰 영향을 미쳤습니다. 이런 의미에서 하딘이 말하는 공유지의 비극은 명백한 오류입니다. 오히려 공유지는 소멸하기 전까지 최소한 수백 년 동안 공동체에 의해 성공적으로 관리된 '승리triumph'로 기억되어야 할지도 모릅니다. 역사와 괴리된 비유는 공유지에 대한 잘못된 인식과 잘못된 처방으로 이어질 수 있으니까요.[**] 비록 언제라도 공유지의 비극이 일어날 가능성은 있지만 공유지 존재 자체가 반드시 비극

---

[*] Susan Jane Buck Cox, 「No Tragedy on the Commons」, Environmental Ethics, Spring 1985, pp.49~61

[**] Susan Jane Buck Cox, 같은 논문

으로 이어지는 것은 아닙니다. 가능성을 기정사실로 왜곡하면 안 되죠.

　이러한 비판에 대해 하딘은 자신의 논문과 관련하여 가장 큰 실수가 공유지를 수식하는 형용사인 '관리되지 않는unmanaged'이라는 말을 빠뜨린 것이라고 사람들이 생각하는 것 같다고 말합니다. 하지만 그는 여전히 인구 증가에 따른 부정적 결과를 생각해야 한다고 강조합니다. 그는 개인주의가 자유를 낳는 것은 존중되어야 하지만 무조건적이어서는 안 된다고 주장합니다. 인구가 환경이 감당할 수준을 넘어서 증가할수록 자유는 더욱 제한되어야 한다는 겁니다. 사람들이 늘어나면서 공원의 무료주차가 유료화되고, 교통이 엄격히 통제되며, 바다나 지구 대기에 대한 각국의 자유가 점차 제한되고 있는 것처럼 말이죠. 그는 인구가 계속 늘고 있어 앞으로 자유에 대해 추가적인 제한이 불가피할 거라고 말합니다. 결국 문제의 본질은 인구 증가에 있으며 이와 관련된 '세상의 이치the nature of things'에 기반하여 학문적 논의와 비판이 이루어져야 한다고 강조합니다.***

집합행위의 논리

앞서 살펴본 죄수의 딜레마와 공유지의 비극에서 개인들은 공동의 목적을 위해 특정 집단을 조직하지는 않았습니다. 이 때문에 서로 협력하려

***　　Garrett Hardin, 「Extenstions of 'The Tragedy of the Commons」, Science, 1 May 1998, Essays on Science and Society

는 동기가 없었을지도 모릅니다. 그렇다면 공동의 이해를 바탕으로 집단을 구성했을 때는 협력이 자연스럽게 이루어질까요? 공동의 이해를 보유한 개인들이 집단을 구성했을 때 이들이 공동의 집단이익을 위해 행동할 거라는 점은 자명한 것처럼 보입니다. 자신이 속한 집단의 이익을 증진함으로써 자신의 상태가 더 나아진다면 합리적이고 이기적인 개인은 당연히 집단이익을 위해 행동할 것으로 생각할 수 있습니다.

그런데 『집단행동의 논리』의 저자인 맨서 올슨(Mancur Lloyd Olson, Jr. 1932~1998)은 실제로는 그렇지 않다고 말합니다. 그는 집단 구성원의 수가 적거나 각 구성원이 공동의 이익을 추구하도록 강제하는 장치가 있다면 모를까 그렇지 않다면, 즉 대규모 집단이거나 강제적인 유도 장치가 없다면 합리적이고 이기적인 개인들은 모두가 이득을 얻을 수 있다고 해도 공동의 이익을 위해 행동하지는 않을 것이라고 말합니다.[*] 예를 들어 그 어떤 국가도 자발적 세금이나 기부금만으로는 유지할 수 없는 것처럼요. 올슨은 조세라는 강제적 납부제도는 불가피하고 죽음만큼이나 확실한 것이라고 말합니다.[**]

올슨에 따르면 비배제성을 특징으로 하는 공공재와 공유자산을 통칭하는 집합재는 어느 집단에서든 최적 수준까지 공급하지 못하는 경향이 있다고 말합니다. 대규모 집단은 집합재를 전혀 공급하지 못하는 경향이 있으며, 소규모 집단에서는 집합재가 어느 정도 공급되기는 해도 최적 수준에는 미치지 못한다고 말합니다. 올슨의 논리는 이렇습니다.

---

[*]   맨서 올슨, 최광·이성규 옮김, 『집단행동의 논리: 공공재와 집단이론』, 한국문화사, 2013년, pp.1~3

[**]   맨서 올슨, 같은 책, p.18

모든 집단은 집합재가 가져다주는 집합적 혜택collective benefits을 얻기 위해 활동하는데, 집합재 특성상 일단 공급되면 모든 구성원이 똑같은 혜택을 누립니다. 그런데 비배제성 때문에 발생하는 무임승차 문제로 인해 적정한 수준까지 공급하는 것이 매우 어렵습니다. 비용을 부담하지 않으려는 구성원들을 집합재의 혜택으로부터 배제할 수 없기 때문입니다.

만일 집단 구성원의 수가 적어서 각 구성원이 집합재로부터 얻는 이득의 비중이 클수록, 또는 구성원 중 특정 개인이 얻는 혜택이 다른 구성원에 비해 상대적으로 매우 클수록 집합재가 공급될 가능성은 더욱 커집니다. 이런 경우에는 커다란 혜택을 받는 각각의 구성원들 혹은 특정 구성원이 집합재 공급에 적극적이기 때문입니다. 따라서 다른 조건이 같다면, 집단에 속한 구성원의 수가 많으면 많을수록, 집단 구성원이 누리는 차별적 혜택이 일반인이 누리는 혜택과 차이가 작을수록, 그리고 개별 구성원이 얻는 혜택의 크기가 비슷해서 집단의 목적을 이루려는 구성원들의 동기가 미약할수록 집합재를 최적 수준 이하로 공급하게 될 가능성은 더욱 커집니다.***

이러한 집합행위의 논리를 죄수의 딜레마 구조에 맞추어 살펴보도록 하겠습니다. 편의상 공동체의 구성원이 두 명이라고 가정하겠습니다. 공공재를 생산하는 데 필요한 비용은 10달러입니다. 이 경우 두 사람 모두 각자 5달러씩 부담하고 8달러의 혜택을 받을 수 있습니다. 따라서 순수한 혜택은 3달러가 됩니다. 이때 한 사람이 자신은 공공재가 필요하지 않다고 하면서 비용부담을 거부한다면 어떨까요? 그러면 다른 사람

*** 맨서 올슨, 같은 책, pp.43~44

이 공공재 공급에 필요한 10달러를 모두 부담해야 합니다. 이 경우 비용을 부담한 사람의 보수는 최종적으로 -2달러가 되고, 공공재의 비배제성 때문에 비용을 부담하지 않은 무임승차자는 8달러의 혜택을 봅니다. 아래 표는 각 선택에 대한 공동체 구성원의 보수를 보여주고 있습니다. 이 상황에서 각 구성원은 어떤 선택을 할까요? 최선의 선택 조합은 죄수의 딜레마와 마찬가지로 모두가 무임승차하는 것입니다.

〈 집합행위의 논리 : 무임승차 〉

		구성원 B	
		기부 (C)	무임승차 (D)
구성원 A	기부 (C)	3, 3	-2, 8
	무임승차 (D)	8, -2	0, 0

이제 '공공재 게임'이라고 불리는 게임을 통해 좀 더 현실적인 상황에서 전개되는 집합행위의 논리를 살펴보도록 하겠습니다.[*]

게임에 참가하는 사람은 모두 10명이며, 각 참가자는 공공계정에 1,000원을 기부하도록 요구받습니다. 이들이 실제로 돈을 내는지는 아무도 모릅니다. 공공계정에 기부된 돈은 두 배로 불어난 후 10명에게 모두 동일하게 분배됩니다. 다음 표는 기부자 수에 따라 기부자와 무임승차자가 얻은 이익과 손실을 보여주고 있습니다.

---

[*]   최정규, 『이타적 인간의 출현』, 뿌리와 이파리, 2012년, pp.61~64

〈 공공재 게임 〉

기부자	총기부액	기부액 × 2	1인당 분배액	기부자 손익	무임승차자 손익	무임 승차자
10명	10,000	20,000	2,000	1,000	-	0명
9명	9,000	18,000	1,800	800	1,800	1명
8명	8,000	16,000	1,600	600	1,600	2명
7명	7,000	14,000	1,400	400	1,400	3명
6명	6,000	12,000	1,200	200	1,200	4명
5명	5,000	10,000	1,000	0	1,000	5명
4명	4,000	8,000	800	-200	800	6명
3명	3,000	6,000	600	-400	600	7명
2명	2,000	4,000	400	-600	400	8명
1명	1,000	2,000	200	-800	200	9명
0명	0	0	0	0	0	10명

출처 : 최정규, 『이타적 인간의 출현』, p.63 (일부 변형 및 보충)

　만일 모두가 1,000원씩 기부하면 각자는 2,000원씩을 분배받게 되어 각각 1,000원의 이익을 봅니다. 모두가 무임승차하려고 한다면 모두 아무것도 얻지 못합니다. 만일 10명 중 8명이 기부하고 2명이 무임승차했다면 각자는 8,000원의 두 배인 16,000원을 똑같이 나눈 1,600원씩을 받습니다. 따라서 1,000원을 기부한 사람은 600원의 이익을 보고, 무임승차한 사람은 1,600원의 이익을 봅니다. 만일 10명 중 4명이 기부하고 6명은 무임승차를 했다면 결과는 어떨까요? 기부된 4,000원은 8,000원으로 두 배가 되고, 각자는 800원씩 분배받습니다. 기부한 사람은 1,000원을 내고 800원을 돌려받았으니 200원의 손실이 발생하고, 무임승차한 사람은 800원의 이익을 얻게 됩니다. 기부자가 4명 이하가 되면 기부자는 손실을 보지만 무임승차를 하는 사람은 이익을 볼 겁니다. 물론 기부자가 적을수록 무임승차자의 이익은 줄어들겠지만요. 따라서 누구나 공공재의 필요성을 인정한다고 해도 공공재를 적정 수준까지 공급하는 것은 어렵게 됩니다. 여기서는 10명을 예로 들었는데 게임에 참가하는 사람의 수가 많아질수록 무임승차로 이익을 보려는 사람의 수도 증가할 것입니다.

다시 말해 집단의 규모가 클수록 그 집단의 집합재 공급량은 최적 수준에서 더욱 멀어지는데, 이는 공동의 이익을 증진할 유인이 그만큼 줄어든다는 것을 뜻합니다. 결국 공동의 이해를 바탕으로 집단을 구성할 때에도 집단의 목표 달성을 위한 상호 협력은 쉽게 이루어지지 않는다는 겁니다. 따라서 강제적인 방법이나 특수한 제도적 장치가 없다면 집합재의 공급은 제한적일 것입니다. 특히 대규모 집단의 경우 더욱 그렇습니다. 이러한 올슨의 결론은 공유지의 비극에서 '상호 강제'를 해법으로 제시한 하딘의 결론과 비슷합니다.

사회적 딜레마

지금까지 살펴본 죄수의 딜레마, 공유지의 비극, 집합행위의 논리는 개인들의 사적 이익을 극대화하는 행위가 집합적으로, 즉 공동체 전체적으로 바람직하지 않은 결과를 가져오는 현상이라고 할 수 있습니다. 협력하면 모두의 상황이 더 좋아질 수 있는데 각 개인 차원에서 합리적인 최선의 선택행위가 공동체 수준에서 최선의 결과로 이어지지 못하는 겁니다. 이런 현상을 '사회적 딜레마social dilemma' 또는 '집합행위 문제collective action problem'라고 합니다. 이 문제는 해결책을 찾지 못할 경우 시간이 지날수록 공공재나 공유자원을 공동체가 필요로 하는 적정 수준으로 공급하지 못하게 되는 것을 뜻합니다. 심해지면 자원의 고갈에 직면하겠지요.

예를 들어 국방과 치안 서비스를 지속적이고 안정적으로 제공하기 위해서는 필요 경비를 조달해야 하는데 그렇지 못해서 관련 서비스를 제대로 공급하지 못하거나, 자유로운 어로 활동이 가능한 공동어장에서 남획으로 인해 어장이 더는 수산자원을 재생하지 못하는 사태가 발생하는 겁니다. 다시 말해 공공재나 공유자원이 적정한 수준에서 공급되면 구성원 모두가 더 나아지는데, 구성원들의 합리적 행위의 집합적 결과가 바람직한 목표에 미치지 못하거나 사태를 더욱 악화시키는 겁니다.

이 문제가 구성원들의 비합리적 행위로 인한 것이라면 합리적으로 행동하도록 교정하면 문제가 해결되겠지만, 각자가 합리적 행위를 했음에도 불구하고 집단 수준에서 이런 불만스러운 결과가 나온다는 의미에서 '딜레마'라고 하는 거죠.

사회적 딜레마는 공공재나 공유자원의 종류가 많아지고 인구도 급증한 오늘날만의 문제는 아닌 듯합니다. 오래전에도 이 문제를 고민한 학자가 있었던 걸 보면 말입니다. 아리스토텔레스(기원전 384~322)는 "최대 다수가 공유하는 것은 최소한의 돌봄만을 받는다"고 말합니다. 사람들은 공유하는 것에는 덜 주목하게 되는데, 개인의 지위상 특별한 이해관계가 없는 한 누군가 다른 사람이 돌볼 것이라는 생각에 다수가 공유하는 것

에는 소홀해진다는 것입니다.[*]

철학자이자 경제학자인 데이비드 흄(David Hume, 1711~1776)은 다음과 같은 가상적 상황을 언급하며 사회적 딜레마를 제기합니다.

두 이웃이 공유하고 있는 목초지에 배수시설을 하는 프로젝트에 합의했다고 가정해 봅시다. 그런데 만일 어느 한쪽이 합의를 어기면 프로젝트는 추진되지 않을 것입니다. 프로젝트 참가자가 단지 두 사람이어서 누가 어떤 행위를 하는지 바로 알 수 있기 때문입니다. 따라서 두 사람 모두 배수시설이 필요하고, 상대방이 자신의 행위에 즉각적인 대응을 할 수 있으므로 서로에게 요구되는 적절한 행동을 할 가능성이 큽니다.

하지만 관계되는 사람이 1,000명에 이르는 프로젝트라면 이야기는 달라집니다. 간단하게 합의에 이르기도 어려울뿐더러 설혹 합의했다고 해도 프로젝트를 실행하기도 쉽지 않습니다. 각자는 프로젝트를 위해 감수해야 하는 노고와 비용을 다른 사람이 떠안길 바라며 자신의 노고와 비용을 회피할 구실을 찾을 것이기 때문입니다.[**]

더구나 사람이 많아지면 누가 무임승차자인지를 확인하는 것도 쉽지 않습니다. 이처럼 사회적 딜레마의 근저에는 무임승차 문제가 놓여 있습니다. 특정인이 노고와 비용을 투입하지 않더라도 그 사람이 재화에 접근하거나 소비하지 못하도록 배제할 수 없기 때문에, 아무런 기여 없이 다른 사람들이 차린 밥상에 슬며시 숟가락을 올리는 일이 벌어지는 거

아리스토텔레스, 김재홍 옮김, 『아리스토텔레스 정치학』, 그린비출판사, 2023년, p.116
[**]   David Hume, 『A Treatise of Human Nature』, Volume 1, A Critical Edition edited by David Fate Norton and Mary J. Norton, Oxford University Press, 2007, p.345

분배의 경제학 : 집합행위와 상호작용

죠. 공공재나 공유자산의 혜택은 누리면서 그런 재화를 공급하는 데 들어가는 비용은 나 몰라라 하는 겁니다.

공유지의 비극을 넘어

공유지의 비극이 역사적 현실은 아니라고 해도 하딘의 비유가 전혀 의미 없는 것은 아닙니다. 실제로 자연자원의 남용으로 인한 폐해가 세계 여러 지역에서 발생하고 있기 때문입니다. 따라서 공유지의 비극으로 비유되는 사태에 대한 의미와 그 정책적 함의에 대해 생각할 가치는 충분합니다. 공유지의 비극은 죄수의 딜레마와 비슷한 구조입니다. 서로 협력하면 더 나은 상태가 되는데도 독립적으로 행동하는 합리적 개인들 때문에 협력은 어려운 과제가 됩니다. 그렇다면 공유지의 비극을 해결할 방법은 없을까요? 사실 기본적인 해법은 위에서 이미 언급했습니다. 리바이어던과 사유재산권이 그것입니다.

먼저 중앙정부와 같은 리바이어던이 목초지, 삼림, 수자원, 어장, 야생 동물 등 공유지와 같은 자연자원을 통제하는 것이 해결책이 될 수 있습니다. 중앙정부가 누가 언제 얼마나 공유지를 이용할지 결정해서 관리하는 거죠. 나아가 철저한 감시를 통해 규칙을 어기는 사람에게는 벌금을 부과할 수도 있습니다. 리바이어던을 통해 공유지를 이용하는 사람들 사이의 협력적 행위를 강제하는 것입니다. 죄수의 딜레마에서 배신과 배신의 조합(D, D)을 협력과 협력의 조합(C, C)으로 바꾸는 거죠.

이 방법은 분명히 공유지의 오남용을 막을 수 있을 것입니다. 그런데 문제가 있습니다. 리바이어던을 탄생시키고 그 역할 수행을 하기 위해서는 비용이 듭니다. 리바이어던의 오작동은 별개로 하고서도 창설 및 유지비용, 공유지 관리비용과 감시비용이 필요하죠. 따라서 리바이어던이 언제나 활용 가능한 해법이 되기는 어려울 것입니다.

다음으로, 사유재산권을 설정해서 공유지의 비극을 예방하는 것입니다. 누구의 연인도 아닌 만인의 연인에게 제짝을 찾아주는 방법이라고 할 수 있습니다. 예를 들어 하딘의 공유지에서 목동이 2명이라면 공유지를 둘로 나누고, 3명이라면 공유지를 셋으로 나누고, …, 100명이라면 100으로 나누어 소유권을 설정하는 거죠. 좋은 울타리가 좋은 이웃을 만든다는 생각입니다.

그런데 땅이 아닌 경계 설정이 어려운 수자원, 어장, 야생 동물에 대해서는 어떻게 해야 할까요? 더욱이 자원을 나누면 나눌수록 생산이나 운영의 효율성이 감소하는 규모의 불경제diseconomies of scale가 발생할 가능성도 커집니다. 공유지의 비극을 피하려다가 자산의 파편화로 인해 '반反공유지의 비극tragedy of anti-commons'에 빠질 수 있다는 겁니다. 게다가 이러한 방법은 사유재산권에 기반한 일종의 법적 강제라고 할 수 있습니다. 즉, 공유자원을 사유재로 강제 전환하여 시장이 문제를 해결하도록 만드는 방법입니다.

여기서 한 가지 주의할 점이 있습니다. 공유지를 사유재로 전환하는 방법인 인클로저는 강자의 방법이었다는 겁니다. 다시 말해 공유지의 이용자 모두에게 골고루 소유권을 부여한 것이 아닙니다. 공유지의 비극에서 목동들을 강자와 부자, 약자와 빈자라는 사회적 계층으로 대체하고, 협력과 배반을 각각 두 계층 간의 타협과 배척으로 해석하며, 각 선택에 따라 주어지는 보수를 소득이나 부의 분배로 간주하면 인클로저에 따른 선택 조합의 방향을 짐작할 수 있습니다. 공유지의 비극을 낳던 ❶에서 벗어나 ❷로 가기 위해 사유재산권을 설정할 때 강자와 약자 간의 원만한 타협을 이루는 것은 사실상 불가능합니다. 이는 역사가 증명하는 바입니다. 더구나 약자가 강자를 배척하고 소득이나 부의 대부분을 차지하는 것은 거의 불가능합니다. 따라서 ❹는 혁명이 아니라면 달성할 수 없습니다.

그렇다면 사유재산권의 설정으로 달성할 수 있는 가장 현실적인 선택 조합은 ❸이 될 것입니다. 죄수의 딜레마나 집합행위의 논리에 대해서도 이와 같은 해석을 할 수 있습니다.

< 공유지의 비극 : 강자 vs. 약자 >

		약자	
		타협 (C)	배척 (D)
강자	타협 (C)	❷ 6, 6	❹ 1, 8
	배척 (D)	❸ 8, 1	❶ 2, 2

그렇다면 이들 해법의 부작용은 차치하고, 강제에 의하지 않고는 서로 협력하는 것이 불가능할까요? 미국의 정치학자 엘리너 오스트롬(Elinor Ostrom, 1933~2012)은 공유지의 비극을 해결하는 데는 위에서 언급한 중앙 개입(리바이어던)과 시장 메커니즘(사유재산권)의 적용이라는 두 가지 방법만 있는 것은 아니라고 말합니다. 이들 방법은 지나친 일반화에 기반한 것이

며, 공유자원과 관련된 제도가 시장과 정부라는 이분법에 따라 분명하게 구분되는 경우는 거의 없다고 말합니다. 오스트롬은 성공적인 공유자원 제도는 대부분 사적인 제도와 공적인 제도의 혼합물인 경우라고 말합니다.[*] 그러면서 세계 곳곳에서 사용자들이 자치적으로 관리하는 공유자원 관리 시스템의 분석을 통해 정부와 시장이 아닌 자율적 협력의 가능성을 제시합니다. 마치 제1차 세계대전의 참호전에서 벌어졌던 일처럼 말입니다.

참호전

제1차 세계대전은 약 1,500만 명의 목숨을 앗아간 끔찍한 전쟁이었습니다. 유럽의 젊은이들이 참호와 철조망 사이에서 기관총과 포탄으로 서로를 살상하는 상황 속에서 전쟁의 결과와는 사뭇 다른 과정이 있었습니다. 프랑스와 벨기에의 800km에 걸친 서부전선에서 연합국과 독일 양측이 구축한 참호에서 전투가 벌어지는 동안, 양측 병사들은 서로 자제하는 모습을 보였습니다. 독일군은 자기들 방어선 내이기는 하지만 영국군의 소총 사정거리 내에서 태연하게 걸어다녔고, 영국군도 이에 대해 별달리 신경 쓰지 않는 일이 잦았습니다. 전쟁 초반의 살벌한 양상과 달리, 전투가 교착 상태에 빠지면서 적을 죽이지 않으면 자신이 죽는다는 엄연한 현실에도 불구하고 100~400m 정도의 완충지를 사이에 두고 양측 부

---

[*] 엘리너 오스트롬, 윤홍근·안도경 옮김, 『공유의 비극을 넘어』, 알에이치코리아, 2015년, pp.42~43

대는 공존의 게임을 하고 있었습니다. 처음에는 식사 시간에 서로 공격을 자제하고, 아침 8시부터 9시까지는 개인 용무를 보는 시간으로 서로 양해하기도 했습니다. 크리스마스 때는 이런 분위기가 더욱 강해졌습니다. 또한 깃발을 꽂아 표시한 특정 지역은 상대 저격수로부터 안전했고, 비가 쏟아지는 날에는 서로 총격을 가하지 않는 일이 빈번해졌습니다.

이처럼 전쟁 중 자발적 협력에 의한 공존 상태가 유지될 수 있었던 한 가지 이유는 참호전이 일회성 전투가 아니라 같은 지역에서 장기간 대치하는 전투였기 때문입니다. 병사들은 군 지휘부의 명령에 따라 공격할 때도 형식적으로 공격하는 시늉만 하기도 했습니다. 물론 양측은 서로 자제하는 기간 동안 상대방이 도발한다면 기꺼이 보복할 것임을 보여주려고 애를 썼습니다. 양측의 저격수는 한 곳을 조준하여 연속으로 사격하거나, 포병이 특정 목표물에 조준 사격을 하여 언제든지 타격을 입힐 수 있음을 보여주고자 한 거죠. 하지만 공존 상황은 계속 이어지지 못했습니다. 상황을 파악한 군 지휘부가 형식적인 전투를 방지하고 적에게 실질적인 타격을 가하기 위해 적의 참호를 기습하도록 명령함으로써 참호전의 암묵적 공존 시스템이 붕괴되었기 때문입니다.[**]

일시적이었지만 참호 속에서 총을 들고 대치하는 젊은이들은 암묵적으로 서로에게 협력했습니다. "나에게 해를 가하지 않으면 나도 너에게 해를 가하지 않겠다"는 상호주의, 다시 말해 '수동적' 협력의 정신을 보여준 것입니다. 만일 이를 저버리고 공격을 가하면 더 강력한 공격으로 배신행위에 대해 보복을 했겠지요. 우리는 제1차 세계대전의 참호전을 통

[**] 로버트 액설로드, 이경식 옮김, 『협력의 진화』, 도서출판 마루벌, 2020년, pp.99~109

해 사람들은 목숨을 건 적대적인 상황에서도 이따금 협력하는 모습을 보인다는 것을 알 수 있습니다. 그렇다면 사회적 딜레마에 처한 상황에서도 서로 협력할 수 있지 않을까요?

상호적 인간

죄수의 딜레마, 공유지의 비극, 그리고 집합행동의 논리에는 공통점이 있습니다. 바로 앞서 언급한 무임승차 문제입니다. 무임승차는 공유자원이나 공공재의 생산 또는 유지에 드는 비용과 노고를 부담하지 않으면서 이들 재화를 공짜로 사용하는 것을 말합니다. 틈만 나면 기회주의적으로 행동한다는 거죠. 이것은 공유자원이나 공공재처럼 특정 구성원을 사용으로부터 배제할 수 없는 특성에 기인합니다.

그런데 무임승차가 공유자원이나 공공재에서 필연적으로 나타나는 현상일까요? 이들 이론에서 가정하고 있는 합리적 개인들의 이기적인 행동이 실제로도 그대로 나타날까요? 사회적 딜레마의 이론들이 현실에 대해 어느 정도 설명력이 있다는 점은 부인할 수 없는 사실입니다. 하지만 현실의 상황을 죄수의 딜레마, 공유지의 비극, 집합행동의 논리에 빗대어 설명하다 보면 마치 나와 내 주변 사람들이 공동체의 자원을 무분별하게 남용하는 악순환에 갇혀 있는 반사회적인 인간이라는 잘못된 인식을 하게 됩니다.*

인간은 사회적 동물이며 특히 상호적입니다. 이기적 계산에 기초해

---

* 엘리너 오스트롬, 윤홍근·안도경 옮김, 『공유의 비극을 넘어』, 알에이치코리아, 2015년, p.32

행동하기도 하지만, 상호주의(reciprocity, 호혜주의) 관점에서 행동하기도 합니다. 앞서 살펴본 재화의 종류에서 사유재를 제외한 공공재나 공유자원의 경우 재화의 소비에 있어 다른 사람들과의 상호작용은 피할 수 없습니다. 사람은 의식주와 관련된 사유재를 통해 생리적 욕구나 안전 욕구를 우선해서 추구하지만, 이에 더해 공동체에 속해 사랑을 받고, 타인의 인정을 통해 명예와 권력을 얻으며, 궁극적으로 자신의 역량을 키워 잠재력을 실현하고자 합니다. 이를 위해 개개인은 자신의 행동과 관련해 타인의 평판을 중시하고, 사회규범을 내면화하며, 이기심을 절제하고 이타심을 발휘합니다.

상호주의에 익숙한 사람들이 무임승차를 당연하게 받아들일 수 있을까요? 앞서 살펴본 죄수의 딜레마처럼 단 한 번의 전략적 선택 게임이라면 그럴 수 있습니다. 지금의 목초지를 마지막으로 공동 이용하고 목동들이 각자 다른 목초지로 이동하는 상황이라면 그럴 수 있습니다. 또한 거대한 공동체여서 무임승차를 하는 자가 누구인지 확인하기도 어려운 상황에서도 그럴 수 있습니다. 하지만 많은 경우 우리는 상호주의가 적용되는 공동체에서 살고 있습니다. 그리고 게임은 반복됩니다. 참호전이 일회성 전투가 아니라 장기 대치전이었던 것처럼 말입니다.

물론 상호주의가 합리적 경제인의 이기심을 완화하여 사람들 사이의 협력을 유도하는 원천이 될 수 있다고 해도 상호주의가 작용한다는 사실만으로는 죄수의 딜레마, 공유지의 비극, 집합행위의 논리와 같은 사회적 딜레마가 손쉽게 해결되는 것은 아닙니다. 오스트롬이 공유자원 관리를 위한 제도 분석을 통해 제시했던 것처럼 협력을 통해 성공하려면 잘 짜인 '디자인 원리design principle'에 기반해야 합니다. 디자인 원리는 오스트롬이 지속 가능한 공유자원 제도를 유지해온 여러 나라의 사례에서 발견한 공통적 특징을 말합니다. 여기에는 공유자원의 경계와 이용자를 분명하게 하고 현실성 있는 규칙을 만들며, 규칙 이행을 감시하고 갈등 해결 장치를 마련하며, 위반행위에 대해 제재하는 것 등이 포함됩니다.[*]

물론 디자인 원리에 따라 공유자원을 관리하는 데는 상당한 비용이 듭니다. 따라서 되도록 적은 비용으로 무임승차를 억제하고 협력을 유도하는 수단이 필요합니다. 그 중 하나가 '대화'입니다. 지금까지 살펴본 죄수의 딜레마, 공유지의 비극, 그리고 집합행위의 논리에서 우리가 간과했던 점은 사람들 사이에 대화가 없었다는 것입니다. 만일 게임을 하는 사람들이 서로 자기 생각이나 상대에 대한 기대 등을 반복적으로 이야기할 기회가 있었더라면 어땠을까요? 서로를 좀 더 이해하게 되면 개인의 합리성에 매몰되지 않고 더 나은 집단의 합리성을 도모할 마음이 생기지 않았을까요? 인간은 상호적이니까요.

연구에 따르면 의사소통을 할 수 있다는 것만으로도 사람들 사이에 협력을 유도하는 효과가 있다고 합니다. 의사소통은 적발하여 징계하고 벌금 체계를 도입하는 것과 유사한 효과를 가져올 수 있다는 겁니다.[**] 따라서 대화는 협력을 분출하게 만드는 마중물이 될 수 있습니다. 그렇다고 대화가 협력을 보장하지는 않습니다. 인간의 이기심은 결코 만만하게 볼 상대가 아니기 때문입니다. 따라서 좀 더 효과적으로 협력을 유도할 방법이 필요합니다.

---

[*]   엘리너 오스트롬, 같은 책, p.175
[**]   최정규, 『이타적 인간의 출현』, 뿌리와 이파리, 2012년, p.198

틋포탯

그렇다면 사람들이 협력하게 만드는 가장 좋은 방법은 무엇일까요? 우리는 여전히 확실한 답을 가지고 있지는 못합니다. 하지만 유력한 후보는 하나 알고 있습니다. 바로 '눈에는 눈, 이에는 이'라는 전략입니다. 피해자가 받은 피해와 동일한 수준의 손해를 가해자에게 부과하는 함무라비법전의 동해보복同害報復 원칙에서 기원하는 이 전략을 흔히 '틋포탯(Tit For Tat, 맞대응)' 전략이라고 합니다.

　게임이론에서 틋포탯 전략은 게임의 첫 라운드에서는 일단 협력한 후 다음 라운드부터는 상대 경기자의 이전 라운드 행동을 그대로 따라 하는 방식입니다. 상대가 배반하면 나도 배반하고 상대가 협력하면 나도 협력하는 것으로 조건부 협력 전략이라고 할 수 있습니다. 앞서 살펴본 죄수의 딜레마는 단 한 번 게임을 하는 경우였기 때문에 두 용의자, 즉 경기자 간에 협력의 가능성이 없었습니다. 그러나 게임이 언제 끝날지 모르는 상황이나 무한히 반복될 때는 협력이 일어날 수 있습니다. 두 경기자가 다시 만날 수 있다는 사실이 협력을 유도하는 겁니다. 이런 상황에서는 상호주의가 작동하기 때문입니다.

　정치학자 로버트 액설로드(Robert Axelord, 1943~)는 반복적인 죄수의 딜레마 게임에서 사용할 수 있는 효과적인 전략을 조사하기 위해 컴퓨터 대회를 개최했습니다. 대회는 1차와 2차로 두 번에 걸쳐 이루어졌는데, 참가자들은 자신이 설계한 일정한 규칙에 따라 협력과 배신을 선택하는 프로그램을 짜서 제출합니다. 각 참가자는 다른 참가자가 제출한 프로그램과 겨루는 것 외에도 자신이 제출한 프로그램과 똑같은 프로그램과도 겨루고, 반반의 확률로 협력하거나 배반하는 일명 '랜덤Random'이라고 불리는 프로그램과도 겨루게 됩니다. 각 게임의 보수는 아래의 표와 같습니다. 상호 협력에는 각각 3점, 상호 배반에는 각각 1점이 주어지고 서로 다른 선택을 할 경우 협력한 경기자는 0점, 배반한 경기자는 5점을 얻습니다.* 대회 참가자들은 주어진 보수표 하에서 가장 높은 점수를 얻을 것으로 판단되는 전략을 프로그램으로 만들어 제출한 것입니다. 예를 들어 끝까지 배반하거나 끝까지 협력하거나, 아니면 일정한 규칙에 따라 협력과 배반으로 대응하는 등 참가자마다 다른 전략을 선택했습니다.

〈 컴퓨터 죄수의 딜레마 게임 대회 보수표 〉

		프로그램 B	
		협력 (C)	배반 (D)
프로그램 A	협력 (C)	3, 3	0, 5
	배반 (D)	5, 0	1, 1

죄수의 딜레마 게임에서 주어지는 총 보수는 위의 표에서 보는 바와 같이 일정하게 정해진 것이 아닙니다. 다시 말해 두 경기자가 받는 보수의 총합은 선택 조합에 따라 증가하거나 감소하는 구조입니다. 따라서 어느 한쪽이 이익을 본다고 다른 쪽이 반드시 손실을 보는 것은 아닙니

---

*   로버트 액셀로드, 이경식 옮김, 『협력의 진화』, 도서출판 마루벌, 2020년, p.54

다. 이런 게임을 '비제로섬 게임non-zero sum game'이라고 합니다. 비제로섬 게임과 달리 보수의 총합이 정해져 있는 게임을 '정합定合 게임constant-sum game'이라고 하며, 한쪽이 이익을 보면 다른 쪽은 그만큼 손실을 보기 때문에 '제로섬 게임zero sum game'이라고도 합니다.

이제 대회 결과를 알아볼까요. 첫 번째 대회에는 심리학, 경제학, 정치학, 수학, 사회학 등 다섯 개 분야의 전문가들로부터 14개 프로그램이 제출되었고, 2차 대회에는 6개국에서 62개 프로그램이 제출되었습니다. 두 번의 대회에서 우승은 같은 프로그램이 차지했는데, 바로 토론토 대학교의 교수였던 수리 심리학자 아나톨 라포포트(Anatol Rapoport, 1911~2007)가 제출한 팃포탯이었습니다. 다른 프로그램들도 팃포탯 전략에 기반을 두고 이를 변형한 것이 많았지만, 결과는 가장 단순한 팃포탯의 우승이었습니다.

컴퓨터 프로그램의 길이를 보면 라포포트가 제출한 팃포탯 프로그램의 명령문 개수가 가장 적었습니다. 즉, 간단하고 명료했습니다. 특이한 점은 제출된 프로그램들이 얻은 점수를 보면 신사적 규칙을 가진 프로그램이 그렇지 않은 프로그램들에 비해 더 높은 점수를 얻었다는 것입니다. 이때 신사적 규칙이란 거의 마지막 라운드까지 먼저 배신하지 않는 것을 말합니다. 액설로드의 분석에 따르면 비신사적 규칙을 이용한 프로그램들의 성적이 부진했던 이유 중 하나는 상대의 배반을 한 번의 배반으로 대응한 후에는 용서한 상태에서 다시 시작하는 팃포탯과 달리 용서할 줄 모르기 때문이었습니다.[**]

[**]   로버트 액설로드, 같은 책, pp.55~66

액설로드는 팃포탯이 결코 먼저 배신하지 않는다는 점에서 신사적이고, 한 차례의 배반에 대해 즉각 응징한 후 용서하고 잊는다는 점에서 관대하고, 그동안 관계가 아무리 좋아도 결코 배반을 눈감아 주지 않는다는 점에서 보복적이라고 말합니다. 그리고 팃포탯은 자신의 특성을 분명하게 드러내어 상대가 이를 바로 파악할 수 있다는 점에서 단순명료합니다. 액설로드는 이렇게 말합니다.

"팃포탯의 강건한 성공은 신사적이고 보복적이며, 관대하고 명료한 특성들이 조합된 결과이다. 신사적이라 쓸데없는 문제에 휘말리지 않고, 보복적이라 상대가 배반을 시도할 때마다 더 이상 지속하지 못하게 억제한다. 관대함은 상호 협력을 회복하는 데 도움을 주며, 명료성은 상대가 이해하기 쉽게 하여 장기적 협력을 이끌어낸다."[*]

참고로 '협력'은 비제로섬 게임에서 의미가 있습니다. 앞서 언급한 것처럼 게임에는 제로섬 게임과 비제로섬 게임이 있습니다. 제로섬 게임은 총 보수가 정해져 있어서 한쪽이 이득을 보면 다른 쪽은 그만큼 손해를 보는 게임입니다. 이득과 손실을 합하면 제로가 되는 거죠. 체스나 바둑과 같이 승부를 가리는 게임이 이에 해당합니다. 반면 비제로섬 게임은 경기자들의 이득과 손실을 합하면 제로가 되지 않는 게임입니다. 이는 총 보수가 정해져 있지 않고 상황에 따라 보수가 늘어나거나(positive sum game, 양합게임) 줄어듭니다(negative sum game, 음합게임). 죄수의 딜레마 게임이 그 대표적인 예입니다. 따라서 비제로섬 게임에서는 협력을 통해 상대의 보수를 낮추지 않고도 자신의 보수를 높일 가능성이 있습니다.

---

[*] 로버트 액설로드, 같은 책, p.70, p.78

분배의 경제학 : 집합행위와 상호작용

이렇듯 구조가 다른 두 게임 사이에는 큰 차이가 있습니다. 제로섬 게임에서는 자신의 의도를 숨겨야 유리합니다. 이와 달리 비제로섬 게임에서는 더 나은 결과를 얻으려면, 즉 포지티브섬 게임으로 만들려면 자신의 의도를 분명하게 드러내어 상대의 협력을 유도하는 것이 중요합니다. 그렇다면 협력을 이끌어내는 전략으로 도덕의 황금률을 사용하면 어떨까요? 남에게 대접받고자 하는 대로 남을 대접하라는 도덕 기준에 따라 무조건 협력하는 전략을 쓴다면 상대방의 협력을 기대할 수 있을까요? 액설로드에 따르면 무조건 협력하는 것은 상대방을 망치는 경향이 있습니다. 그는 대회 결과를 분석한 후 상대방의 협력을 유도해내는 팃포탯의 상호주의가 더 든든한 도덕의 토대가 될 수 있다고 지적합니다.[**]

그런데 액설로드의 대회에서 팃포탯의 우승과 관련하여 매우 놀라운 사실이 하나 있습니다. 팃포탯은 다른 프로그램들과 겨루면서 단 한 차례도 상대방보다 좋은 점수를 얻은 적이 없다는 사실입니다. 이것은 죄수의 딜레마 게임이라는 구조에서 상대방이 먼저 배신하지 않는 한 배신하지 않는 전략 때문입니다. 팃포탯이 다른 프로그램과의 대결에서 얻은 점수는 보통 상대 프로그램보다 적었고, 기껏해야 상대 프로그램과 같은 점수를 얻었을 뿐입니다. 하지만 모든 프로그램과의 대결에서 얻은 점수를 평균하면 팃포탯이 가장 높았습니다. 팃포탯의 우승은 상대방을 최악의 상태로 몰아넣고 자신만이 높은 점수를 얻었기 때문이 아니라, 자신과 다른 프로그램이 더 나은 결과를 얻을 수 있는 선택을 하도록 상대방의 협력을 유도했기 때문입니다. 액설로드는 이렇게 말합니다.

[**]   로버트 액설로드, 같은 책, pp.165~166

"비제로섬의 원리가 작동하는 이 세상에서 전체적으로 좋은 성과를 올리기 위해서는, 매 게임마다 상대방보다 잘할 필요는 없다. 매우 다양한 사람들과 수많은 상호작용을 해야 하는 경우라면 더욱더 그렇다. … 오랜 기간 반복되는 죄수의 딜레마 게임에서는 상대방의 성공이 사실상 내가 성공을 거두기 위한 전제조건이다."[*]

사라진 손

사회적 딜레마는 애덤 스미스의 '보이지 않는 손'과는 상치되는 개념입니다. 개인들이 사익을 추구하는 행동이 집합적으로 사회에 손실을 입히는 죄수의 딜레마, 공유지의 비극, 집합행위의 논리 등은 개인의 사익 추구 행동이 보이지 않는 손에 의해 공공의 이익을 증진한다는 (왜곡된) 애덤 스미스의 생각에 배치됩니다. 다시 말해 개인의 합리성individual rationality이 집단의 합리성collective rationality을 달성하는 데에는 역부족이라는 겁니다. 죄수의 딜레마, 공유지의 비극, 그리고 집합행위의 논리는 보이지 않았지만 존재한다고 믿었던 손을 아예 존재하지 않는 손으로 만들어버렸습니다.

보이지 않는 손은 어디로 사라졌을까요? 경제학은 오랫동안 합리적 경제인, 즉 호모 이코노미쿠스를 가정하고 이론을 전개해 왔습니다. 그렇게 가정해야 경제학이 하나의 '과학science'이 될 수 있다고 생각했기 때문

---

[*]   로버트 액설로드, 같은 책, pp.138~139

입니다. 이미 1장에서 언급했듯이, 이러한 경향은 존 스튜어트 밀에 의해 본격화되었습니다. 그리고 사회적 딜레마에서 호모 이코노미쿠스는 중추적인 역할을 담당합니다. 우리는 합리적 이기심에 기초해 선택행위가 이루어지는 죄수의 딜레마에서도 이것을 분명하게 확인할 수 있었습니다.

죄수의 딜레마가 전하는 핵심 메시지는 개인의 합리성에 기반한 전략적 행위의 결과가 집합적 비합리성으로 나타난다는 것입니다. 일반적으로 믿고 있는 보이지 않는 손의 은총이 보이지 않는 거죠. 이런 결론에 대해 경제학자들은 곤혹스러울 것입니다. 가정이 잘못된 것일까요, 아니면 결과가 잘못된 것일까요? 이제 합리적 경제인의 가정을 완화하든지 보이지 않는 손의 역할을 제대로 평가하든지 해야 하지 않을까요?[**] 이제는 경제주체의 제한된 합리성을 받아들여 이론을 재구성하든지 아니면 보이지 않는 손의 제 위치를 찾아주어야 하지 않을까요?

게임이론의 가치

게임이론은 1940년대에 본격적으로 시작되어 공산권의 팽창이 절정에 달했던 1960년대에 미국의 군사적 필요성에 의해 다각적인 지원을 받으며 발전했습니다. 수학을 도구로 하여 갈등 상황에서 전략적 선택을 모

[**] Mary S. Morgan, 「The Curious Case of the Prisoner's Dilemma: Model Situation? Exemplary Narrative?」, for the Princeton Workships in the History of Science: "Model Systems, Cases and Exemplary Narratives" 10th February, 2001

색하는 게임이론은 냉전 시대에 스포트라이트를 받는 연구 분야였습니다. 이런 의미에서 게임이론은 역사적으로 냉전의 산물이라고 할 수 있습니다. 사람들은 말합니다. 제1차 세계대전이 화학자들의 전쟁이었다면 제2차 세계대전은 물리학자들의 전쟁이었다고요. 수학자들이 전쟁에 본격적으로 개입한 것은 제2차 세계대전이 종반에 이른 시점이었습니다. 앞서 언급한 것처럼 게임이론의 시발점이 된 폰 노이만은 원자폭탄을 만드는 맨해튼 프로젝트에 참여했던 수학자이자 물리학자였습니다. 만약 제3차 세계대전이 일어난다면 그것은 진정으로 수학자들의 전쟁이 될지도 모릅니다.[*]

그런데 냉전 시대에 우리의 안전이 정말로 죄수의 딜레마를 얼마나 정확히 이해하고 응용하는 데 달려 있었을까요? 냉전 시대의 군사적 행동이 겨우 네 칸의 게임판에서, 그것도 자의적으로 설정한 보수$_{payoff}$를 전제로, 미국과 소련이 벌이는 자국 이익 중심의 합리적인 선택 전략에 기초한 게임이론의 접근 방법에 따른 것이었을까요? 아마도 현실은 많이 달랐을 겁니다.

게임이론이 우리의 갈등 상황과 그 해결 과정을 온전히 반영하는 것은 아닙니다. 게임이론이 전제하는 것처럼 체스나 바둑을 두는 경기자는 순수하게 각 상황에서 최선의 '수'만을 고려해서 선택할까요? 경기자의 심리를 완전히 배제할 수 있을까요? 우리는 그렇지 않다는 것을 알고 있습니다. 모든 게임에는 심리적 측면이 존재합니다. 은근히 상대방을 자극하거나 도발적인 수를 두어 혼란에 빠뜨리거나, 상대의 실수를 유도하

---

[*]   Mary S. Morgan, 같은 논문

는 미끼를 던지기도 합니다.

더구나 현실의 군사적 행동은 체스처럼 모든 수에 대한 완벽한 정보를 가지고 하는 게임이 아닙니다. 상대방의 군사적 기밀을 모두 알지 못하는 상황에서는 갈등 상황을 온전히 분류하고 각각의 선택에 대한 적절한 보수를 설정하는 것이 불가능합니다. 보수를 설정한다고 해도 자의적인 기준에 의해 설정한 보수가 실제로 어떤 쓸모가 있을까요? 결국 심리적 요인과 불완전한 정보는 게임이론이 현실을 온전하게 재현하기에는 무리가 있다는 것을 말해줍니다.

우리는 죄수의 딜레마 게임을 통해 개인의 합리성이 집단의 합리성으로 이어지지 않는다는 것을 확인했습니다. 그렇다면 어떻게 집단의 합리성을 확보할 수 있을까요? 우리는 어렴풋이 답을 알고 있습니다. 개인의 합리성에 근거해 개별적으로 선택하지 말고 집단의 합리성을 기준으로 집합적으로 선택하는 겁니다. 다시 말해 공동체에 가장 유리한 결과를 가져오는 선택을 하도록 사람들 사이의 협력을 유도해야 합니다.

협력을 유도하는 가장 효과적인 한 가지 방법은 구성원 대다수가 수긍하는 사회규범social norm을 행위의 기준으로 삼는 것입니다. 앞서 살펴본 죄수의 딜레마 게임 대회에서 우승했던 라포포트에 따르면, 게임이론의 출발점이었던 폰 노이만과 모건스턴은 다수의 참가자가 참여하는 게임에서 사회규범의 역할을 등한시하지 않았다고 합니다.**

라포포트는 세 사람이 돈을 나누어 가지는 게임을 예로 들어 사회규

**   Anatol Rapoport, 「The Use and Misuse of Game Theory」, Scientific American, Vol. 207 No. 6, December 1962, p.118

범을 기반으로 한 집단의 합리성을 제시합니다. 여기 A, B, C 세 사람이 1달러를 나누어 가지는 게임을 한다고 합시다. 금액이 너무 적다면 100달러나 1만 달러로 해도 좋을 것입니다. 나누는 방법은 다수결에 의하는데 구체적인 분배 비율은 서로 협상할 수 있습니다. 여러분의 머릿속에 떠오르는 분배 방법이 있을 것입니다. 하지만 그것은 잠시 잊고, 라포포트의 설명을 들어보겠습니다.[*]

먼저 A와 B가 연합하여 C를 배제하고 1달러를 똑같이 나누어 갖기로 합니다. 이때 C가 B에게 접근해 60센트를 줄 테니 자기와 연합해 A를 배제하자고 제안합니다. A가 이를 알고 B에게 70센트를 줄 테니 C를 배제하자고 제안합니다. B는 자신의 꽃놀이패를 즐깁니다. 그런데 잠시 후 A와 C가 구석에서 속닥거리고 있습니다. B는 둘이서 무슨 이야기를 하고 있는지 알고 있죠. 이제 B는 A에게 다가가 '공손하게' 60센트를 제안합니다. A는 이를 수락하는 것이 좋을까요, 아니면 C가 더 좋은 제안을 할 때까지 기다리는 것이 좋을까요? B와 C는 또 어떤 전략을 사용할까요?

라포포트는 이 문제에 대해 복잡한 이론적 해법을 제시하는 대신 게임이론의 가치와 한계에 대해 언급합니다. 그는 게임이론의 가치는 구체적인 해법에 있는 것이 아니라고 말합니다. 실제 세계를 재현하기에는 게임이론이 너무 단순하게 유형화되었다고 지적합니다. 대신 게임이론의 가치는 서로 다른 갈등 상황에 대해 각각의 상황에 맞는 논리를 전개하는 것이라고 지적합니다. 특정 갈등을 해결하려면 그 갈등의 구조와 특성을 고려한 논리적 접근 방법이 필요한데, 이때 게임이론이 도움이 된

---

[*]   Anatol Rapoport, 같은 논문, pp.113~117

다는 것입니다. 또한 게임이론은 논리와 수학적 분석 기법을 이용함으로써 서로 치고받는 싸움fight에서 갈등conflict 구조를 추출하고 해법을 모색할 기회를 제공합니다. 인간의 격정 때문에 흐려진 지성이 작동하게 만드는 거죠.

하지만 라포포트에 따르면 게임이론의 가장 중요한 가치는 상황별 논증 기법이나 능동적인 지성의 활용이 아닙니다. 그는 게임이론의 가장 중요한 가치는 전략 분석을 통해 게임이론이 스스로의 한계를 드러낸다는 점에 있다고 강조합니다. 과학자들이 과학으로 이룰 수 없는 것이 무엇인가를 분명하게 함으로써 엄청난 노력의 낭비를 막을 수 있었던 것처럼요. 결국 인간이 할 수 없는 그 무언가를 분명하게 인식하게 해주는 것이 게임이론의 진정한 가치라는 겁니다.

특정 게임을 분석해서 얻는 결과가 최선이 아니었다면 그런 게임을 붙들고 고민할 필요는 없을 겁니다. 각 경기자가 개인의 합리성에 기초해 각자 최선을 다했음에도 불구하고 집합적으로 최선이 아닌 선택에 갇히게 된다면 개인의 합리성을 강화하는 방법은 문제의 해결책이 될 수 없죠. 그렇다면 개인의 합리성에 기반한 전략적 행위가 아닌 다른 접근 방법을 모색할 필요가 있습니다. 예를 들어 세 사람이 1달러를 나누는 게임에서 복잡한 수학을 동원하여 각자가 자기 이익을 극대화하는 전략을 찾을 게 아니라 모두가 수긍할 수 있는 사회규범으로 해결할 수 있을 것입니다.

이제 여러분의 머릿속에서 생각했던 1달러 분배 방법을 다시 생각해보세요. 라포포트는 말합니다. 세 사람이 각각 33센트씩 나누어 갖고 나머지 1센트는 자선단체에 기부하는 것은 어떠냐고요.

PARADOXES & DILEMMAS IN ECONOMICS

8
몫은 기여한 만큼 가져가는가?

독점

시장에서 완전경쟁은 가격을 더는 낮출 수 없는 수준까지 떨어뜨립니다. 덕분에 소비자는 낮은 가격에 더 많은 수량을 소비할 수 있게 되어 경쟁의 혜택을 누립니다. 반면 기업은 적정이윤에 만족해야 합니다. 기업 입장에서 독점은 유토피아입니다. 만일 독점기업이 된다면 경쟁에서 해방된 기업은 공급량과 가격을 조정하여 초과이윤을 얻을 수 있습니다. 물론 이 경우 소비자는 손실을 보겠지요.

예를 들어보겠습니다. 경쟁가격이 1,000원이고 10명의 소비자가 각각 하나씩 사서 총 10개가 소비된다고 가정해 보겠습니다. 이때 소비자들이 지출하는 금액은 총 10,000원입니다. 하지만 소비자들이 느끼는 만족은 10,000원보다 큽니다. 가격 1,000원과 수량 10개는 수요와 공급이 만나서 결정된 최종 결과일 뿐입니다.

어떤 소비자는 가격이 2,000원이나 1,800원이라고 해도 그 재화를 원할 수 있습니다. 그만큼 절실한 거죠. 그런데 경쟁으로 인해 시장가격이 1,000원으로 결정되었으니 그런 소비자는 이득을 본 겁니다. 2,000원까지 지불할 의사가 있었던 소비자는 경쟁가격인 1,000원을 지불하는 대신 2,000원의 만족을 느낍니다. 1,000원의 추가 만족을 얻은 거죠. 또한 1,800원까지 지불할 의사가 있었던 소비자는 800원의 추가 만족을 얻습니다. 이처럼 열 번째 마지막 소비자를 제외하고 소비자마다 자신이 지불하고자 하는 가격보다 낮은 경쟁가격을 지불했기 때문에 잉여의 만족을 얻습니다.

만일 각 소비자가 지불할 의사가 있는 금액이 다음 표와 같다면 총 10명의 소비자는 모두 합해 10,000원을 지불하고 총 14,600원의 만족을 얻습니다. 4,600원의 잉여 만족을 보는 것입니다. 이것이 소비자 잉여consumer surplus인데, 경쟁으로 인해 얻게 되는 사회후생social welfare이라고 할 수 있습니다. 기업도 전체 공급량을 비용보다 높은 경쟁가격으로 공급함으로써 생산자 잉여producer surplus를 얻는데, 편의상 생산자 잉여는 논의에서 제외하겠습니다.

〈 재화를 원하는 정도(지불용의)와 소비자 잉여 〉

소비자	1	2	3	4	5
지불용의	2,000	1,800	1,700	1,600	1,500
잉여	1,000	800	700	600	500

소비자	6	7	8	9	10
지불용의	1,400	1,300	1,200	1,100	1,000
잉여	400	300	200	100	0

위 표에 나타난 소비자들이 지불할 의사가 있는 가격과 누적 수량을 그래프에 그리면 수요곡선이 형성됩니다. 아래 그림에서 소비자 잉여, 즉 사회후생은 경쟁가격P_c 위와 수요곡선의 아래에 해당하는 삼각형 P_1aP_c 가 됩니다.

〈 독점이윤과 후생손실 〉

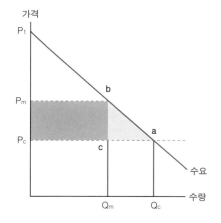

- **경쟁** : P_c 경쟁가격, Q_c 경쟁수량
- **독점** : P_m 독점가격, Q_m 독점수량
- P_1 재화를 원하는 정도가 가장 강한 소비자의 지불 의사 가격

〈 경쟁(P_c, Q_c) → 독점(P_m, Q_m) 〉

- **사각형 P_mbcP_c**
  = 독점이윤 = 초과이윤 = 부의 이전
- **삼각형 abc**
  = 소비자잉여의 감소 = 후생손실

이제 시장에서 다른 기업은 모두 사라지고 독점기업이 재화를 공급한다고 가정합시다. 이때 가격은 경쟁가격보다 높은 독점가격P_m이 되고

공급량은 경쟁수량보다 적은 독점수량Q_m이 됩니다. 그러면 소비자 잉여, 즉 사회후생은 독점가격 위와 수요곡선 아래에 해당하는 삼각형 P_1bP_m이 됩니다. 이것을 경쟁 상태의 사회후생과 비교하면 사다리꼴 모양의 사각형 P_mbaP_c만큼 줄어든 것을 알 수 있습니다. 그런데 사다리꼴의 사각형은 두 부분으로 나눌 수 있습니다.

먼저 삼각형 abc는 감소하는 사회후생 중 사회에서 완전히 사라지는 부분입니다. 소비량이 줄어들었기 때문에 소멸하는 후생인 거죠. 나머지 부분인 사각형 P_mbcP_c는 소비자잉여에서 독점기업의 이윤으로 이전한 사회후생입니다. 즉 소멸한 것이 아니라 독점기업의 수중으로 넘어간 것입니다. 따라서 사회 전체적으로 본다면 이 부분은 그대로 남아 있습니다. 다만 손바뀜이 일어났을 뿐입니다.

이처럼 독점기업은 소비자가 누릴 잉여를 자신의 몫으로 전환합니다. 그런데 이 독점이윤은 기업이 부가가치를 생산한 대가로 얻은 게 아닙니다. 독점력을 이용하여 다른 사람들의 몫을 자신에게 이전시킨 것입니다. 즉, 다른 기업을 배제하고 공급량을 제한해서 자신의 이익을 늘린 것이라고 할 수 있습니다.

지대 추구

경제학은 오랫동안 개인과 정부의 행위를 서로 다른 원리에 따라 분석해 왔습니다. 개인은 사익을 추구하고 정부는 공익을 추구한다는 인식 때문이었습니다. 따라서 합리적 이기심에 따라 경제행위를 하는 개인과 달리 정부는 이타적인 관점에서 국방, 치안, 사법제도 등 공공재를 공급하고 시장실패를 교정하며, 소비자를 보호하는 등 공공의 선을 추구한다고 가정했습니다. 특히 시장에서 발생하는 문제를 해결하기 위해서 정부가 나서는 것은 사익 추구에서 야기되는 사회 문제를 공익 차원에서 보완하려는 노력으로 받아들였습니다. 이러한 관점이 흔히 말하는 '규제의 공익이론'이라고 할 수 있습니다

그런데 1960년대부터 정부의 정책 과정이나 집행을 합리적 개인의 사익 추구와 같은 시각으로 분석해야 한다는 주장이 강하게 일기 시작했습니다. 개인의 사적 선택에 관한 이론을 공공부문으로 확장한 공공선택론이 확산되기 시작한 겁니다. 이 이론은 입법, 사법, 행정 등을 관장하는 정부, 즉 정치인이나 관료, 그리고 판사까지도 민간인과 마찬가지로 사익을 추구하는 개인일 뿐이라고 말합니다. 이런 의미에서 이들을 정치적 기업가political entrepreneur라고 부르기도 합니다. 예산 배정이나 규제 권한을 통해 자신의 이익을 극대화하는 경향이 있다고 생각하기 때문입니다.

정치인이나 관료로 대변되는 정부는 법규를 통해 사회적 자원 배분에 관여합니다. 세금을 부과하고 예산을 배정하며, 산업정책을 시행하는 등 공공선택을 통해 개인이나 기업의 경제적 선택 행위에 영향을 미칩니다. 따라서 영향을 받는 사람들은 국가가 정치 과정을 통해 형성하는 공공선택이 자신들에게 유리하도록 압박할 동기를 가지게 됩니다. 가능하다면 정치인이나 관료를 설득하거나 매수해 자신들에게 유리한 방향으로 자원 배분이 이루어지도록 하는 겁니다. 이를 위해 수많은 이익집단이 만들어지고, 권한을 가진 정치인이나 관료를 상대로 로비를 전개합

니다. 예를 들어 과세특례를 받을 수 있도록 정부를 설득하고, 국가 예산을 배정할 때 자신들에게 더 많은 혜택이 주어지도록 영향력을 행사하며, 규제를 통해 특정 산업을 보호 육성하는 정책을 추진하도록 압력을 가하는 겁니다. 이른바 '지대 추구 행위rent-seeking behavior'를 하는 것이지요.

그런데 여기서 말하는 지대rent는 무슨 뜻일까요? 일상생활에서 지대는 말 그대로 토지 사용에 대한 대가를 말합니다. 하지만 노동, 자본과 함께 생산요소의 하나인 토지는 지대가 달라진다고 그 공급량이 변하지는 않습니다. 시장가격에 대응하여 재화의 생산량을 조절하는 기업가와 달리 지주는 지대의 등락에 대응하여 토지 공급량, 즉 생산량을 마음대로 조절할 수 없기 때문입니다. 물론 장기적으로 개발이나 개간을 통해 공급량이 변할 수도 있겠지만요. 만일 현재 100만 원인 지대가 계속 하락해 마침내 영(0)이 된다면 토지는 사라질까요? 아마도 토지는 여전히 자기 자리를 지키고 있을 겁니다. 토지를 토지 이외의 다른 용도로 사용할 수 없기 때문입니다. 다시 말해 토지의 기회비용opportunity cost이 제로(0)라는 겁니다.

자연이 제공한 토지는 사유화되기 전에는 모두를 위한 것이었습니다. 그러나 토지에 울타리를 치고 담을 두르며 경계를 지어 특정인만이 사용할 수 있게 되면서, 그 토지를 사용하려면 지대를 지불해야 했습니다. '지대'라는 말에는 자연의 혜택을 모두가 누리지 못하고 특정인이 그 혜택을 차지한다는 이미지가 채색되어 있습니다. 울타리나 담, 선을 그어 다른 사람들이 들어오지 못하도록 차단하는 것입니다. 더욱이 토지는 마음대로 늘릴 수 있는 자원도 아니어서 다른 방법으로 토지를 추가

분배의 경제학 : 집합행위와 상호작용

확보하는 것이 몹시 어렵습니다. 토지와 마찬가지로 석유, 천연가스, 석탄, 광물 등의 천연자원, 즉 원자재도 지대를 창출하는 대표적인 자원입니다. 매장량이 한정되어 있고 이에 대한 접근권이 극히 제한적으로 허용되는 특징이 있기 때문입니다. 특히 국가가 이러한 자원을 독점하는 경우 국가는 지대를 추구하는 상황에 놓이게 됩니다.

지대는 토지 소유자가 노동을 투입하여 생산한 대가가 아닙니다. 단지 토지를 소유하고 있다는 이유로 보상을 받는 겁니다. 이는 토지에 대한 독점권에서 나오는 독점이윤이라고 할 수 있습니다. 여기서 '지대'라는 말의 의미는 토지뿐만 아니라 부가가치의 창출 없이 독점권을 가진 생산요소로부터 나오는 소득이라는 개념으로 확장되었습니다. 일반적으로 경제학에서 말하는 지대는 이런 의미를 지니며 이것을 흔히 '경제적 지대economic rent'라고 합니다. 앞서 살펴본 그래프에서 독점의 초과이윤도 지대의 일종으로 볼 수 있습니다.

지대는 일종의 특혜입니다. 공공선택론에서 말하는 지대는 대체로 이러한 특혜와 관련이 있습니다. 정부가 제공하는 특혜는 독점적 이윤을 창출하는 원천이 되기 때문입니다. 따라서 공공선택론에서 말하는 '지대 추구'란 정부의 특혜를 통해 인위적으로 독점적 지위를 확보함으로써 부가가치 창출 없이 이익을 얻으려는 시도라고 할 수 있습니다. 예를 들어 정부의 인허가 사업에서 독점사업자가 되기 위해 로비 활동을 벌이거나, 산업 보호를 명목으로 정부에 제품의 최저가격을 시장가격 이상으로 지지하는 규제를 압박하는 것은 정부의 규제 권한을 지렛대로 활용한 지대 추구 행위입니다.

일반적으로 규제가 없다면 지대 추구는 불가능합니다. 물론 절도, 저작권 침해, 소송 등과 관련된 사적인 지대 추구도 가능하지만 공공선택론에서 말하는 지대 추구 행위는 정부와 민간 사이의 부의 이전과 관련된 규제를 중심으로 이루어집니다. 따라서 '지대 추구'에는 다른 사람에게 갈 수 있는 몫을 자신이 차지하기 위해 정부를 조정한다는 의미가 강합니다. 아울러 지대 추구를 보다 제한적인 의미로 사용해서 독점과 같이 사회후생에 부정적 영향을 가져오는 경우만을 지대 추구라고 정의하기도 합니다.[*]

각종 이익집단은 독점적 지위를 누리고 자신들의 경쟁력을 강화할 수 있는 각종 혜택을 얻어내기 위해 다양한 지대 추구 행위를 합니다. 특정 기업이나 산업단체가 조세특례를 받거나 신규 기업의 진입을 억제하는 법률 제정에 힘을 쏟고 의사, 변호사, 회계사, 세무사 등의 전문직 단체가 면허나 자격증 수를 제한하도록 영향력을 행사하고, 다양한 사회단체가 정부보조금을 받아내기 위해 경쟁하는 것 등이 모두 지대 추구 행위에 해당합니다. 이는 모든 사회구성원에 골고루 분배될 자원을 자신들의 몫으로 전용하는 것이라고 말할 수 있습니다. 이런 의미에서 지대 추구는 부의 이전wealth transfer을 얻어내고 이를 유지하려는 시도라고 할 수 있습니다.[**]

---

[*]   Gordon Tullock, 『The Rent-Seeking Society』, Liberty Fund, Inc., 2005, p.9

[**]   E.C. Pasour, Jr., 『Rent Seeking: Some Conceptual Problems and Implications』, The Review of Austrian Economics, p.123 (*원출처 : New York University-Liberty Fund Research seminar, August 7-11, 1983 발표 자료)

분배의 경제학 : 집합행위와 상호작용

규제 포획

일반적으로 정부의 규제는 공익을 목적으로 한다고 여겨집니다. 반드시 그렇지는 않다고 해도 최소한 그런 대중적 이미지가 있습니다. 그런데 규제와 관련하여 특정 집단의 이익을 위한 지대 추구는 어떻게 그렇게 활발하게 이루어지고 있는 걸까요? 그렇다면 국가는 공공의 선을 추구하며 구성원 모두에게 골고루 혜택이 돌아가도록 애쓰는 공동체가 아닌 걸까요? 미국의 경제학자 조지 스티글러(George J. Stigler, 1911~1991)는 말합니다. "국가, 즉 국가의 기구와 권력은 사회의 모든 산업에 대한 잠재적 자원 혹은 위협이다. 국가는 금지하거나 강제하거나 돈을 빼앗거나 주거나 할 수 있는 힘을 가지고서 수많은 산업을 선별적으로 돕거나 해칠 수 있고, 또 실제로 그렇게 하고 있다." 스티글러에 따르면 규제는 특정 산업에 의해 '획득된acquired' 것으로 그들의 이익을 위해 설계되고 운영됩니다.[***]

스티글러의 말은 정부가 공익 차원에서 특정 산업에 규제를 가한 것이 아니라, 해당 산업이 자발적으로 정부를 조정하여 관련 규제를 얻어낸 것이라는 의미입니다. 물론 그 내용은 해당 산업의 수익성을 높이는 방향으로 설계된 것이겠죠. 획득된 규제라는 말에는 규제기관이 능동적으로 자신의 철학과 판단에 따라 규제 대상을 관리 통제하지 못하고 오히려 규제 대상에 떠밀려 그들의 이익에 봉사하게 된다는 의미가 들어

[***]   George J. Stigler, 「The theory of economic regulation」, The Bell Journal of Economics and Management Science, Vol. 2, No. 1, (Spring, 1971), p.3

있습니다. 포획해야 할 규제기관이 역으로 규제 대상에게 포획당한 거죠. 이런 현상을 흔히 '규제 포획regulatory capture'이라고 합니다.

왜 규제기관이 포획당하는 걸까요? 한 가지 이유는 규제기관이 정보와 지식 면에서 규제 대상보다 뒤떨어지기 때문입니다. 특정 분야의 현실을 가장 잘 아는 사람들은 그 분야에 종사하는 사람들입니다. 규제 대상을 포획하려면 규제기관이 상대적으로 더 많은 정보와 지식으로 무장하고 있어야 하는데 현실은 그 반대겠죠. 따라서 규제기관은 정보와 지식에서 우월한 규제 대상에게 포획당하는 겁니다.

애덤 스미스도 비슷한 이야기를 했습니다. 금은의 축적을 국부로 여기던 중상주의 시대에 대외무역과 금은의 유출입이 어떤 관계로 연결되는지 제대로 아는 사람은 상인들이었습니다. 따라서 관련 법률을 변경하거나 할 때 이들의 논리가 영향력을 발휘했습니다. 스미스는 말합니다.

"외국무역이 나라를 부유하게 만든다는 사실은 상인뿐만 아니라 귀족과 시골의 대지주들까지도 경험으로 알고 있었다. 그러나 어떻게, 어떤 방식으로 그런 효과가 발생하는지는 그들 모두 잘 모르고 있었다. 상인들은 외국무역이 자신들을 부유하게 하는 방식을 완벽하게 이해하고 있었고 그것을 아는 것이 그들의 본업이었다. 그러나 외국무역이 나라를 부유하게 하는 방식에 대한 이해는 전혀 그들의 본업과 관련이 없었다. 이 문제는 그들이 외국무역 관련 법률의 변경을 자기 나라에 호소할 필요가 있는 경우를 제외하고는 전혀 고려사항이 아니었다."[*]

사실 중상주의 시대의 상인들처럼 현실 경제에서 경험을 통해 정보

---

[*] 애덤 스미스, 김수행 옮김, 『국부론』, 비봉출판사, 2012년, p.525

와 지식을 쌓은 사람들의 논리가 모두 옳다고 할 수는 없습니다. 스미스도 상인들의 논리가 부분적으로는 옳지만, 부분적으로는 궤변이라고 지적합니다. 그럼에도 불구하고 이들의 논리는 규제기관을 움직여 그들에게 유리한 법률이나 제도가 만들어지게 합니다. 이는 규제기관이 현장감 있는 정보와 지식의 논리 또는 궤변에 포획되었기 때문입니다.

규제 포획이 일어나는 또 다른 이유는 규제 권한을 가진 사람들이 개인의 합리성에 기초해서 사익을 추구하기 때문입니다. 정치인이나 관료들이 사적 이익을 도모하기 위해 이익집단과 결탁할 수 있다는 것입니다. 정치인들은 표를 얻고, 관료들은 예산을 확보하며, 이익집단은 지대를 얻기 위해 서로 거래를 합니다. 물론 이들의 거래는 공익으로 포장됩니다.

스티글러는 정치제도가 '합리적으로' 고안된 구성원들의 '욕망' 충족 수단이라고 말합니다.[**] 이 말은 합리적 이기심에 근거한 개인의 선택 원리가 공공부문에도 적용된다는 의미로 해석할 수 있습니다. 따라서 정치 과정의 결과인 규제는 공동체 차원의 집합적 합리성에 기반을 둔 공익의 차원이 아니라, 특정 이익집단이나 정치인, 관료들의 사익을 위한 공공선택의 결과라고도 할 수 있습니다. 이것이 지대를 추구하는 사회의 작동원리인 거죠. 규제가 지대를 추구하는 집단의 수익률을 높여주는 지렛대 역할을 하는 겁니다.

[**]   George J. Stigler, 「The theory of economic regulation」, The Bell Journal of Economics and Management Science, Vol. 2, No. 1, (Spring, 1971), p.4

합리적 무시

지대를 추구하는 행위들이 널리 퍼져 있는데도 불구하고 사람들은 왜 침묵할까요? 자신들의 몫이 불공정하게 다른 사람들의 주머니로 들어가는데도 말이죠. 지대를 추구하는 집단에 맞서 그들의 지대 추구 행위를 막으려면 무엇보다 정부 예산과 규제 정책에 관한 상세한 내용을 알아야 합니다. 관련 지식과 정보를 갖추어야 하는 거죠. 하지만 일상생활에 쫓기는 개인들에게 이것은 어려운 일입니다. 공익에 반하는 문제점을 찾아낸다고 해도 막강한 이익집단에 맞서 자신의 논리를 관철할 수 있는 여지는 거의 없습니다. 게다가 이익집단이 정부로부터 획득한 규제는 공익이라는 이미지로 잘 포장되어 있는 경우가 많습니다.

이런 상황에서 지대 추구를 저지했을 때 개인이 얻는 이득이 극히 미미하다면 선뜻 나서기 어렵습니다. 예를 들어 규제로 인한 부의 이전으로 특정 이익집단이 1,000억 원의 혜택을 본다고 가정해 보죠. 이때 누군가 나서서 온갖 노력을 통해 문제점을 파악하고 정교한 논리로 정치인과 관료들을 설득했다고 합시다. 1,000억 원이 모든 국민에게 골고루 돌아갈 가능성이 생긴 겁니다. 인구가 5,000만이라고 하면 개인이 얻는 잠재적 이득은 2,000원입니다. 합리적 이기심에 따라 행동하는 개인이라면 2,000원을 위해 지대 추구 행위를 저지하려는 동기가 생길까요? 지대 추구 행위를 애써 모른 척할 겁니다. 공공의 부가 특정 집단에 이전되어 자신이 2,000원의 손실을 보지만, 이를 저지하는 비용이 너무 많이 들어가기 때문에 합리적 판단에 따라 이익집단의 지대 추구 행위를 애써 외면하는 겁니다. 이것이 '합리적 무시rational ignorance'입니다.

분배의 경제학 : 집합행위와 상호작용

합리적 무시는 지대 추구 행위로 인한 개인의 손실은 아주 적으며, 그것마저도 기존에 누리던 이익이 아니라 잠재적 이득의 상실에서 발생하기 때문입니다. 규제로 인해 개인이 입는 손실은 규제가 도입되지 않았고 부의 이전이 없다면 효율적인 자원 배분의 결과로, 혹시나 기회가 닿아 자신이 누릴 수도 있었던 혜택, 즉 기회편익opportunity benefit의 상실이라고 할 수 있습니다. 따라서 현실의 이득이 아닌 잠재적 이득의 상실에 둔감한 개인들은 규제를 통한 지대 추구 행위에 대해 강력한 저항을 하지 않는 겁니다.[*]

사회가 복잡해질수록 합리적 무시는 증가할 것입니다. 물론 자신이 전문적으로 잘 아는 분야에서 지대 추구 행위가 있다면 이를 저지할 여지가 있겠지만, 전문화된 세상에서 사람들의 관심은 매우 협소해지고 자신이 특별히 관심 있는 분야가 아니라면 주의를 기울이지 않는 경향이 강해지기 때문입니다. 이로 인해 정치적 진공이 발생하고 지대를 추구하려는 이익집단이 그 틈을 공략하게 됩니다.

비록 지대 추구 행위가 합리적 무시 때문만은 아니라고 해도 합리적 무시 현상이 사회에 널리 퍼지게 되면 지대 추구 행위가 증가할 것으로 예상할 수 있습니다.[**] 공동체의 규모가 커질수록 합리적 무시의 경향은 더욱 강해질 것입니다. 맨서 올슨이 말하듯이 무임승차로 인해 대규모 집단이 공공재를 제대로 공급할 수 없는 것처럼 대규모 공동체의 개인들은 지대 추구 행위를 합리적으로 무시할 가능성이 있습니다. 지대 추구

---

[*]   최병선, 『규제 vs 시장』, 가갸날, 2023년, pp.239~240
[**]   Gordon Tullock, 『The Rent-Seeking Society』, Liberty Fund, Inc., 2005, p.310

행위로 인해 막대한 공공의 부가 특정 집단으로 이전되는데도 이로 인한 개인적인 손실이 아주 미미하다면, 비용과 편익을 계산하여 판단하는 합리적인 사람들은 이를 무시할 가능성이 크기 때문입니다. 이런 이유로 특정 산업에 대한 신규 진입 규제, 특정 분야에 대한 각종 지원금, 선별적 조세 특례 등을 노리는 이익집단의 지대 추구 행위가 증가하면서 경제에 부정적인 영향을 미칩니다. 올슨은 이와 같은 상황을 다음과 같이 기술하고 있습니다.

"이익집단으로 넘쳐나는 사회는 깨지기 쉬운 도자기를 서로 차지하기 위해 싸움을 벌이는 레슬링 선수들로 가득 찬 도자기 상점과 같다. 그들이 가져갈 수 있는 것보다 깨져서 버리는 도자기들이 더 많다." *

털록의 역설

각종 이익집단은 정부의 예산에서 더 많은 혜택을 받으려고 애쓰고, 자신들에게 유리한 규제를 도입하도록 정부를 압박합니다. 예를 들어 특정 산업에서 과당 경쟁에 따른 폐해를 빌미로 신규 사업자의 진입을 엄격히 규제하고, 안전이나 기타 공익을 이유로 경쟁 산업에 대한 규제를 강화하며, 국가경쟁력을 명분으로 해당 산업의 연구개발에 더 많은 예산을 배정하도록 유인하는 겁니다.

---

*   토드 부크홀츠, 류현 옮김, 『죽은 경제학자의 살아있는 아이디어』, 김영사, 2011년, p.492
(일부 수정 *원출처 : Mancur Olson, 「The Political Economy of Interest Groups」, Manhattan Report on Economic Policy, vol. Ⅳ, 1984, p.4)

그런데 지대를 얻기 위해 얼마나 많은 돈을 들여서 활동할까요? 한 조사에 따르면 들어가는 비용은 잠재적 혜택과 비교했을 때 매우 작다고 합니다. 1985년 미국 의회는 설탕, 담배, 유제품, 땅콩, 밀 등의 생산 농가에 대한 지원을 축소하는 법안을 표결에 부쳤는데 결과는 부결이었습니다. 이 과정에서 관련 농업 단체들이 로비를 펼쳤고, 자신들에게 유리한 결과를 얻어냈습니다. 그런데 설탕의 경우 관련 농업 단체가 로비 활동에 쓴 비용은 단지 20만 달러가 조금 넘은 데 반해, 이들이 받는 지원금은 연 11억 달러로 추산되었습니다.** 얻은 것에 비교하면 투입한 비용은 미미합니다. 지대를 추구하는 비용에 비해 성공했을 때 얻는 보상이 엄청나게 큰 거죠.

제임스 뷰캐넌과 더불어 공공선택론의 선구자로 평가받는 고든 털록(Gordon Tullock, 1922~2014)은 지대 추구 행위가 만연한 사회에서 제대로 풀리지 않은 수수께끼 하나를 제시합니다. 정부 특혜로 얻는 이득에 비해 특혜를 얻기 위해 사용한 돈이 얼마 안 된다는 겁니다.*** 여기에서 연유하여 지대 추구 행위로 얻는 이득에 비해 이에 투입되는 비용이 상대적으로 적은 현상을 '털록의 역설Tullock paradox'이라고 합니다. 다시 말해 지대를 추구하는 기업이나 이익집단들이 혜택을 얻기 위해 사용하는 총 비용이 기대되는 지대를 모두 까먹을 정도는 아니라는 겁니다.

왜 이런 현상이 벌어질까요? 엄청난 이득이 있다면 너도나도 달려들어 지대를 추구하려고 할 것이고, 결국에는 혜택에 버금가는 막대한 비

**   Luigi Zingales, 『A Capitalism for the People: Recapturing the Lost Genius of American Prosperity』, Basic Books, 2012, p.76

***   Gordon Tullock, 『The Rent-Seeking Society』, Liberty Fund, Inc., 2005, p.301

용이 들어갈 것으로 보이는데 털록의 역설처럼 그렇지 않은 것은 어떤 이유에서일까요?

먼저 털록이 제시한 복권 투자게임에서 그 이유를 유추할 수 있습니다.* A와 B 두 사람이 한 장에 1달러인 복권을 둘이 합해 100장을 한도로 원하는 만큼 사서 이를 한 통에 넣고 잘 섞은 후 한 장을 뽑아 그 복권을 산 사람에게 100달러의 상금을 주기로 합니다. 물론 복권 구매에 쓴 돈은 돌려받지 못합니다. 이런 상황에서 두 사람은 각각 얼마를 투자하는 게 합리적일까요? 상금과 구매비용을 고려했을 때 한 사람이 100달러를 투자하는 것은 아무런 의미가 없습니다. 그렇다면 두 사람 모두 50달러씩 투자하면 어떨까요? 이때 두 사람의 당첨 기댓값은 각각 상금 100달러에 당첨 확률 2분의 1을 곱한 50달러가 됩니다. 투자한 금액을 빼면 남는 것은 없습니다. 아울러 전체적으로도 둘이 합해 100달러를 쓰고 얻게 되는 지대가 100달러라면 지대의 순가치는 제로(0)가 됩니다. 이런 상황을 '지대의 완전소실complete dissipation'이라고 합니다.

이제 A가 25달러어치를 사고, B가 50달러어치를 산다고 가정합시다. 그러면 A와 B의 당첨 확률과 기댓값은 각각 3분의 1과 33.33달러, 3분의 2와 66.67달러가 됩니다. 따라서 각각 8.33달러와 16.67달러의 순이익을 기대할 수 있습니다. 이 상태에서 B가 복권 구매를 40달러로 10달러를 줄이면 어떨까요? B의 당첨 기댓값은 61.53달러(40/65 × 100달러)가 되고, 순이익은 21.53달러로 5달러 가까이 증가합니다. 이런 식으로 계속해서

---

*   Gordon Tullock, 「Efficient Rent Seeking」, in 『Efficient Rent-Seeking: Chronicle of an Intellectual Quagmire』 edited by Alan Lockard and Gordon Tullock, Springer Science+Business Media, 2001, pp.4~6

분배의 경제학 : 집합행위와 상호작용

투자금액을 줄이다 보면 A와 B 모두 25달러어치의 복권을 사는 것이 최적의 전략이 됩니다. 물론 이와 같은 결과는 A가 25달러를 유지한다는 전제에서 가능한 것입니다. A는 투자금액을 줄이면 더 나은 결과를 얻을 수 있습니다. 그런데 두 사람 모두 상대방이 얼마를 투자할지 알고 있으며 이에 따라 각자의 투자금액을 조절한다고 가정하면 최적의 투자조합은 두 사람이 각각 25달러의 복권을 구매하는 것입니다.

각자는 25달러를 투자하여 50달러를 기대할 수 있습니다. 물론 게임은 한 사람만 100달러의 상금을 받아 75달러의 순이익을 보는 것으로 끝나겠지요. 나머지 사람은 25달러를 회수하지 못하고 손실을 보는 겁니다. 이처럼 100달러의 상금을 두고 경쟁하는 사람들이 투자한 금액은 모두 50달러로 상금보다 적습니다. 이런 상황을 '지대의 부분소실partial dissipation'이라고 하는데, 지대 추구의 비용이 그 혜택에 비해 적게 드는 현상, 즉 털록의 역설에 대한 하나의 설명입니다.

이익집단은 선거에서 자신이 선호하는 후보의 복권을 사는 것과 같습니다. 예산 배정이나 규제를 통해 자신에게 혜택을 줄 것으로 생각되는 후보에게 투자하는 거죠. 후원금을 내거나 선거활동에 참여해 지지하는 후보의 당선에 노력합니다. 하지만 지지했던 후보가 낙선하면 자신이 투자했던 돈과 시간은 보상받지 못하게 됩니다. 투자 위험이죠. 따라서 이익집단은 투자 위험을 고려해 지지하는 후보가 당선되었을 때 얻을 수 있는 혜택에 비해 지나치지 않을 정도로만 투자하려고 합니다. 이것이 털록의 역설에 대한 또 하나의 설명이 됩니다.

털록의 역설에 대한 또 다른 설명은 지대 추구 행위를 하는 집단이 정치인과 표 거래를 한다는 겁니다. 선거에서 당선을 우선적 목표로 하는 정치인은 선거자금과 더불어 표를 갈구하는데, 이익집단이 이런 사실을 파고든다는 겁니다. 예를 들어 미국의 농민 단체는 자신들의 주장을 알리고 정치인을 설득하는 데 단체 회원들이 정부로부터 받는 지원금의 천분의 일 혹은 만분의 일도 되지 않는 비용을 씁니다.

하지만 이게 다가 아닙니다. 농민 단체는 지원금과 관련된 법규의 제·개정 권한을 가진 정치인에게 정치후원금이나 뇌물 외에도 선거에서 표를 줄 수 있습니다. 이익집단의 규모가 클수록 지렛대로 이용할 표의 가치는 커집니다. 정치인들에게 수백만 농민의 표는 매우 큰 가치가 있습니다. 농민 단체는 표를 지렛대로 삼아 자신들의 이익을 대변하는 정치인을 상대로 지대를 추구하는 겁니다. 따라서 표의 가치를 금액으로 환산하면 처음에 생각했던 것보다 지대 추구 행위의 비용이 상승할 것입니다. 하지만 비용은 여전히 얻는 이득에 비해 매우 작습니다. 다시 말해 지대 추구 행위의 수익률은 여전히 매우 높습니다.[*]

무임승차도 털록의 역설이 발생하는 이유가 됩니다. 대규모 이익집단의 지대 추구 행위는 그 구성원에게 일종의 공공재라고 할 수 있습니다. 정부가 예산 배정이나 규제를 통해 제공하는 특혜는 그 집단 구성원이면 누구나 누릴 수 있습니다. 공공재의 특성상 특정인을 배제할 수 없는 거죠. 앞장에서 사회적 딜레마와 관련하여 보았듯이 공공재를 공급하기 위해 부담해야 할 비용은 제대로 조달되지 않는 경향이 있습니다. 대규모 이익집단은 구성원들에게 제공될 혜택을 위해 정치후원금을 내거나

---

[*]   Luigi Zingales, 『A Capitalism for the People: Recapturing the Lost Genius of American Prosperity』, Basic Books, 2012, pp.76~77

분배의 경제학 : 집합행위와 상호작용

각종 행사를 열어 자신들의 주장을 관철해야 하는데, 모든 구성원이 이에 필요한 비용 조달에 적극적으로 나서는 것은 아닙니다. 집단의 규모가 클수록 혜택은 더 크겠지만, 혜택과 비교하면 지대 추구를 위해 투입하는 비용은 무임승차 때문에 상대적으로 적다고 할 수 있습니다.**

틸록의 역설을 정치인이나 관료의 시각에서 바라보면 또 다른 의미가 있습니다. 공공선택론이 정치인이나 관료도 일반 개인들과 마찬가지로 합리적 이기심에 따라 이익을 극대화한다고 가정하고 있는데, 막대한 부의 이전에 영향력을 가지고 있는 그들은 지대를 제공하고 무엇을 얻을까요? 먼저 정치인은 정치활동에 필요한 후원금과 선거에서 당선에 필요한 표를 얻고, 관료는 부서의 예산을 늘리고 승진에 필요한 실적을 쌓을 수 있습니다. 규제는 대부분 공익의 이름으로 포장되는 경우가 많아서 예산 배정에 유리하고 관료들에게는 실적의 증거가 될 수 있습니다.

다음으로 뇌물이 가능합니다. 직접 돈을 받거나 우회적인 방법으로 금전적 혜택을 받을 수 있습니다. 예를 들어 지대를 얻는 쪽에서 정치인이나 관료의 친인척 또는 지인의 인사 청탁을 들어주는 겁니다. 지대를 얻는 쪽에서 원활한 지대 추구 행위를 위해 정치인이나 관료가 권한을 행사할 수 있는 현직에서 물러난 후에도 자리나 사업상 특혜를 제공하는 전관예우도 일종의 뇌물입니다. 검사나 판사가 현직에서 물러나 자신이 수사했거나 판결했던 기업의 변호인이 되거나, 고위 공무원이 현직일 때 규제 대상이었던 기업의 임원이 되어 대정부 로비활동을 하는 것도 사실상 사후 지급 뇌물입니다. 매관매직도 대표적인 지대 추구 행위라고

**   Gordon Tullock, 『The Rent-Seeking Society』, Liberty Fund, Inc., 2005, p.300

할 수 있습니다. 비록 불법적인 뇌물은 아니지만 지대 추구 활동에 도움을 준 정치인이나 관료를 초청하여 강연회를 개최하고, 이들에게 고액의 강연료를 제공하는 것도 일종의 지대 제공에 대한 반대급부라고 할 수 있습니다. 하지만 정치인이나 관료는 부정과 비리가 적발될 가능성을 줄이고 적발 시 입게 되는 타격을 줄이기 위해 뇌물의 액수를 제공하는 혜택에 비해 상당히 작은 수준으로 제한할 가능성이 있습니다. 즉, 지대보다 훨씬 작은 규모의 뇌물이 오가는 겁니다.

지대 추구의 사회적 비용

그런데 여기서 잠깐 생각해 봅시다. 지대 추구 행위의 비용은 이익집단의 로비 활동이나 기타 활동에 들어가는 돈이 전부일까요? 예를 들어 지대 추구 행위의 결과가 신규 경쟁 기업의 진입 규제로 나타나고, 이것이 이익집단에 독점적 이윤을 가져다주는 상황을 가정해 보겠습니다. 이때 이익집단의 지대 추구 활동에 들어간 비용이 5억 원이라고 한다면 그것이 지대 추구 행위의 총비용일까요?

규제가 없는 경쟁적 시장에서 규제로 인해 독점적 시장으로 변하면 소비자에게 손실이 발생합니다. 앞서 살펴본 것처럼 독점적 지위를 가진 기업은 경쟁 시장에서보다 더 높은 가격에 더 적은 수량을 공급할 수 있기 때문입니다. 이 때문에 규제가 없다면 누릴 수 있었던 더 낮은 가격에 더 많은 재화를 소비함으로써 얻는 혜택, 즉 사회후생이 감소하게 됩니다. 이것은 지대 추구로 인한 사회적 비용입니다.

그러나 지대 추구의 사회적 비용은 이와 같은 직접적인 사회후생의 감소에 그치지 않습니다. 규제는 관련 산업의 효율성을 떨어뜨려 자원을 비효율적으로 사용하게 만듭니다. 모든 사람, 기업, 산업이 똑같이 규제를 받는다면 이야기가 달라질 수 있겠지만 규제를 통해 상대적으로 특혜를 받는다면 그렇지 않았을 경우에 비해 효율성이 떨어지는 것은 쉽게 예상할 수 있습니다. 경쟁의 긍정적 효과가 사라져 시장의 효율적 자원배분 기능을 훼손하는 거죠.

또한 규제는 로비 활동 등에 적지 않은 자원을 낭비하게 합니다. 앞서 언급했듯이 규제가 '획득된' 규제라면 유리한 규제를 얻어내기 위해 관련 이익집단은 시간과 돈을 들였을 겁니다. 이것은 더 생산적인 용도로 사용할 수 있었던 자원이 낭비된 것이라고 할 수 있습니다. 그것뿐만이 아닙니다. 특정 규제에 반대하는 집단의 활동도 일어나는데 이 또한 사회적 자원의 낭비라고 할 수 있습니다.[*]

그런데 위에서 언급한 비용에는 아주 중요한 항목이 빠져 있습니다. 지대 그 자체의 의미에서 알 수 있듯이 규제로 발생하는 지대는 부의 이전을 의미합니다. 사회 전체적으로 부가 사라지는 것은 아니라는 겁니다. 따라서 부의 이전으로 인한 비용을 고려하지 않거나 무시할 수 있습니다. 이에 대해 털록은 절도 행위를 예로 들며 지대 추구 행위를 통한 부의 이전은 사회적으로 막대한 비용을 초래한다고 지적합니다. 도둑이 물건을 훔친다고 그 물건이 사회적으로 사라지는 것은 아닙니다. 단지 부

---

[*] Gordon Tullock, 「The welfare costs of tariffs, monopolies, and theft」, Westin Economic Journal, (1967: June), pp.225~228

가 이전될 뿐입니다.

그렇다고 절도로 인한 추가적인 사회적 비용이 없는 것은 아닙니다. 절도의 존재는 사회적으로 막대한 비용을 초래합니다. 도둑이 되고자 하는 사람은 절도 기술을 연마하면서 자원을 낭비하고, 절도로부터 자신의 재산을 지키려는 사람은 피해 방지를 위해 자물쇠나 금고를 설치하거나 보안요원을 고용하거나, 더 많은 시간을 절도 예방에 써야 합니다. 게다가 절도 관련 법률을 제정하고 이를 집행할 경찰과 법원의 조직을 운영하는 데에도 사회적 비용은 적지 않게 들어갑니다.

이처럼 절도에 의한 부의 이전 자체는 단순한 손바뀜이기 때문에 추가적인 사회적 비용이 들지 않는다고 해도 절도 가능성만으로도 부의 이전을 획득하려는 사람들과 그것을 막으려는 사람들은 부가가치를 창출하지 못하는 비생산적 활동에 막대한 비용을 치르게 됩니다.* 이 경우 지대 추구 행위는 마치 죄수의 딜레마처럼 네거티브섬 게임이라고 할 수 있습니다. 전쟁에서 쌍방이 소모전을 치르듯, 독점사업권과 같은 정부의 특혜를 얻기 위해 이익집단들이 로비 활동이나 뇌물 제공을 통해 서로 경쟁하면서 사회의 자원을 비생산적인 용도에 낭비하는 것입니다.

지대 추구 행위는 경제성장에도 부정적인 영향을 미칩니다. 이것도 지대 추구에 따른 비용이라고 할 수 있습니다. 일반적으로 지대 추구 행위는 규모가 커질수록 수익률이 증가하는 경향을 보입니다. 더구나 지대를 추구하는 이익집단의 규모가 커질수록 지대를 획득할 가능성이 커집니다. 수가 많으면 규제로 얻게 되는 지대를 공익의 이미지로 더 그럴듯

---

*   Gordon Tullock, 같은 논문, pp.228~231

하게 포장할 수 있기 때문입니다. 따라서 지대 추구 행위는 다른 생산적인 활동에 비해 수익률이 높은 경향이 있습니다. 악화가 양화를 구축하듯 비생산적인 지대 추구 활동이 생산적인 활동을 구축하는 것입니다.

　나아가 지대 추구 행위는 혁신을 억누릅니다. 혁신기업은 기존 기업보다 인적 네트워크와 자금 면에서 취약하고, 자본을 축적하려면 더 오랜 시간이 걸리며, 추진 사업은 위험이 더 큽니다. 경제가 혁신이라는 창조적 파괴를 통해 성장한다고 한다면 경제성장에 혁신의 역할은 매우 중요합니다. 이 과정에서 정부는 혁신을 촉진할 금융지원이나 제도 개선을 통해 도움을 줄 수 있습니다. 그런데 지대 추구 행위는 주로 탄탄한 조직과 자금을 보유한 기존 기업들을 중심으로 이루어집니다. 따라서 지대 추구 행위가 활발할수록 혁신을 뒷받침하는 데 쓰일 정부의 자산이 엉뚱한 곳에 사용되고, 이것은 경제성장에 부정적인 영향을 미치게 됩니다.[**]

학습된 지대 추구

한국은 지대 추구 사회일까요? 지대 추구 행위에 대한 이론적 접근을 통해 답을 얻기는 어려울 것입니다. 지금까지 우리나라에서 이루어지는 지대 추구 행위에 관한 연구가 충분하지 않기 때문입니다. 하지만 지대 추

[**]　Kevin M. Murphy, et.al., 「Why is rent-seeking so costly to growth?」, American Economic Review, Papers and Proceedings, Vol.83, No.2, May 1993, pp.409~414

구 행위가 정부의 개입이 증가하면서 함께 증가한다는 점을 고려하면 전반적으로 그런 경향이 더 강해졌다고 추정할 수 있습니다. 물론 이런 경향은 우리나라에만 해당하는 것은 아닙니다. 현대의 수정자본주의 세계에서 정부 개입이 확대되는 경향은 세계 주요국 모두에서 나타나는 현상입니다.

지대는 기본적으로 부의 이전입니다. 쉽게 말해 공유자원을 사유재로 변형시키는 과정입니다. 이는 표면적으로 공익성을 전제로 하는 정부의 규제에 사익성이 작용한다는 것을 의미합니다. 규제 포획을 통해서요. 사회적 영향력을 행사할 수 있는 이익집단은 정치인이나 관료를 설득하거나 압박할 수 있는 힘을 가지고 있으며 이를 통해 자신들의 이익을 위해 정부의 규제를 활용할 것입니다. 그런데 정보와 지식으로 규제 기관을 포획하는 합법적인 지대 추구와는 달리, 뇌물이나 부정 청탁 등을 매개로 한 불법적인 지대 추구 행위도 있습니다. 어쩌면 한 사회의 부패 수준과 지대 추구 활동의 정도는 동전의 양면일지도 모릅니다.

따라서 한 사회가 부패한 정도를 알면 그 사회에서 벌어지는 지대 추구 행위에 대한 대강의 모습을 그려볼 수 있습니다. 특히 국가 간 부패 정도를 비교하면 지대 추구 사회인가를 간접적으로 알 수 있습니다.

국제투명성기구Transparency International에서는 매년 국가별 부패지수Corruption Perception Index를 발표합니다. 각국 공공부문의 부패 정도를 전문가와 경영인들에게 물어 0점(매우 부패)에서 100점(매우 청렴) 사이로 평가합니다. 2023년 부패지수에서 우리나라는 덴마크(90점, 1위), 핀란드(87점, 2위), 싱가포르(83점, 5위), 독일(78점, 9위), 캐나다(76점, 12위), 홍콩(75점, 14위), 일본(73점, 17위), 프랑스와 영국(71점, 21위), 미국(69점, 25위), 대만(67점, 28위)

에 이어 63점으로 32위를 기록했습니다.

하지만 부패지수로 지대 추구 행위를 추정하는 것은 어디까지나 흐릿한 밑그림일 뿐입니다. 이를 좀 더 선명한 그림으로 그리려면 지대 추구 행위가 일상생활에서 어느 정도로 쟁점이 되는지를 살펴볼 필요가 있습니다. 공공선택론에서 지대 추구에 관한 이론은 개인의 합리적 이기심을 전제로 합니다. 합리적 이기심은 경제학적으로 정교한 이론적 분석을 위해 필요한 가정이지만, 이론만으로는 현실의 모습을 입체적으로 그려낼 수 없습니다. 따라서 일상적 삶의 모습에서 지대 추구 행위를 살펴볼 필요가 있습니다.

"사람이 이기적이기 때문에 지대 추구적인 행동을 하는 것이 아니라 그냥 자신이 살아온 과정에서 배우고 보고 느끼고 학습한 일상의 지식과 경험에 기초하여 자신의 행동을 선택한 것이 지대 추구적인 행동일 수 있다"는 겁니다.* 지대 추구 행위가 사회적인 학습의 결과일 수 있다는 거죠.

한국에서 빈번하게 사회 쟁점이 되는 철밥통, 기득권, 전관예우, 낙하산, 뇌물, 눈먼 돈 등은 부의 이전, 즉 지대 추구 행위와 관련이 있습니다. 전문직 종사자, 노조, 공기업, 국회의원, 공무원, 시민단체 등 수많은 이익집단이 기득권을 공고히 하고, 각종 특혜와 금전적 이득을 얻기 위해 합법적 혹은 불법적 영향력을 행사하는 것은 일상생활에서 흔히 접하는 이야깃거리라고 할 수 있습니다. 그렇다면 한국 사회에서 지대 추

---

*　사공영호, 「지대 추구 행위 : 실천적·전체론적 접근」, 한국정책학회보, 제23권 1호 (2014. 3), pp.129~130

구 행위는 중요한 삶의 기술일 가능성이 크다고 할 수 있습니다.[*]

지대 추구자

그렇다면 누가 지대 추구 행위를 할까요? 일반인은 정치인이나 관료를 포획하지 못합니다. 예를 들어 지대 추구가 공개적으로 이루어지던 중상주의 시대에는 정부가 경매를 통해 각종 특혜를 판매했습니다.[**] 정부가 제공하는 특혜, 즉 지대의 대가를 공개적으로 받은 겁니다. 아마도 돈 많은 귀족이나 상인들이 공개적으로 지대를 샀을 겁니다. 애덤 스미스는 말합니다.

"이런 중상주의 전체를 고안해낸 것이 과연 누구인가를 파악하는 일은 그다지 어렵지 않다. 우리는 그것을 고안해낸 사람이 소비자가 아닌 생산자였다고 믿어도 좋을 것이다. 왜냐하면 소비자의 이익은 전적으로 무시되어 왔음에 반해 생산자의 이익에는 매우 신중한 주의가 기울여지고 있었기 때문이다. 또한 이 생산자들 중 우리나라의 상인·제조업자들이야말로 중상주의의 특히 중요한 설계자들이다. … 중상주의의 여러 규제에서는 우리나라 제조업자들의 이익이 특별히 우대되었고, 그 결과 소비자의 이익이 희생되었을 뿐 아니라 기타 생산자들의 이익도 더 크게 희생되었다."[***] 스미스는 지대 추구로 인한 부의 이전에서 누가 이득을

---

[*]   사공영호, 같은 논문, pp.146~150
[**]   Gordon Tullock, 『The Rent-Seeking Society』, Liberty Fund, Inc., 2005, p.300
[***] 애덤 스미스, 김수행 옮김, 『국부론』, 비봉출판사, 2012년, p.816

보고 누가 희생을 당했는지 분명하게 알려주고 있습니다.

오늘날에도 지대를 추구하는 핵심 주체는 크게 변하지 않은 듯합니다. 그러나 민주주의가 발전하면서 다양한 목소리를 담아야 하는 정부 정책에 힘없는 자들의 집단적 목소리도 영향을 미치게 되었습니다. 이로 인해 다양한 집단의 등장으로 지대 추구 행위가 특정 계층에 일어나는 현상에 머물지 않고 일상화되었다고 할 수 있습니다. 이러한 경쟁적 지대 추구 행위는 사회적 자원의 낭비를 증가시킬 것입니다. 공유지에 울타리를 쳐 사유지로 만드는 인클로저 운동 때문에 양이 사람을 집어삼킨 것처럼 경쟁적 지대 추구 행위는 사익이 공익을 집어삼키게 만듭니다. 이는 정부의 역할 확대와 함께 나타나는 자연스러운 현상일지도 모릅니다.

하지만 지대의 많은 부분은 결국 사회적 영향력과 지식, 정보에서 우월한 집단이 차지할 겁니다. 법률과 제도는 응집력이 약한 분산된 이익집단의 희생을 통해 응집력이 강한 집중화된 이익집단에게 혜택을 주는 경향이 있습니다. 더욱이 한층 복잡해진 세계에서 지식과 정보에서 우월한 지위를 차지하고 더 많은 활동자금을 조달할 수 있는 이익집단이 정교한 '공익 포장 기술'을 활용하여 눈에 띄지 않는 방식으로 지대를 추구할 가능성은 더욱 커졌다고 할 수 있습니다.

지대 추구 행위는 사회적 차원에서 자원의 낭비를 초래합니다. 특히 지대를 추구하는 사람들이 주로 부유하고 사회적 영향력이 있는 경우가 많기 때문에 이러한 행위는 빈익빈 부익부 현상을 초래합니다. 따라서 사람들은 무언가 잘못되었다고 생각할 수 있습니다. 경제적 성공이 사회적으로 높은 부가가치를 창출한 대가가 아니라 지대 추구 행위를 통해 부를 이전한 결과라고 한다면, 자본주의 사회의 가치체계는 흔들릴 것입니다. 특히 경쟁을 통해 자원의 최적 배분을 실현하고 이를 통해 사회적 부가가치를 창출하는 시장에 대한 믿음이 흔들리게 됩니다. 시장에 대한 믿음이 약해지면 정부가 더 많은 개입을 통해 시장실패를 교정해야 한다고 생각하게 됩니다. 이로 인해 정부의 역할이 커지면서 규제를 통한 지대 추구 행위가 확대되고, 시장에 대한 믿음이 더욱 약해지는 악순환에 빠질 수 있습니다.

미국의 경제학자 앤 크루거(Anne Kreuger, 1934~)는 이러한 현상을 정치적 '악순환'이라고 말합니다. 크루거는 '지대 추구rent seeking'라는 흡입력 있는 표현을 만들어 사용함으로써 지대에 관한 학문적 관심을 증폭시킨 인물입니다. 그녀는 경쟁적 지대 추구로 인해 시장이 사회적으로 제 기능을 하지 못하면서 정부 개입을 확대하는 결과를 가져온다고 말합니다.[*]

규제 완화와 지대

그렇다면 규제 완화가 답일까요? 규제가 사익성에 기반한 경우 규제를 완화한다고 해서 공익성이 담보될까요? 지대 추구를 위해 획득된 규제가 이익집단과 정치인 또는 관료 간의 거래의 산물이라면, 규제 완화가 그 반대로 공익을 증진하고 경제 전체에 긍정적인 영향을 미친다고 할 수

---

[*] Anne O. Krueger, 「The Political Economy of the Rent-Seeking Society」, The American Economic Review, Vol. 64, No. 3 (Jun., 1974), p.302

있을까요? 규제 완화가 시장 기능의 확충으로 이어지고, 이것이 사회후생을 늘린다면 그렇다고 할 수 있습니다. 하지만 규제가 특정 집단의 이익에 사용될 수 있듯이 규제 완화도 특정 집단의 이익을 위해 악용될 수 있습니다. 이는 '사회후생을 증진시키는 시장 기능의 강화'라는 명목하에 이루어질 수 있습니다. 아래에서는 글로벌 금융위기 사태에 이르는 과정을 살펴봄으로써 규제 완화가 지대 추구 행위에 이용될 수 있다는 사실을 확인할 수 있습니다.

2008년 글로벌 금융위기는 10년 전인 1998년 시티그룹이 탄생하면서 잉태한 것이라고 할 수 있습니다. 이와 관련된 이야기는 다음과 같습니다.[**] 1998년 4월 6일 대형 증권사인 살로먼 브라더스를 자회사로 둔 트래블러스Travelers와 미국 최대의 은행지주회사인 시티코프Citicorp가 합병을 발표했습니다. 시티그룹Citigroup이 탄생한 거죠. 이로써 1930년대 이후 처음으로 은행, 증권, 보험 서비스를 통합 제공할 수 있는 겸업은행universal bank이 출현했습니다.

시티그룹의 탄생은 의회에 대해 은행업과 증권업을 분리하는 구조적 장벽을 폐지하도록 압박하는 매우 공격적인 움직임이었습니다. 무엇보다 이 합병안은 대공황 이후 미국 금융시장의 구조적 틀을 형성한 글래스-스티걸법Glass-Steagall Act과 은행지주회사법(Bank Holding Company Act, BHCA)의 규제 철학에 대한 도전이었습니다.

글래스-스티걸법으로 알려진 1933년 은행법Banking Act of 1933은 상업

[**]　Arhtur E. Wilmarth, "The Road to Repeal of the Glass-Steagall Act", Wake Forest Journal of Business & Intellectual Property Law, Vol. 17, No. 4, Summer 2017

8. 몫은 기여한 만큼 가져가는가?　　　　　　　　　　　283

은행이 증권업을 겸하는 겸업주의universal banking를 금지하고, 양자를 분리하는 전업주의specialized banking를 규정하고 있었습니다. 또한 1956년 제정된 은행지주회사법은 글래스-스티걸법의 기본 방침을 강화하여 은행지주회사의 산업 및 상업 활동을 금지했습니다. 비록 은행지주회사법에 따라 신설된 은행지주회사는 설립 후 최대 5년 동안 법규에 반하는 자산(nonconforming assets, 부적합 자산)을 보유할 수 있었지만, 이는 그 기간 내에 허용되지 않는 사업을 정리하라는 뜻이었지, 시티그룹처럼 겸업은행업을 영위할 수 있는 금융지주회사financial holding company를 허용한 것은 아니었습니다. 이 점에 비추어 시티그룹 합병안은 의회에 전업주의라는 구조적 장벽을 폐지하든지, 아니면 5년 이내에 이들 법에 저촉되는 시티그룹의 모든 활동을 강제로 종료시키든지 양자택일을 강요한 것이라고 할 수 있습니다.

결국 의회는 1999년 11월 클린턴 행정부가 강력하게 지원했던 금융서비스 현대화법(Financial Services Modernization Act, 그램-리치-블라일리법, Gramm-Leach-Bliley Act, GLBA)을 통과시켰습니다. 이 법에 따라 은행, 증권사 및 보험사를 소유할 수 있는 금융지주회사의 설립이 허용되었고 이는 시티그룹의 탄생을 추인하는 결과였죠. 이것은 마치 안전을 위해 횡단보도를 없앤 곳에서 돌아가기 불편하다는 이유로 일부 사람들이 빈번하게 무단횡단을 하자 다시 횡단보도를 만들어준 격이었습니다. 겸업주의 환경에 처한 대형 증권사들은 통합이나 다변화 전략으로 대응했고, 이에 따라 많은 증권사가 사실상 겸업은행이 되었습니다.

1907년 니커보커 신탁회사Knickerbocker Trust Company의 예금인출 사태로 촉발된 금융공황과 1929년 주식시장 붕괴로 시작된 대공황을 거치면

분배의 경제학 : 집합행위와 상호작용

서 미국은 상업은행과 증권업(투자은행)을 분리하는 정책을 채택했습니다. 하지만 점차 은행과 증권 사이의 장벽을 넘나드는 일들이 증가하기 시작했죠. 특히 1970년대 이후 금융이론 및 통신기술의 발달로 금융기법이 고도화되고 한층 복잡해지면서 장벽의 경계가 불분명해지기 시작했습니다. 이런 상황에서 이제까지 드러나지 않게 좁은 틈 사이로 조용히 흐르던 물이 둑을 무너뜨리고 콸콸 소리를 내며 큰 물길을 만들려 하고 있었습니다. 그 과정을 좀 더 들여다보겠습니다.

글래스-스티걸법의 전업주의 장벽을 제거하라는 요구는 레이건 행정부가 들어선 1981년부터 은행업계를 중심으로 본격 제기되었습니다. 이러한 움직임이 단속적으로 이어지는 가운데 1991년 미 재무부는 '금융시스템 현대화Modernizing the Financial System'라는 제목으로 포괄적인 규제 완화를 담은 청사진을 발표했습니다. 그 주요 내용은 전국 단위의 은행업 및 지점 설치, 글래스-스티걸법의 폐지, 일반 기업에 의한 은행 매수 제한의 폐지였습니다.

결국 클린턴 행정부는 1993년 10월에 주간 은행업에 관한 법안인 리글-닐법Riegle-Neal Act을 의회에 제출했고, 이 법안은 1994년 9월 통과되었습니다. 이로써 재무부가 계획했던 전국 단위의 은행업과 지점 설치가 허용되었습니다. 리글-닐법은 이미 은행업계에 불어닥친 통합의 회오리를 가속화했습니다. 1990~2005년 기간에 74건의 대규모 합병이 이루어졌고, 같은 기간 미국의 상위 10대 은행이 미국 전체 은행 자산에서 차지하는 비중은 25%에서 55%로 증가했습니다.

대형 은행들은 1995년 초에 글래스-스티걸법과 은행지주회사법의 구조적 장벽을 폐지하기 위한 금융현대화 법안 통과를 위해 새로운 캠페인을 전개하기 시작했습니다. 로비 활동을 전개한 거죠. 하지만 보험업계와 지역은행들의 반대, 그리고 여러 가지 이유로 1998년까지 금융현대화 법안은 의회를 통과하지 못했습니다. 그런데 그 사이 금융 규제 완화에 우호적인 변화가 있었습니다. 먼저 규제 완화에 대한 증권사와 보험사들의 반대 활동이 수차례 실패로 이어진 후 증권사와 보험사는 자신들도 은행업을 영위할 수 있다는 생각에 금융지주회사를 찬성했습니다.

또 다른 변화는 앞서 언급했던 트래블러스와 시티코프의 합병 선언이었습니다. 두 회사는 합병 선언에 앞서 연준 의장 앨런 그린스펀, 재무장관 로버트 루빈, 그리고 클린턴 대통령과 함께 상의했는데 이들 모두 합병을 지지했습니다. 그리고 마침내 1999년 11월 금융서비스현대화법이 통과되었습니다.

대형 금융기관들이 추구했던 규제 완화 캠페인의 마지막 요소는 신용파생상품 등 장외OTC 파생상품에 대해 상품선물거래위원회(Commodity Futures Trading Commission, CFTC)나 증권거래위원회(Securities and Exchange Commission, SEC) 등 규제기관의 규제를 받지 않도록 하는 것이었습니다. 1990년대에 OTC 파생상품시장은 급속하게 성장해 엄격한 규제를 받는 거래소의 파생상품시장보다 규모가 훨씬 큰 상태였습니다.

파생상품 업계와 그 정치적 연합조직들은 상품선물현대화법(Commodity Futures Modernization Act, CFMA)의 제정을 위한 캠페인을 펼쳤습니다. 규제 완화의 범위 및 규제기관들의 권한 등에 대한 논의를 거쳐 마련된 CFMA 최종안은 금융기관, 기업, 기관투자자 또는 부유한 개인에 대해서는 CFTC나 SEC의 OTC 파생상품에 관한 모든 실질적인 규제를 면제했습니다. 마침내 2000년 12월 CFMA가 제정되었습니다.

이에 따라 대형 금융기관은 연방 혹은 주 규제당국의 실질적 규제를 받지 않고 복잡한 OTC 파생상품들을 제공할 수 있게 되었습니다. 규제의 고삐에서 벗어난 금융기관들은 주택시장의 모기지 대출을 복잡한 파생금융상품으로 만드는 과정에서 아랫돌을 빼내어 윗돌에 끼우는 영업행위를 계속했습니다. 그리고 서브프라임 사태로 텅 빈 아랫부분이 무너지면서 2008년 글로벌 금융위기가 터졌습니다.

규제 프리즘

지대 추구 이론은 정부 행위에 대한 중요한 통찰력을 제공합니다. 부가가치 창출 없이 사회적 자원을 사유화하는 부의 이전이 어떻게 이루어지고 사회후생에 어떤 영향을 미치며, 이것이 왜 그렇게 수익률이 높은지 알려줍니다. 아울러 지대 추구와 관련하여 정치인이나 관료의 비리나 부패 가능성도 경제적 논리로 접근할 수 있게 합니다. 게다가 지대 추구 행위가 주로 힘 있는 부자들에 의해 이루어진다는 점에서 불평등의 원천을 들여다볼 수 있는 새로운 시각을 제공합니다.

하지만 지대 추구 이론이 정치인이나 관료가 일반 개인과 마찬가지로 합리적 이기심에 의해 공공선택 행위를 한다고 보는 시각은 매우 시사적이면서도 과장된 측면이 있습니다. 정부는 단순히 구성원들의 이익집단에 불과한 것도 아니며 정부의 구성과 행위에는 견제와 균형이라는 힘이 작용하기 때문입니다. 따라서 규제기관이 이익집단에 의해 규제 포획을 당하기도 하지만, 공익성을 무기로 규제 대상을 포획할 수도 있습니다. 이처럼 정부 규제는 지대 추구 행위를 방지하는 공익적 수단이 될 수 도 있습니다. 이렇듯 규제의 양면성을 고려할 때 지대 추구 행위를 방지 한다는 명분으로 규제 완화에 과도하게 의존하는 것은 신중해야 합니다.

예를 들어 독점의 폐해를 막기 위해 반독점 규제를 도입했는데, 일정 기간이 지난 후 정부 개입을 줄이고 시장의 기능을 강화해야 한다는 이 유로 규제를 완화하는 것이 정말 공익을 위한 것일까요? 전문가들도 이 해하기 어려운 구조를 가진 파생상품에 대한 규제를 시장의 가격발견 기 능을 활성화하기 위해 무조건 풀어야 할까요? 우리는 서브프라임 사태 에서 규제 완화가 어떤 결과로 이어지는지 확인했습니다.

현실의 규제에 공익성과 사익성이 완전히 분리되어 있지 않듯이 규제 완화 또한 공익성과 사익성이 혼재되어 있다고 할 수 있습니다. 따라서 어떤 규제나 규제 완화가 지대 추구와 어느 정도 관련이 있는지를 제대 로 평가하기 위해서는 공익성과 사익성을 분별할 수 있는 규제 프리즘을 통해 이와 관련된 사회적 비용을 더욱 정밀하게 측정하는 역량이 필요합 니다. 그리고 이는 경제학자들의 과제입니다.

PARADOXES & DILEMMAS IN ECONOMICS

9

경제는 성장하는데
왜 빈곤은 사라지지 않을까?

빈곤의 경제학

주류경제학은 빈곤을 정면으로 이야기하지 않습니다. 희소성과 가격, 자원배분과 소득분배, 효용과 선호체계, 합리성과 효율성, 수요와 공급, 경쟁과 독점, 시장과 정부, 균형과 불균형, 성장과 경기순환, 무역과 국제경제 등 수많은 주제를 다루지만 빈곤은 힘주어 언급하지 않습니다. 많은 사람이 삶에서 가장 절실하게 느끼는 경제 문제 중 하나가 빈곤인데도 말이지요.

빈곤을 이야기하려면 평등이나 정의와 같은 도덕적 규범을 살펴보아야 하는데, 이것은 정교한 수리적 모형으로 이론화하기 어렵습니다. 따라서 스스로 하나의 과학이고자 했던 신고전학파 경제학은 빈곤을 핵심 주제로 받아들이기 어려웠을 것입니다. 더욱이 모든 경제 문제는 시장이 가장 잘 해결한다는 믿음에 기반을 둔 경제학은 빈곤을 시장경제의 부수적인 부작용으로 여기며 개인이 스스로 해결해야 할 과제로 간주하는 듯합니다. 빈곤을 자연법칙의 불가피한 결과로 보는 사람들은 때로는 자유에 기반한 재산권이라는 법률의 이름으로, 때로는 사회라는 실체가 없다는 이념적 논리로, 때로는 시장이 가장 도덕적이라는 경제적 이론으로 빈곤을 당연시해 왔습니다.

빈곤의 원인이 무엇인가를 묻는 것은 매우 중요합니다. 만일 개인의 게으름, 신체적 장애, 교육의 미흡 등이 빈곤의 원인이라면 일할 동기를 부여하고 선별적 지원이나 교육 여건을 개선하는 정책을 통해 빈곤 문제를 해결하거나 완화할 수 있습니다. 이는 개인 수준에서 빈곤에 맞서도록 하는 겁니다. 하지만 불평등이 빈곤의 원인이라면 처방은 달라집니다. 사회의 분배 구조를 변화시켜야 하기 때문입니다. 개인의 노력만으로는 해결할 수 없는 문제라는 거죠. 따라서 우리는 빈곤을 정면으로 이야기하는 빈곤의 경제학이 필요합니다.

빈곤은 절대 빈곤과 상대적 빈곤으로 나누어 생각해볼 수 있습니다. 절대 빈곤은 최저 생계와 같은 물리적인 기본 욕구를 충족시킬 수 있는 정도의 최소한의 돈조차 없는 상태를 말합니다. 쉽게 말해 먹을 것과 입을 것을 제대로 구하지 못하고, 안정된 주거환경을 마련하지 못할 정도로 경제적 여유가 없는 거죠. 특히 식료품을 제대로 구하지 못할 정도로 돈이 없는 사람들은 하루하루 생존을 위한 테스트를 받아야 합니다.

상대적 빈곤은 사회의 다른 사람들에 비해 낮은 수준의 경제적 삶을 영위하는 것을 말합니다. 경제적 자원이 절대적으로 부족한 것이 아니라, 다른 사람과 비교했을 때 부족하다고 느끼는 상태입니다. 즉, 상대적

박탈감이죠. 사하라 이남의 아프리카 여러 나라의 빈민층과 같이 절대 빈곤에서 고통받는 사람들이 적지 않지만, 우리나라와 같이 전반적인 경제 수준이 양호한 나라에서는 절대 빈곤보다는 상대적 빈곤이 더 큰 주목을 받습니다.

현재의 기준으로 보면 인류 역사 초기에는 모두가 가난했을 것입니다. 그러나 공동체 수준의 생계 활동 덕분에 절대 빈곤이라고 할 수는 없었을 것이고, 상대적 빈곤의 개념도 존재하지 않았을 겁니다. 시간이 흐르면서 인구가 증가하고 공동체의 규모가 커지며 결속력이 약화됨에 따라 절대 빈곤과 상대적 빈곤이 인류 사회에 퍼지게 되었습니다.

빈곤의 경제학은 대개 불평등 문제를 다룹니다. 빈곤이 개인의 문제가 아니라 사회의 문제라는 인식에 따른 겁니다. 불평등이 빈곤의 원인이고, 그것이 사회적 불의라면 그 해결을 위해 무엇이 정의인가 묻지 않을 수 없습니다. 하지만 정의를 어떻게 정의하든 사회적 불평등의 존재는 부인할 수 없습니다. 역사를 분기점 이전으로 되돌릴 수는 없으니까요. 다만 불평등의 정도가 문제가 될 것입니다. 극단적으로는 불평등을 사회의 악으로 여기고 완전한 평등을 최고의 선으로 여기는 시각이 있는 반면, 불평등을 사회의 악이 아니라 성장 동력의 하나로 바라보는 시각도 있습니다. 빈곤을 초래하는 불평등이 있어야 사람들이 더 나은 삶을 위해 노력하게 되고, 이에 따라 경제가 발전한다는 논리입니다.

그렇다면 빈곤이 사람들의 근로 의욕을 북돋아 빈곤에서 탈출할 수는 동기가 될 수 있을까요? 그렇다면 경제 성장에도 불구하고 왜 여전히 빈곤에서 벗어나지 못하는 사람들이 많을까요? 문제는 빈곤은 빈곤으로 이어지고, 부유는 부유로 이어질 가능성이 크다는 것입니다. 빈익빈 부익부 현상이 말해주듯 빈곤의 덫poverty trap에서 벗어나는 것은 매우 어렵습니다. 가난의 그림자는 쉽게 지울 수 없으며 뽑아도 뽑아도 어느새 새롭게 자라나는 질긴 생명력을 가진 풀처럼 빈곤을 완전히 뿌리 뽑을 수는 없습니다. 어쩌면 이처럼 해결하기 어렵다는 이유로 빈곤의 경제학이 교실 밖으로 밀려난 것일지도 모르겠습니다.

빈곤의 경제학을 하나의 이론으로써 체계적으로 정립하려고 했던 사람은 토머스 맬서스입니다. 그는 1798년 발간한 『인구론』에서 인류는 기하급수적으로 증가하는 반면 생존자원은 산술급수적으로 증가하므로 생존자원이 부족해질 것이라는 논리를 폅니다. 따라서 그는 인구 증가를 억제할 필요가 있다고 역설합니다. 맬서스는 결혼을 자제하는 것과 같은 인구 억제 방법도 있지만, 자연과 인간의 삶 속에는 인구 증가를 억제하는 힘이 자연스럽게 작용한다고 말합니다. 생존자원의 한계 때문에 전쟁, 질병, 기근 등 여러 요인이 인간의 자연적 수명을 단축시킨다는 겁니다. 이러한 힘 중에서 빈곤은 자연법칙에 따라 불가피하게 발생한다고 말합니다.[*]

맬서스는 인구와 생존자원의 주기적 변동을 명목임금과 실질임금으로 설명합니다. 명목임금이 그대로인 상태에서 인구 증가로 식료품 수요가 늘어 식료품 가격이 상승하면 구매력이 떨어져 실질임금이 하락하므로 노동자에 대한 수요가 증가합니다. 그런데 노동자 수가 증가하면 식료품에 대한 수요가 증가하면서 다시 식료품 가격이 상승합니다. 생존자원이 부족해지면서 실질임금이 더욱 하락하는 거죠. 빈곤이 사회를 집

---

[*]　토머스 맬서스, 이서행 옮김, 『인구론』, 동서문화사, 2018년, pp.24~25

어삼키는 겁니다. 실질임금이 많이 떨어지면 노동자는 가족 부양에 어려움을 겪게 되고, 출산을 억제하려고 합니다. 따라서 일정 기간이 지나면 노동 공급이 감소하여 노동 수요가 공급을 초과하게 되고 이는 임금 상승과 인구 증가로 이어집니다. 물론 이것은 다시 식료품 가격의 상승과 임금의 하락이라는 주기적 변동으로 가는 순환 과정일 뿐입니다.** 결국 빈곤은 사라지지 않고 깊게 뿌리를 내리며 주기적으로 모습을 드러냅니다. 인구 증가가 경제발전의 성과를 모두 잠식해 버려 종국에는 빈곤에서 벗어나지 못하는 맬서스 트랩Malthusian trap에 갇히게 되는 겁니다.

개발의 역설

경제가 발전하는데 가난은 왜 사라지지 않을까요? 인구 증가를 압도하는 기술의 발달로 생존자원이 엄청나게 증가했는데도 여전히 많은 사람들이 가난한 이유는 무엇일까요? 이것은 후진국만의 문제가 아닙니다. 선진국에서도 빈곤층은 적지 않습니다. 미국도 그렇고, 영국이나 프랑스, 일본도 그렇습니다. 물론 우리나라도 그렇습니다. 이처럼 경제가 발전하는데도 빈곤이 사라지지 않는 현상 혹은 경제 성장과 빈곤이 함께 나타나는 현상을 흔히 '개발의 역설development paradox'이라고 합니다. 다만 이 용어는 아직은 경제학에서 일반적으로 사용하는 용어는 아닌 듯합니다. 개발의 역설은 개발의 순기능에도 불구하고 이로 인해 나타나

**   토머스 맬서스, 같은 책, pp.26~27

는 부정적 현상으로 가난을 포함한 사회적 불평등, 환경오염, 이해갈등, 문화적 부작용 등 여러 가지 문제점을 드러냅니다.

세계은행은 빈곤선poverty line을 하루 2.15달러를 기준으로 하고 있습니다. 다시 말해 하루 2.15달러 미만으로 살아가는 사람들을 절대 빈곤층이라고 할 수 있습니다. 2022년 현재 절대 빈곤층의 수는 7억 명이 넘는데, 이는 세계 인구의 약 9%에 해당하는 것으로 사하라 사막 이남의 아프리카에 집중되어 있습니다.[*]

세계 최대 경제 강국인 미국도 빈곤 문제에서는 자유롭지 못합니다. 물론 미국의 빈곤선poverty threshold은 세계은행의 빈곤선과는 의미가 다릅니다. 세계은행의 빈곤선이 식료품 중심의 생존선이라면 미국의 빈곤선은 식료품, 의복, 주거 및 기타 생활 편의품 등을 포함한 생활선이라고 볼 수 있습니다.

미 상무부가 발표한 자료에 따르면 2022년 미국의 빈곤 인구는 3,790만 명으로 전체 인구의 11.5%에 해당합니다. 미국의 빈곤율은 1970년대 이후 약간의 등락이 있을 뿐 대체로 10~15% 수준에서 머물러 있습니다.[**] 행정부가 민주당인지 공화당인지에 관계없이 빈곤율은 불황일 때는 오르고 호황일 때는 내리는 모습을 보였습니다.[***]

우리나라의 상대적 빈곤율은 2022년 현재 14.9%입니다. 이것은 연금, 정부지원금, 세금, 사회보험료 등을 포함한 처분가능소득의 중위소

---

[*]   World Bank 웹사이트

[**]   U.S. Department of Commerce/U.S. 『Census Bureau, Poverty in the United States: 2022』, September 2023, p.3

[***]   매슈 데즈먼드, 성원 옮김, 『미국이 만든 가난』, 북이십일, 2023년, p.65

득 50%를 빈곤선으로 설정한 것입니다. 불평등을 나타내는 지니계수는 처분가능소득을 기준으로 했을 때 0.324였습니다.[****] 지니계수Gini coefficient는 소득분배의 불평등도를 측정하는 척도로 0에서 1 사이의 값을 가집니다. 소득이 모든 사람에게 완전히 평등하게 분배되면 지니계수는 0이 되고, 한 사람이 모든 소득을 독차지하면 지니계수는 1이 됩니다. 따라서 소득분배가 불평등할수록 지니계수는 1에 가까워집니다. 일반적으로 지니계수가 0.3 이하이면 소득 불평등이 심하지 않은 사회이며, 0.5 이상이면 소득 불평등이 매우 심한 사회라고 여겨집니다. OECD 자료에 따르면 한국의 빈곤율은 2021년을 기준으로 38개 회원국 중 10번째로 높고, 지니계수는 11번째로 높은 것으로 나타났습니다. 특히 노인 빈곤율은 다른 나라에 비해 매우 높은 수준입니다.[*****]

경제가 발전하고 평균 소득이 증가하면서 세계적으로 절대 빈곤에 처한 사람의 수가 줄어들었다고는 하지만, 여전히 많은 사람들이 고통에서 벗어나지 못하고 있습니다. 파이가 커졌는데 커진 부분은 다 어디로 갔을까요? 수십 년 동안 경제 성장으로 커진 부분이 모든 사람에게 비례적으로 분배되었다면, 빈곤선 아래에서 힘겹게 생활하는 사람의 수가 지금처럼 많지는 않았을 것입니다. 커진 파이는 다 어디로 간 걸까요? 답은 분명합니다. 어느 누군가 다른 사람보다 훨씬 더 많은 몫을 가져갔기 때문입니다. 빈익빈 부익부는 개발의 역설에 대한 하나의 답이라는 거죠.

그런데 빈곤의 문제는 단순히 저소득층의 문제에 국한되지 않습니다.

[****] 통계청, 「2023년 한국의 사회지표」, 보도자료(2024.3.26.), p.20
[*****] OECD 웹사이트(https://data.oecd.org)

상대적 빈곤을 기준으로 하면 선진국의 중산층에게도 빈곤은 남의 이야기가 아닙니다. 코끼리가 코를 쳐들고 있는 모양과 비슷하다고 해서 '코끼리 곡선elephant curve'이라고 불리는 그래프를 보면, 최근 수십 년간 선진국의 중산층 소득증가율이 신흥국이나 전 세계 상위 1% 부자들보다 상당히 뒤처진 것을 확인할 수 있습니다. 특히 프랑스 경제학자 토마 피케티(Thomas Piketty, 1971~)에 따르면 최근까지 기간을 연장하면 전 세계 상위 1%는 코끼리 곡선을 만든 브랑코 밀라노비치(Branco Milanovic, 1953~)가 추산했던 것보다 훨씬 높은 소득증가율을 기록한 것으로 나타납니다.* 피케티의 추산에 따르면 1980~2018년 동안 세계 상위 1% 부자들이 전 세계 소득 성장에서 확보한 몫은 27%인 반면, 하위 50%의 가난한 사람들의 몫은 12%에 불과합니다.

다음의 그래프에서 확인할 수 있듯이, 소득 계층별로 비교할 때 전세계 소득 하위 50%는 실질소득의 누적증가율이 60~120%로 상당히 증가했지만, 소득 중위의 사람들은 40~60% 정도에 그쳤습니다. 반면 세계 상위 1% 부자들의 소득 누적 증가율은 80~240%로 코끼리가 코를 높이 쳐들고 있다는 것을 알 수 있습니다.

세계적으로 인도주의적 구호 및 개발 활동을 펼치는 국제구호개발기구인 옥스팜Oxfam이 2017년 발간한 보고서 「99%를 위한 경제」에 따르면 가장 부유한 상위 1%가 소유한 부는 나머지 99%가 소유한 것을 합한 것보다 많습니다. 특히 가장 부유한 8명이 소유한 부는 세계 인구의

---

* 　브랑코 밀라노비치, 서정아 옮김, 『왜 우리는 불평등해졌는가』, 21세기북스, 2017년, p.28,
　　토마 피케티, 안준범 옮김, 『자본과 이데올로기』, 문학동네, 2020년, p.43

　　　　　　　　　　　　　　분배의 경제학 : 집합행위와 상호작용

하위 절반이 소유한 것을 합한 것과 같습니다. 최근 25년 동안 상위 1% 부자가 벌어들인 소득은 하위 50%의 소득을 모두 합한 것보다 많았습니다. 영국의 주요 상장기업의 최고경영자 한 사람의 연간 소득은 방글라데시 의류공장에서 일하는 노동자 1만 명의 소득과 같고, 베트남에서 가장 부유한 한 사람이 하루에 버는 소득은 가장 가난한 사람이 10년 동안 버는 소득보다 많습니다.**

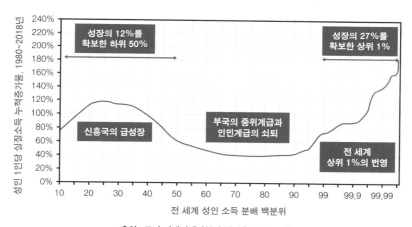

〈 세계의 불평등 : 코끼리 곡선(1980~2018년) 〉

출처 : 토마 피케티, 『자본과 이데올로기』, p.43

미국의 경우 2002~2007년 동안 상위 1% 부자들이 국민소득의 65% 이상을 차지했고, 2010년에는 전년과 비교해 추가로 창출된 소득의 93%

**   Oxfam, 「An economy for the 99%」, January 2017, pp.2~3

를 상위 1% 부자들이 가져갔습니다. 주요 기업들의 최고경영자 보수는 일반 노동자의 수백 배에 이릅니다.* 1975~2015년 사이에 미국의 실질 국내총생산은 약 세 배가 되었습니다. 그런데 1979년 이래 노동자 대다수의 실질 임금은 그대로이거나 오히려 줄었습니다.**

주류경제학에 따르면 생산에 투입된 각 요소는 생산에 기여한 크기에 따라 보상을 받습니다. 따라서 생산성이 높을수록 소득도 높아지며 결과적으로 소득이 높으면 사회에 기여한 몫이 크다고 평가할 수 있습니다. 그렇다면 위에서 언급한 소득분배의 불균형은 부자와 빈자 각각이 기여한 바를 반영한 결과일까요? 최고경영자와 일반 노동자의 생산성이 수백 배 차이가 날까요? 또한 금융 분야에서 거두는 이익을 생각하면 금융과 기타 부문 간의 기여와 보상이 제대로 평가되고 있는지 의문이 듭니다. 그렇다면 기여한 만큼 몫을 가져간다는 한계생산성 이론을 다시 생각해 보아야 합니다. 부자들이 많이 가져가는 이유를 부가가치 생산에 대한 기여가 아닌 다른 곳에서 찾아야 한다는 겁니다. 빈익빈 부익부로 인한 빈곤의 사회적 원인이 그곳에 있을 테니까요.

인구원리

빈곤이 불평등한 소득분배의 결과라면 부와 소득의 재분배를 통해서 빈

---

* 조지프 스티글리츠, 이순희 옮김, 『불평등의 대가』, 열린책들, 2013년, pp.83~84
** 마리아나 마추카토, 안진환 옮김, 『가치의 모든 것』, 민음사, 2021년, p.15

분배의 경제학 : 집합행위와 상호작용

곤 문제를 해결할 수 있지 않을까요? 지금의 상황과 다르기는 하지만 맬서스가 이 문제를 어떻게 생각했는가를 살펴보는 것은 의미가 있습니다. 그의 논리는 지금도 암암리에 영향력을 미치고 있기 때문입니다.

맬서스는 부와 소득의 재분배가 빈곤 문제를 해결하지 못한다고 단언합니다. 생존자원의 한계를 넘어서 인구가 증가하는 상황에서 인구 증가를 억제하는 힘이 작용합니다. 이때 빈곤은 이러한 인구원리에 따른 자연스러운 결과라고 할 수 있습니다. 따라서 빈곤의 주요 원인은 정치 형태나 불평등한 자원 배분과는 직접적인 관계가 없다고 말합니다. 부자들에게서 세금을 징수하여 가난한 사람에게 재분배하더라도 빈곤이 사라지지 않는다는 것입니다.

맬서스는 선별적 자선 등으로 빈민의 생활이 일시적으로 개선될 수는 있지만, 인구 원리에 따라 모든 노력은 결국에 실패할 것이라고 말합니다. 그는 부자들은 빈민들에게 일자리를 제공하거나 그들의 생활을 책임질 능력이 없으며, 빈민들도 부자들에게 그런 요구를 할 권리가 없다고 말합니다.***

맬서스와 비슷한 논리를 최저임금에 적용한 경제학자가 조지 스티글러입니다. 앞서 5장에서 최저임금과 관련한 규제의 역설에서 언급했듯이 스티글러는 최저임금 인상이 실업률 증가로 이어진다는 결론을 내렸습니다. 비록 그의 결론은 여러 학자들에 의해 반박되었지만 맬서스와 스티글러의 논리는 여전히 많은 사람들의 지지를 받고 있습니다. 특히 맬서스의 『인구론』은 인기를 끌며 사람들의 생각을 일정한 방향으로 이끄는 데 지대한 영향을 미쳤습니다. 빈곤은 피할 수 없는 것이며, 빈곤에

*** 　토머스 맬서스, 이서행 옮김, 『인구론』, 동서문화사, 2018년, p.548

대해 할 수 있는 것은 거의 없다는 생각 말이죠. 그의 생각은 다음과 같은 진술에 분명하게 드러납니다.

"노동자나 농부는 인생이라는 제비뽑기에서 토지라는 상품을 뽑지 못한 이들이다. 따라서 이들이 다른 이가 가진 것을 사용하려면 그 대가로 무언가를 주어야 한다는 점에서 부당한 고통을 받는다는 식으로 말해서는 안 된다."*

헨리 조지에 따르면 맬서스의 『인구론』이 성공했던 가장 큰 이유는 강자의 이익에 적대시하지 않으며 재산의 힘을 가진 지배층을 위로하고 안심시켜 준다는 점에 있습니다. 궁핍과 비참의 원인은 인간의 사회제도가 아닌 자연의 법칙에 있다고 주장함으로써 불평등을 정당화한 것이죠. 따라서 맬서스의 이론은 빈곤은 불가피한 것으로 여기고 불평등 해소에 대한 요구를 무시하며 이기심을 옹호하는 효과가 있습니다.** 이는 우리나라의 한 주상복합 아파트 광고에서 공공연히 내걸었던 문구에서도 잘 드러납니다. "언제나 평등하지 않은 세상을 꿈꾸는 당신에게 바칩니다."

불평등의 기원

개발의 역설은 빈곤이 개인 차원의 문제가 아닌 사회적 문제임을 알려줍니다. 개인의 생산성을 높인다고 해서 사회적으로 빈곤이 사라지지는 않

---

* E. K. 헌트·마크 라우첸하이저, 홍기빈 옮김, 『E. K. 헌트의 경제사상사』, 시대의창, 2015년, pp.198~199
** 헨리 조지, 김윤상 옮김, 『진보와 빈곤』, 비봉출판사, 2010년, pp.94~95

분배의 경제학 : 집합행위와 상호작용

을 것입니다. 개인의 사회적 기여와 괴리된 부와 소득의 편중이라는 불평등은 오랜 인류 역사에 내재화되어 있고, 이것이 빈곤을 재생산하는 가장 중요한 원인이기 때문입니다.

인간은 언제부터 무슨 계기로 불평등한 사회에서 살게 되었을까요? 장 자크 루소(Jean Jacques Rousseau, 1712~1778)는 인류 사회에 존재하는 두 가지 종류의 불평등에 대해 말합니다. 하나는 자연적 또는 신체적 불평등이고, 다른 하나는 사회적 또는 정치적 불평등입니다. 자연적 불평등은 사람의 나이, 건강, 체력의 차이와 정신의 질적 차이이며, 사회적 불평등은 사람들 사이의 어떤 약속을 근거로 정당화되는 것입니다. 루소에 따르면 사회적 불평등은 일부 사람이 다른 사람들보다 부유하거나 다른 사람들에게 존경과 복종을 받으며 권력을 행사하는 등 다른 사람들에게 손해를 끼치고 누리는 특권으로 이루어져 있습니다.***

루소의 주장은 이렇습니다. 처음에 인류는 자연상태에서 서로 독립적이고 자유롭게, 건강하고 선량하게 살면서 불평등을 느끼지 못했습니다. 그런데 다른 인간의 도움이 필요한 상황이 발생하고 서로 협력하는 것이 생존에 더 효과적이라는 것을 알게 되면서 평등은 사라지게 됩니다. 그 본격적인 출발점은 토지 경작이었습니다. 사람들은 광대한 산림을 들판으로 바꾸어 농작물을 경작하기 위해 땀을 흘리며 노동을 해야 했습니다. 토지 경작은 토지 분배를 불러왔고, 마침내 사유 관념이 생겨났습니다.

문제는 사람들의 재능이 평등하지 않다는 것입니다. 자연은 모든 사

*** 장 자크 루소, 최석기 옮김, 『인간불평등기원론/사회계약론/고독한 산책자의 몽상』, 동서문화사, 2022년, p.32

람을 평등하게 낳지는 않은 거죠. 완력이 센 자는 일을 많이 하고, 요령이 있는 자는 효율적으로 일을 하고, 머리가 좋은 자는 노동력을 절약하는 수단을 발견하면서 그렇지 않은 사람과의 차이가 벌어지기 시작했습니다. 신체적, 정신적 능력의 차이라는 자연의 불평등이 사유 개념과 결합하면서 불평등은 점점 심해졌습니다. 게다가 '자기 이익'과 '자기 것'이라는 개념이 생기면서 경쟁심과 적대감, 이해관계의 대립이 확산되었고 타인의 희생을 통해 자신의 이익을 키우려는 욕망이 강해졌습니다. 사유제로부터 시작된 이 모든 현상은 불평등을 점점 더 키웠습니다. 처음에는 부자와 빈자의 불평등이었지만, 다음 단계에서는 강자와 약자의 불평등으로 확장되었고, 마지막에는 주인과 노예의 불평등으로 이어졌습니다.[*]

이에 대해 애덤 스미스는 불평등은 피할 수 없다고 말합니다.

"큰 재산이 있는 곳에는 반드시 큰 불평등이 존재한다. 한 사람의 큰 부자에 대해 적어도 500명의 가난한 사람이 있으며 소수의 풍요로움은 다수의 빈곤을 전제로 한다." 이에 덧붙여 그는 사적 소유가 생기면서 불평등한 재산 소유가 이루어지고 이를 지키기 위한 공권력이 필요해졌다고 설명합니다. 부자의 풍요는 빈자의 분노를 자극하여 부자의 재산을 침해하게 만들기 때문에 부자의 재산을 지키기 위해 공권력의 보호가 필요하게 되었다는 겁니다.[**] 공권력이 부자의 편에 서는 경우가 많다는 점은 불평등의 사회적 내재화에 있어서 매우 중요한 결과를 가져옵니다. 이는 부자들이 지대를 추구할 수 있는 배경이 되기 때문입니다.

---

[*]   장 자크 루소, 같은 책, p.87, pp.99~103, pp.117~118
[**]   애덤 스미스, 김수행 옮김, 『국부론』, 비봉출판사, 2012년, p.876

빈곤의 경제학을 설파했던 맬서스는 문명과 야만을 구별하는 것은 재산과 결혼에 관한 법률, 그리고 이기심이 큰 역할을 한다고 말합니다. 그러면서 사회구조는 본질적으로 변하지 않으며 그건 바로 사회는 항상 유산계급과 무산계급으로 이루어진다는 것이라고 강조합니다. 그러면서 하층계급에 속하는 사람들이 인구 원리를 이해하게 된다면 어떤 시련도 참고 이겨낼 것이며 빈곤에 대해 정부와 상류계급에 별다른 불만을 제기하지 않을 거라고 말합니다. 이에 따라 빈민들의 저항은 줄어들고 공공부조나 부자들의 자선에 대해 더욱 감사하는 마음을 갖게 될 것이라고 주장합니다.***

역사적으로 사회의 제도뿐 아니라 과학 기술의 발달 방향도 불평등의 내재화와 무관하지 않습니다. 기술이 고도화되면 미숙련 노동에 대한 수요가 감소하고 이는 임금을 떨어뜨리는 압력으로 작용합니다. 첨단 기술을 다루는 분야의 고급 두뇌이거나 창조성을 발휘해야 하는 분야의 선도 인력이 아니라면, 사람들은 이제 자신의 개별적인 역량을 발휘하기보다는 표준적인 작업을 수행하는 역할에 그치는 경우가 더욱 많아졌습니다. 그 결과 기술의 발달과 경제성장에도 불구하고 임금을 압박하는 힘은 사그라지지 않으며 적지 않은 사람들을 빈곤으로 내모는 경제 구조가 뿌리를 내리는 것이라고 할 수 있습니다.

***   토머스 맬서스, 이서행 옮김, 『인구론』, 동서문화사, 2018년, pp.549~550

불평등과 지대 추구

불평등의 기원이 인류의 역사나 발전 방향에서 사람들의 본성을 반영한 자연스러운 삶에 바탕을 둔 것이라면 불평등 그 자체가 반드시 나쁘다고 할 수는 없을 것입니다. 역사성을 무시하고 인위적이며 추상적인 평등을 사회에 강제한다면 사람들은 하나같이 무색무취한 자세로 살아갈지도 모릅니다. 문제는 불평등을 과도하게 증폭하는 인위적인 사회 메커니즘입니다. 정당화할 수 없는 수준의 불평등이 문제라는 겁니다. 불평등이 사회를 형성한 원인이라면 사회는 불평등으로 인해 발생하는 부정적 결과를 앞장서서 개선할 책임이 있습니다. 너무 심각한 불평등조차도 '자연법칙'으로 정당화할 수는 없다는 겁니다. 그리고 불평등의 뿌리가 시장에 있다면, 불평등 완화를 위한 사회적 책임은 시장의 역할에 대한 한계를 인식하는 것에서부터 시작해야 할 것입니다.

인간의 능력이나 근면함의 정도는 사람마다 다르지만 지금과 같은 정도의 재산이나 소득의 불평등을 인정할 만큼 그 차이는 크지 않을 것입니다. 각자의 생산성이나 기여도에 따라 소득이 분배된다면 빈곤 문제는 지금보다 훨씬 덜 심각했을 겁니다. 달리 말해 지금과 같은 심각한 빈익빈 부익부 현상은 시장이 실패했다는 증거라고 할 수 있습니다. 시장은 정치의 영향을 받습니다. 그런데 정치는 대체로 부자들에게 유리한 쪽으로 시장에 영향을 미칩니다. 정치적 영향력을 행사하는 사람 중에는 부자들이 많기 때문입니다. 이러한 현상은 일종의 금권정치로 볼 수 있습니다. 1인 1표가 아니라 1원 1표가 정치를 움직이고, 이것이 다시 경제를 움직이며 빈익빈 부익부를 제도화하는 불평등을 재생산하고 있다

분배의 경제학 : 집합행위와 상호작용

는 거죠. "예산정책에서 통화정책까지, 심지어 사법체계에까지 이르는 국가의 모든 주요 정책 결정에 불평등이 반영되어 있으며 이런 정책들이 다시 불평등을 영속시키고 악화시키는 데 기여한다"는 것입니다.[*]

앞장에서 다루었던 지대 추구도 정치 과정에서 소득분배의 불평등을 낳는 대표적인 원인입니다. 규제 포획을 통해 정치가나 관료, 판사 등을 자신의 영향력 안으로 포섭한 부자들은 사회적 자원을 독점적으로 사용할 기회를 얻고 이를 통해 부의 이전을 도모합니다.

경제학자 조지프 스티글리츠(Joseph E. Stiglitz, 1943~)는 말합니다. "상위 계층 소득의 태반은 지대에서 나온다. 이런 지대는 하위 계층으로부터 상위 계층으로 돈을 이전시키고, 일부 구성원에게는 이익을 주고 나머지 구성원에게는 손실을 주는 방식으로 시장을 왜곡해 왔다."[**] 만일 지대가 가난한 사람들에게 돌아갈 수 있는 몫까지 부자들에게 이전시키는 것이라면, 빈곤은 단순히 돈이 없는 상태가 아니라 부자에게 이용당하고 기회를 잃어버린 상태를 뜻하는 것입니다.[***]

한 이론 모형에 따르면 부자들은 본질적으로 지대를 추구하는 경향이 있다고 합니다. 이는 자신의 부가 탈취당하는 것을 막으려는 동기에서 한발 더 나아가 다른 사람의 부를 이전받으려는 욕구가 작동한다는 겁니다. 경제가 '지대 추구'와 '생산'이라는 두 종류의 활동으로 이루어진다고 할 때 일정한 수준 이상의 부를 소유한 사람들은 지대 추구자가 될 가능성이 크다고 합니다. 한 가지 이유는 지대 추구를 위해서는 목돈이

---

[*]   조지프 스티글리츠, 이순희 옮김, 『불평등의 대가』, 열린책들, 2013년, p.38
[**]   조지프 스티글리츠, 이순희 옮김, 『불평등의 대가』, 열린책들, 2013년, p.433
[***] 매슈 데즈먼드, 성원 옮김, 『미국이 만든 가난』, 북이십일, 2023년, p.142

필요하기 때문입니다. 따라서 부의 불평등이 지대 추구를 야기하고 생산자 몫의 일부를 지대 추구자에게 이전시킴으로써 불평등을 강화하는 피드백 과정이 경제 구조에 내재해 있다고 할 수 있습니다.[*]

쿠즈네츠 파동

경제성장과 불평등은 서로 어떤 관계일까요? 연구에 따르면 소득과 재산, 그리고 토지 소유의 불평등은 경제성장에 부정적이라고 합니다. 그런데 경제성장이 소득 불평등에 미치는 영향은 분명하지 않은 것으로 보입니다. 러시아 출신의 미국 경제학자인 쿠즈네츠(Simon Kuznets, 1901~1985)가 이 문제를 집중적으로 다루었는데, 그는 흔히 '쿠즈네츠 곡선Kuznets curve'이라고 불리는 역逆 U자 가설을 제시했습니다.

쿠즈네츠 가설은 경제발전의 초기 단계, 즉 소득 수준이 매우 낮을 때는 심하지 않던 불평등이 경제가 발전하면서 심해져 중반부에 가장 극심해진 후 소득 수준이 높아질수록 다시 불평등도 점점 완화된다는 가설입니다. 산업화 초기 단계에서는 준비된 소수만이 새로운 부를 거머쥘 수혜자가 되지만, 경제가 더욱 발전한 단계에서는 더 많은 사람들이 경제성장의 과실을 나눠 가지면서 불평등이 점차 줄어든다는 논리입니다.

토마 피케티는 쿠즈네츠 곡선은 대체로 냉전의 산물이라고 말합니다.

---

[*] Era Dabla-Norris and Paul Wade, 「Rent Seeking and Endogenous Income Inequality」, IMF Working Paper, WP/01/15, February, 2001

비록 쿠즈네츠가 연구 윤리를 지킨 것은 분명하지만, 낙관적인 이론을 제시함으로써 저개발국들을 자유 세계의 일원으로 잡아두려는 의도가 있었다는 겁니다. 당시 식민지배에서 벗어나 빈곤의 늪에 빠진 저개발국들에게 경제성장을 통해 빈곤 문제를 해결할 수 있다는 강력한 정치적 메시지를 전했다는 거죠.

피케티는 쿠즈네츠의 이론은 잘못된 논거들과 미약한 실증적 토대로 이루어졌다고 말합니다. 그는 "1914~1945년 사이에 모든 부유한 국가에서 나타난 소득 불평등의 급속한 감소는 무엇보다도 두 차례의 세계대전과 전쟁이 (특히 많은 재산을 가진 이들에게) 불러온 강력한 경제적, 정치적 충격에 기인한다. 이는 쿠즈네츠가 묘사한 산업부문 간 이동의 평화로운 과정과는 거의 관련이 없다"고 말합니다.**

피케티는 경제성장과 불평등의 관계를 나타내는 쿠즈네츠 곡선이 역 U자 형태가 아니라 U자 형태라고 주장하면서 특히 1980년대부터 선진국들의 소득 불평등이 크게 증가했다고 지적합니다.

다음의 그래프를 보면 이를 확인할 수 있습니다. 그런데 피케티가 주장하는 U자 형태의 곡선으로는 20세기 이전의 현상을 설명하기 어려워 보입니다. 이에 대한 가장 그럴듯한 해결책은 1970년대까지는 역 U자형의 쿠즈네츠 곡선으로 설명하고, 동시에 20세기부터는 다시 피케티의 U자형 곡선으로 설명하는 방법입니다. 다시 말해 역 U자 곡선과 U자 곡선이 중첩되며 이어지는 모양으로 경제성장과 불평등의 관계를 설명할 수 있다는 것입니다. 이것은 전 기간에 걸쳐 쿠즈네츠 곡선을 하나라고

** 토마 피케티, 장경덕 외 옮김, 『21세기 자본』, 글항아리, 2014년, p.25

생각하는 대신 경기순환과 같이 연속해서 움직이는 파동이라고 보는 시
각입니다.[*]

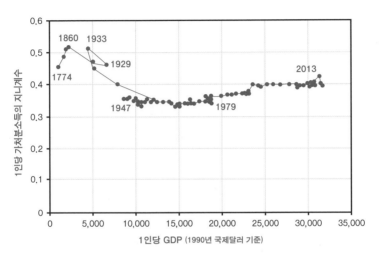

〈 미국의 소득과 불평등의 관계 : 1774~2013년 〉

출처 : 브랑코 밀라노비치, 『왜 우리는 불평등해졌는가』, p.107

위 그래프에서 알 수 있듯이 불평등은 1980년대부터 악화되기 시작
했습니다. 지니계수가 상승하는 국면으로 들어선 거죠. 그 이유가 무엇
일까요? 직관적으로는 이때부터 본격화된 신자유주의의 영향 때문이라
고 생각할 수 있습니다.

---

[*]   브랑코 밀라노비치, 서정아 옮김, 『왜 우리는 불평등해졌는가』, 21세기북스, 2017년,
       pp.80~90

영국 대처 정부와 미국 레이건 정부의 규제 완화와 세금의 누진성 완화, 민영화를 통한 공공부문의 축소와 노조 탄압은 불평등을 심화시켰습니다. 그리고 규제 완화로 실물경제까지 과도하게 금융화되었습니다. 투자은행들이 세계 원자재 시장에서 큰손이 된 것처럼요. 이처럼 금융화된 경제는 부의 생산보다는 부의 이전에 유리한 구조를 만들어냅니다.

이를 좀 더 자세히 들여다보면 자본과 노동의 관계가 이전과 달라진 것을 알 수 있습니다. 세계화로 인해 자본에 대한 노동의 협상력이 약해진 겁니다. 세계 인구의 증가와 함께 중국이 세계 노동시장에 편입되면서 가용 노동력이 급증했고, 이에 따라 약화된 노동의 협상력은 노조 조직률의 감소로 이어졌습니다. 이제 자본가로 대변되는 부자들은 감세를 압박하거나 세율이 낮은 지역으로 이동하면서 더 많은 지대를 챙길 수 있는 환경이 조성된 겁니다.**

산업구조의 변화도 불평등을 키우는 원인이 되었습니다. 산업혁명이 제조업의 비중을 늘렸다면 정보통신혁명은 서비스 부문의 비중을 높였습니다. 노동력이 농업에서 제조업으로, 제조업에서 다시 서비스 부문으로 이동한 것입니다. 그런데 정보통신혁명은 서비스 부문의 비중을 늘렸을 뿐만 아니라 특성도 변화시켰습니다. 서비스 부문은 숙련도 측면에서 제조업보다 더 이질적으로 변했고, 이는 임금의 폭도 더 넓어진 것을 의미했습니다. 서비스 부문이 커지면서 상위층과 하위층의 임금 격차도 확대되었고, 제조업과 달리 응집력이 부족한 서비스 부문의 특성 때문에 노

** 　　브랑코 밀라노비치, 같은 책, pp.147~149

조를 조직해서 단체행동을 하는 것도 상대적으로 어려워진 것입니다.[*] 자기 몫을 요구할 역량이 약화된 거죠.

피케티에 따르면 불평등을 상징하는 양극화의 근본 요인은 자본수익률이 경제성장률보다 크다는 것입니다. 그는 말합니다. "자본의 수익률이 생산과 소득의 성장률을 넘어설 때 자본주의는 자의적이고 견딜 수 없는 불평등을 자동적으로 양산하게 된다." 이것은 자본으로 버는 돈이 노동으로 버는 돈보다 더 빠르게 축적되기 때문입니다. 부가 축적되면 부의 재축적에 유리해지고, 상속을 통해 부의 대물림이 일어나기도 합니다. 자산 가격의 상승 또한 부의 양극화를 통해 불평등을 심화시키는 원인이 됩니다. 빈익빈 부익부라고 할 수 있죠.

피케티는 또한 자본수익률이 오랜 기간 경제성장률을 크게 웃돌면 부의 분배에서 양극화가 매우 심해진다고 말하고 있습니다. 19세기가 그랬고, 21세기에도 그럴 가능성이 아주 크다고 합니다. 이런 경향은 경제성장률이 낮은 상태가 지속될 때 더 강했습니다.[**]

다음 그래프를 보면 경제성장률이 낮을 때 자본수익률과 경제성장률의 차이가 더 크다는 것을 알 수 있습니다. 달리 말하면 경제성장률보다 자본수익률이 더 안정적인 모습입니다. 경제성장률은 모든 사람에게 영향을 미치지만 자본수익률은 부자들에게 영향을 미칩니다. 저성장의 시대에도 자본수익률은 크게 떨어지지 않고 상대적으로 안정적입니다. 이런 면에서 자본은 탁월한 생존력을 가지고 있다고 할 수 있습니다. 대부

---

[*]   브랑코 밀라노비치, 같은 책, pp.145~147

[**]   토마 피케티, 장경덕 외 옮김, 『21세기 자본』, 글항아리, 2014년, pp.37~40

분의 자본은 힘든 시기에도 제 몫을 챙기며 불평등을 먹고 자라는 듯합니다. 경제성장은 더 많은 사람에게 새로운 기회를 제공합니다. 불평등을 줄일 기회를 포함해서요. 하지만 성장이 정체되면 노동소득보다 물려받은 재산의 영향력이 커집니다. 불평등이 심해지는 겁니다.

〈 글로벌 자본수익률과 성장률 비교 : 고대부터 2100년까지 〉

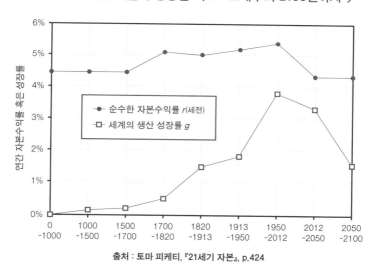

출처 : 토마 피케티, 『21세기 자본』, p.424

진보와 빈곤

오늘날 한국에서 경제적 불평등의 종착점은 부동산입니다. 아파트를 가진 자와 못 가진 자의 차이, 고급 아파트와 서민 아파트 주민 간의 차이는 계급의 차이라고 할 만큼 부동산은 빈부의 기준이 되고 있습니다. 물론 아파트와 더불어 토지 소유도 빈부를 가르는 중요한 기준입니다. 아파트를 포함하는 넓은 의미에서 토지는 지대를 낳는 원천입니다.

여기서 지대는 말 그대로 토지 사용의 대가를 뜻하기도 하고 토지 가격의 상승으로 인한 부의 증가를 나타내기도 합니다. 이런 의미에서 토지 소유가 불평등의 근원이라고 말하기도 합니다. "토지 소유는 귀족제의 근거가 된다. 귀족 신분이 토지를 만드는 것이 아니라 토지가 귀족 신분을 만들어준다."[*]는 말처럼요.

헨리 조지도 불평등은 토지 소유에서 비롯된다고 말합니다. 그는 정규 교육을 거의 받지 못했으나 끊임없는 독서와 함께 현실 경험을 바탕으로 한 치열한 분석을 통해 1879년 『진보와 빈곤』을 세상에 내놓았습니다. 그의 경제학은 진보 속에서 빈곤이 발생하는 원인을 다루는 분배이론에 역점을 두고 있습니다. 토지, 노동, 자본을 결합하여 생산한 생산물은 각 생산요소를 제공한 사람들에게 분배되어야 합니다. 그 분배 몫은 각각 지대, 임금, 이자가 됩니다(생산량 = 지대 + 임금 + 이자). 여기서 조지가 사용하는 이자라는 용어는 오늘날의 이윤을 의미하는 것으로 간주해도 조지의 논리를 이해하는 데 큰 무리가 없습니다.

지대는 생산된 부 중에서 자연이 제공한 토지를 배타적으로 소유하고 있는 소유자에게 돌아가는 몫입니다. 이처럼 지대는 인적 노력으로 생산하거나 증가시킬 수 없는 한정된 자연자원을 사유화함으로써 발생하는 것입니다. 그런데 조지는 임금과 이자는 지대를 공제하고 난 후의 잔여물로 정해진다고 지적합니다. 즉 '생산량 - 지대 = 임금 + 이자'라는

---

[*]   헨리 조지, 김윤상 옮김, 『진보와 빈곤』, 비봉출판사, 2010년, p.337

거지요. 그렇다면 생산력이 아무리 증가해도 지대가 같은 수준으로 높아지면 임금과 이자는 커질 수 없습니다.** 이는 경제가 발전해도 노동소득이 증가하지 않을 수 있다는 것을 의미합니다. 게다가 자본의 이자소득이 노동소득보다 더 빠르게 증가한다면 상황은 더욱 악화될 것입니다.

생산력 향상에 따라 지대의 몫도 계속 커질까요? 그렇다면 그 이유는 무엇일까요? 조지는 물질적 진보의 원인으로 인구 증가, 기술 발달, 토지 가치 상승에 대한 기대를 제시합니다. 인구가 증가하면 기존의 토지보다 더 질이 낮은 한계지를 생산에 투입하게 됩니다. 이에 따라 기존의 비옥한 토지의 생산력은 상대적으로 증가하고 이는 지대의 상승으로 이어집니다. 따라서 소득분배는 더욱 불공평해집니다. 여기서 토지의 비옥도는 수요의 크기를 나타내는 하나의 비유라고 생각할 수 있습니다. 다른 토지와 비교해 수요가 큰 토지일수록 지대가 높다는 거지요. 이렇게 생각하면 지대가 급증하는 토지는 급격히 팽창하는 대도시의 토지입니다. 조지는 말합니다. "지구상에서 가장 비싼 토지, 지대가 제일 높은 토지는 그 자연적 비옥도가 높은 토지가 아니라 인구 증가로 인해 생긴 효용이 높은 토지이다."***

조지에 따르면 기술 발달도 노동절약적 개선을 통해 토지에 대한 수요를 증대시킵니다. 이는 결국 인구 증가가 지대에 미치는 효과와 비슷한 영향을 미칩니다.**** 또한 미래의 토지 가치 상승에 대한 기대로 이루어지는 토지 투기는 지대를 더욱 상승시킵니다. 토지 소유자들이 지

**   헨리 조지, 같은 책, p.164
***   헨리 조지, 같은 책, pp.223~224, p.231
****   헨리 조지, 같은 책, p.234

9. 경제는 성장하는데 왜 빈곤은 사라지지 않을까?   315

대 상승을 기대하고 토지를 일부러 유휴화遊休化하기도 하는데, 이러한 이유로 진보가 빠른 사회일수록 지대 상승의 기대가 훨씬 큽니다. 따라서 토지 투기의 영향으로 지대가 상승하는 현상은 분배이론에서 무시할 수 없는 요소라고 할 수 있습니다.[*]

조지는 지대, 임금, 이자에 대한 자신의 분배이론을 마무리하면서 다음과 같이 말합니다.

"물질적 진보와 연관된 이 힘 때문에 진보가 생산을 증가시키는 정도보다 더 큰 비율로 지대가 계속 상승한다. 따라서 물질적 진보는 임금을 상대적으로만이 아니라 절대적으로 감소시키는 경향이 있다. 또 이러한 확장하는 힘 때문에 기존 지역에 나타나는 사회적 병폐가 시기를 앞당겨 신생 지역에서도 나타나며, 처녀지에도 부랑자가 생기고 경지를 제대로 활용하지 않는 지역에도 거지가 출현한다."[**]

그는 토지 사유가 초래하는 불평등과 빈곤의 모습을 다음과 같이 기술하고 있습니다. "토지 가치 증가에 따라 부와 결핍이 대조적으로 발생하는 현상은 어디서나 볼 수 있는 일반적인 사실이다. 토지 가치가 가장 높은 지역의 문명에서 최대의 호사와 최악의 빈곤이 병존하는 현상도 보편적이다. 가장 비참하고 가장 무기력하며 절망적인 상태의 인간을 보려면 울타리도 없는 초원지대나 숲속 신개척지의 통나무집이 아니라, 한 뼘의 땅을 소유해도 큰 재산이 되는 대도시에 가면 된다."[***] 그는 개발의 역설, 즉 진보의 역설은 토지 때문이라고 말하고 있습니다.

---

[*]   헨리 조지, 같은 책, pp.243~247
[**]   헨리 조지, 같은 책, p.247
[***] 헨리 조지, 같은 책, p.214

헨리 조지는 불평등의 근원을 토지 사유에서 찾습니다. 그는 인간 사회의 불평등은 임금이 자본에서 나온다는 원리에 따른 것도 아니고, 인구가 생존물자에 압력을 가한다는 맬서스류의 인구원리에 의한 것도 아니라고 말합니다. 부의 분배가 불평등한 가장 큰 이유는 토지 소유가 불평등하기 때문이라는 겁니다. 그는 땅값이 싼 신개척지에서는 거지도 없고 경제적 불평등도 없는데, 땅값이 비싼 대도시에서는 극단적인 빈곤과 사치가 병존한다고 지적합니다. 그러면서 이러한 극단적 차이는 언제나 토지 가격으로 측정할 수 있다고 말합니다.****

조지는 인간의 노력으로 생산한 것은 배타적 권리가 인정된다고 말합니다. 노동이 소유권의 원천이라는 겁니다. 이것은 자기 노동의 생산물이 아니거나 자신에게 정당하게 이전되지 않은 것에 대해서는 정당한 소유권이 없다는 것을 의미합니다. 따라서 사람을 차별하지 않는 자연이 제공하는 토지의 사적 소유를 통한 배타적 보유와 향유는 정당하지 않게 됩니다. 이와 관련하여 그는 물건의 분류 기준을 동산과 부동산이 아닌 노동의 생산물과 자연의 부존물로 바꾸어야 한다고 주장합니다. 재산, 즉 부에 부동산을 포함시키면 재산권의 정의와 부정의에 대한 사고에 혼란이 생기기 때문입니다.

그에 따르면 자연적 정의는 부의 사유를 인정하지만 토지의 사유는 부인합니다. 토지 사유가 정의롭지 못하다고 주장하며 "인간은 지구에 임시로 세들어 사는 자에 불과하지 않은가? … 우리가 지구를 만들기라도 했단 말인가?"라고 반문합니다. 그는 진보하는 사회에서 나타나는 사

**** 헨리 조지, 같은 책, p.275, pp.281~282

회악의 근본 원인은 모든 사람의 생활 터전인 토지를 일부 사람이 배타적 재산으로 전유專有하는 데서 생긴다고 역설합니다.* 그는 말합니다. "토지사유제는 맷돌의 아랫돌이다. 물질적 진보는 맷돌의 윗돌이다. 노동 계층은 증가하는 압력을 받으면서 맷돌 가운데서 갈리고 있다."**

조지는 노동자 계층이 겪는 빈곤과 고통은 지대의 지속적 상승 때문에 발생한다고 보았기 때문에 그 해결책도 지대에서 찾았습니다. 지대를 특정인이 배타적으로 취하는 것을 막고 정부가 세금으로 환수해야 한다고 생각한 겁니다. 그러나 그는 사유토지의 매수나 환수를 통한 국유화를 주장하지는 않습니다. 매수는 정의롭지 못하고, 환수는 지나친 방법이라는 이유에서입니다. 그는 토지 소유자에게 자기의 땅을 그대로 소유하고 상속할 수 있는 권리를 허용하는 대신, 지대를 토지가치세를 통해 모두 세금으로 징수하는 방법을 제시합니다. 그는 이것이 단순하지만 최상의 해결책이라고 주장합니다. 대신 토지가치세를 제외한 다른 모든 세금을 폐지하자고 제안합니다.*** 물론 이러한 주장이 오늘날에는 실현 가능성이 없지만, 당시에는 그렇게 터무니없는 주장은 아니었던 것으로 보입니다. 토지가치세만으로도 정부 수입을 모두 충당할 정도로 정부 규모가 크지 않았던 시기였으니까요. 이를 통해 조지가 사회적 불평등의 원인으로 토지 사유를 얼마나 심각하게 생각했는지를 알 수 있습니다.

『진보와 빈곤』은 개발의 역설을 적나라하게 보여주는 대표적인 저작입니다. 조지는 이 책을 학자들이 아닌 일반 대중을 위해 썼습니다. 따

---

* 　　헨리 조지, 같은 책, pp.322~327
** 　헨리 조지, 같은 책, p.344
*** 　헨리 조지, 같은 책, pp.389~393

분배의 경제학 : 집합행위와 상호작용

라서 사실적이고 명료하면서 감성적이기도 합니다. 그래서 읽는 데 어려움이 없습니다. 이 책은 19세기 현실에 기반한 것으로 오늘날의 현실과는 많은 괴리가 있을 수 있고, 그 이론에도 결점이 있을 수 있습니다. 하지만 이 책이 진정으로 중요한 이유는 수많은 사람이 삶의 경제적 진실이 무엇이고 좋은 정부가 무엇인가에 대해 생각하도록 만들었기 때문입니다. 사람들의 마음을 일깨운 것입니다.**** 오늘날 우리 사회에서 논의되는 토지공개념도 헨리 조지의 사상에서 비롯되었다고 볼 수 있습니다.

분배와 희소성

경제가 성장해서 사회구성원 모두가 혜택을 보려면 사람들이 적극적으로 노동에 참여하고 저축과 투자를 통해 경제가 활력을 유지해야 한다고 말합니다. 그리고 불평등은 사람들에게 더 나은 상태로 가려는 욕구를 불러일으키는 데 꼭 필요하다고 말합니다. 어느 정도의 불평등이 사회에 활력을 불어넣는다는 것은 사실입니다. 하지만 지금과 같이 불평등이 심각한 사회적 문제가 될 정도의 수준에 이르면 사회의 활력은 기대할 수 없습니다. 우리 대부분은 완전한 평등이 최고의 선이라고 생각하지 않습니다. 사람들은 완전한 평등 혹은 그러한 시도는 생산력을 크게 훼손한다는 것을 알고 있습니다. 예를 들어 1917년 러시아 혁명 직후 완

****   Kenneth M. Johnson, 「Progress and Poverty – a Paradox」, California Historical Society Quarterly, Vol. 42, No. 1 (Mar., 1963), pp.27~32

전히 평등한 분배를 시도했던 공장의 사례처럼요.

혁명 직후 어떤 공장들은 경영자나 청소부나 똑같은 보수를 받도록 결정했습니다. 그러자 노동자들의 결근이 빈발하고 공장가동이 중단될 위기에 처했습니다. 공장은 예전의 불평등한 임금 체계를 복구하고 나서야 정상적인 가동에 들어갔습니다.[*] 이처럼 완전한 평등이 사회적으로 부정적 영향을 가져올 수 있다는 점은 다음과 같은 가상적 상황을 통해서도 확인할 수 있습니다.

모두 10명으로 이루어진 사회에서 구성원들이 사용할 수 있는 자원이 총 40단위가 있다고 합시다. 그런데 한 사람이 생존하는 데 필요한 자원은 5단위라고 하면 자원을 어떻게 분배하면 될까요? 평등하게 10명 모두에게 4단위씩 나누어주면 어떻게 될까요? 그 사회는 사라질 것입니다. 이 사회가 존속하려면 사람들 사이의 불평등을 받아들여야 합니다.[**]

여기서 잠깐 생각해 봅시다. 정말로 40단위밖에 없어서 이런 문제가 생긴다는 것이 현실적일까요? 특수한 상황에서는 그럴 수 있습니다. 전염병이 창궐하는 긴급한 상황에서 백신이 부족한 것처럼 말이죠. 그런데 일상적인 상황에서는 자원의 과도한 쏠림이 문제가 아닐까요? 사실 40단위의 자원이 아니라 400단위의 자원이 있는 것이 보통의 현실에 가깝습니다. 개인에서 집단으로, 집단에서 국가로, 국가에서 세계로 범위를 넓혀갈수록 자원은 인간의 기본 삶에 부족하지 않은 정도로 있을 것입니다. 물론 총량으로요. 그런데 그 이유가 무엇이든 400단위가 3명에게 각

---

[*]   로버트 L. 하일브로너·윌리엄 밀버그, 홍기빈 옮김, 『자본주의 어디서 와서 어디로 가는가』, 미지북스, 2011년, p.29

[**]   해리 G. 프랭크퍼트, 인규남 옮김, 『평등은 없다』, 글담출판사, 2019년, pp.42~43

분배의 경제학 : 집합행위와 상호작용

각 200단위, 100단위, 50단위가 분배되고 나머지 50단위를 7명이 시장에서 자유와 경쟁이라는 이름으로 나누어 가지는 것이 현실의 모습이 아닌가요? 다시 말해 불평등의 문제는 분배의 문제이지, 맬서스의 인구원리가 기반하고 있는 희소성의 문제가 아니라는 겁니다.

난소 로또

가난은 때로는 불편함이고 때로는 불화이며 때로는 수치심이자 모멸감입니다. 사마천의 『사기』 화식열전에는 다음과 같은 문구가 있습니다.

"민民은 부의 차이가 열 배가 되면 비하하고, 백 배가 되면 두려워하여 꺼리며, 천 배가 되면 사역되고, 만 배가 되면 노복奴僕이 되는 것이 물物의 이치이다."*** 동서를 막론하고 불평등은 인간 사회에 내재화된 특성인 듯합니다. 그런데 가난, 즉 빈곤은 개인의 노력에 따라 얼마든지 벗어날 수 있는 걸까요? 빈곤 문제를 해결하기 어려운 이유는 불평등의 사회적 내재화로 가난이 대물림될 가능성이 크기 때문입니다. 가난이 가난을 낳는 거죠. 빈곤의 덫에 빠지는 겁니다.

주류경제학은 시장이 완전하며 진입과 퇴출이 자유롭고 거래비용은 없거나 무시할 정도로 낮다고 가정합니다. 따라서 자유로운 시장경제는 최적의 자원배분으로 모두가 기여한 만큼의 소득을 보장받으며 궁극적으로 경제가 발전할 수 있는 최상의 제도라고 주장합니다. 이에 따르면

*** 박기수 외 역주, 『사료로 읽는 중국 고대 사회경제사』, 청어람미디어, 2005년, p.257

빈곤은 개인의 문제이며 경제가 발전하면서 해결될 수 있는 것처럼 느껴집니다. 물론 경제발전이라는 측면에서 시장경제가 지금까지 역사 과정에서 인류가 발견한 최상의 경제제도인 것은 분명합니다. 하지만 앞서 여러 곳에서 언급했듯이 시장은 생각만큼 완벽하지 않습니다. 제한된 합리성, 불완전한 정보, 높은 거래비용 등 때문에 시장은 때때로 실패합니다.

가난에는 자기 강화self-reinforcement 메커니즘이 작동합니다. 이것이 빈곤의 덫입니다. 예를 들어 가난한 사람들은 새로운 기회를 잡는 데 필요한 돈을 구하는 것이 어렵습니다. 교육을 위해서건 새로운 사업을 위해서건 신용을 이용하려면 대부분 담보가 필요합니다. 물적담보이건 인적담보이건, 아니면 신용등급에 의한 것이건 경제적 가치를 가진 담보를 요구합니다. 하지만 가난한 사람들은 담보가 충분치 않아 신용을 이용하는 데 제약을 받습니다. 가까스로 신용을 이용할 기회를 얻었다고 해도 이를 상환하기 위해 다시 힘든 시간을 보내야 합니다. 자유로운 진입과 탈퇴라는 자유시장의 논리가 어색해지는 순간입니다.

아무리 노력해도 벗어날 수 없는 덫에 갇혔다면 누군가 도와주어야 하지 않을까요? 그 덫을 스스로 놓은 것이 아니라면 말이죠. 덫에 걸리지 않은 사람이 이룬 성과는 혼자만의 능력으로 이룬 것은 아닙니다. 사회의 구조나 제도가 승자와 패자, 부자와 빈자를 갈랐다면 부자도 개인으로서 부자가 아니듯 빈자도 개인으로서 빈자가 아닐 겁니다. 사람들이 모여 사회를 이루고 살면서 만들어진 덫이라면 사회구성원 모두가 함께 그 덫을 해체해야 하지 않을까요? 승자와 패자를 가르는 능력의 원초적 뿌리조차 개인들이 손수 만들어낸 것은 아닐 테니까요.

오마하의 현인이라고 불리는 투자의 대가 워런 버핏(Warren Buffett,

　　　　　　　　分配의 경제학 : 집합행위와 상호작용

1930~)은 다음과 같이 말합니다. "아시다시피 나는 이 세상에 살면서 상당히 괜찮았습니다. 내가 1930년에 미국에서 태어날 확률은 50대 1 정도로 나에게 불리했습니다. 하지만 나는 어머니의 자궁에서 나와 미국이라는 나라에 태어나면서 로또에 당첨된 겁니다.* 다른 나라에 태어났더라면 내가 거둘 수 있었던 성공의 가능성은 훨씬 적었을 겁니다."

버핏은 미국에서 태어난 덕분에 누린 혜택은 일종의 로또라고 말합니다. 만일 방글라데시에서 태어났더라면 결과는 확연히 달랐을 거라는 겁니다. 버핏은 이것을 '난소 로또ovarian lottery'라고 표현합니다. 태어나면서 운 좋게 얻었다는 거죠. 세계 최고의 부자인 그는 재산은 모름지기 사회로 환원되어야 하는 보관증 같은 것으로 생각한다고 합니다.**

루소는 말합니다. "어떤 토지에 울타리를 두르고 '이것이 내 것이다' 선언하는 일을 생각해 내고는, 그것을 그대로 믿을 만큼 단순한 사람들을 찾아낸 최초의 사람은 정치 사회(국가)의 창립자였다. 말뚝을 뽑아내고 개천을 메우며 '이런 사기꾼이 하는 말 따위는 듣지 않도록 조심해라. 열매는 모든 사람의 것이며 토지는 개인의 것이 아니라는 것을 잊는다면 너희들은 파멸이다!' 동포들에게 외친 자가 있다고 한다면 그 사람이 얼마나 많은 범죄와 전쟁과 살인, 그리고 얼마나 많은 비참함과 공포를 인류에게서 없애 주었겠는가?"***

하지만 불평등을 제거하는 일은 단순히 자선이나 이타심에 의지할

---

*   앨리스 슈뢰더, 이경식 옮김, 『스노볼 2』, 랜덤하우스, 2009년, p.340
**   앨리스 슈뢰더, 같은 책, p.665
*** 장 자크 루소, 최석기 옮김, 『인간불평등기원론/사회계약론/고독한 산책자의 몽상』, 동서문화사, 2022년, p.89

수는 없습니다. 루소가 말한 말뚝을 뽑아내는 일은 쉽지 않습니다. 처음 말뚝을 박았을 때부터 시간이 흐르면서 조금씩 조금씩 더 땅속으로 깊이 박혀 들었기 때문입니다. 불평등의 뿌리가 깊어진 겁니다. 그래도 말뚝을 뽑으려는 시도가 없지는 않았습니다.

프랑스 대혁명 시기에 본격적으로 도입된 누진세가 가장 대표적입니다. 핀란드에는 벌금을 부과할 때 소득이 높을수록 많은 벌금을 내도록 하는 제도가 있습니다. 부담 능력에 따라 차등해서 과세하는 겁니다. 가장 개혁적인 제안은 헨리 조지의 토지가치세라고 할 수 있습니다. 그는 모든 세금을 폐지하고 지대에 근거한 단일세로 불평등의 뿌리를 뽑을 수 있다고 주장했습니다. 한편 피케티는 세계화된 세습자본주의를 통제하기 위해서는 누진적인 글로벌 자본세를 도입할 것을 주장합니다. 그는 이를 통해 끝없는 불평등의 악순환을 피하고 세계적인 자본집중의 동학을 통제할 수 있다고 말합니다.

검이불루

빈곤의 문제는 단순히 시장의 논리나 한계생산성 이론으로 해결할 수 없습니다. 출발선에 선 두 사람의 방향이 단지 1° 차이라고 해도 달리는 거리가 늘어날수록 두 사람은 보이지 않을 정도로 떨어지게 됩니다. 두 사람이 서로 방향을 틀도록 만들지 않으면 결국 사회는 붕괴합니다. 『세속의 철학자들』의 저자 하일브로너는 말합니다.

"우리는 부유하지만, 부유한 사회의 한 구성원으로서 부유한 것이지 개인으로서 부유한 것이 아니다. 그리고 우리는 물질적 욕구의 충족을 당연한 것처럼 생각하고 있지만, 우리를 하나로 엮어 전체 사회로 만들어주는 유대가 끊어진다면 그 또한 사라져버리게 되어 있는 것이 현실이다."[*]

　이제 한참 멀어진 두 사람의 방향을 틀게 할 자연적인 방법은 없습니다. 특히 도덕성을 가지지 않는 시장에만 맡긴다면 더욱 그렇습니다. 빈곤은 스스로 강화하는 자기 강화 메커니즘에 빠져 있습니다. 피케티는 "부의 분배의 동학이 수렴과 양극화가 번갈아 나타나도록 하는 강력한 메커니즘을 가동시킨다는 것, 그리고 불안정하고 불평등한 힘이 지속적으로 승리하는 것을 막는 자연적이고 자생적인 과정은 없다"고 말합니다.[**] 빈곤 문제를 알아서 해결해 주는 보이지 않는 손은 없습니다. 버핏의 난소 로또가 알려주듯 개인의 원초적인 능력은 우연의 산물이라고 할 수 있습니다. 운칠기삼이라는 세속의 통찰력은 빈곤 문제에 대한 겸손한 접근을 요구합니다.

　국가와 부모 등 타고난 우연에 따른 차이와 지대 추구에 따른 비대칭적 부의 이전을 합리적인 수준까지 바로잡으려는 시도마저도 자유에 대한 도전이라고 규정하는 자유지상주의자들이 있습니다. 만일 현재의 불평등을 두고 강제로 침범할 수 없는 개인의 소유권에 기반한 정의가 실현된 결과라고 생각한다면, 자유주의는 인간 사회에서 갖는 그 중요성에도 불구하고 도덕의 진공상태를 만들어낼 것입니다. 그리고 그 틈새는 빈곤으로 채워질 것입니다.

---

[*]　　로버트 L. 하일브로너·윌리엄 밀버그, 홍기빈 옮김, 『자본주의 어디서 와서 어디로 가는가』, 미지북스, 2011년, p.22

[**]　　토마 피케티, 장경덕 외 옮김, 『21세기 자본』, 글항아리, 2014년, p.32~33

빈곤 문제는 단순히 가난한 사람을 지원하는 것으로 해결할 수 없습니다. 빈부격차를 제대로 다루려면 출발선을 다르게 만든 부와 편향된 부의 이전을 가능케 하는 권력의 불평등을 직접 다뤄야만 합니다. 부의 사다리를 오르도록 사람들을 돕는 것만으로는 해결되지 않습니다. 부의 사다리는 점점 오르지 못할 나무가 되고 있기 때문입니다.[*]

우리에게는 빈곤을 이기적인 개인의 문제가 아니라 화합하고 포용하는 사회의 문제로 인식하고 정면으로 이야기할 경제학이 필요합니다. 헨리 조지는 말합니다. "인간 행동의 근본 동기를 이기심이라고 보는 철학은 단견이다. … 이기심은 강력하며 매우 큰 결과를 낳을 수 있기는 하지만, 비유하자면 기계적인 힘이라고 할 수 있다. 그러나 인간의 본성에는 화학적인 힘과 같이 녹이고 융합하고 감싸면서 모든 것을 가능하게 하는 무엇이 있다. '인간은 목숨을 위해서는 모든 것을 바친다'고 할 때는 사익을 말한다. 그러나 인간은 차원 높은 동기에 충실하기 위해 목숨까지도 바칠 수 있다."[**]

빈자와 부자는 세상에 대한 접근법이 다릅니다. 어떠한 도덕이나 철학 혹은 경제이론의 잣대를 가져다 댄다고 해도 부자와 빈자 사이의 본능적 감각은 어찌할 수 없습니다. 『삼국사기』에는 백제문화의 특징을 나타내는 멋진 문구가 있습니다. 검이불루 화이불치(儉而不陋 華而不侈)입니다. 검소하되 누추하지 않고, 화려하되 사치스럽지 않다는 의미입니다. 여러분은 검이불루에 마음이 가나요, 아니면 화이불치에 마음이 가나요. 만

---

[*] 마이클 샌델, 함규진 옮김, 『공정하다는 착각』, 미래엔, 2022년, p.51
[**] 헨리 조지, 김윤상 옮김, 『진보와 빈곤』, 비봉출판사, 2010년, pp.447~448

일 부유하다면 화이불치가 마음에 더 와닿지 않을까요? 만일 가난하다고 느낀다면 검이불루가 더 마음이 편하지 않을까요? 그런데 이 말은 권력과 부를 상징하는 궁궐에 대한 느낌을 표현한 것입니다. 그렇다면 검이불루든 화이불치든 어느 것도 빈자의 몫은 아닐 겁니다. 그렇지만 좀 더 나은 세상이 되어 누구라도 화이불치는 아니어도 검이불루의 느낌 정도는 향유할 수 있다면 좋겠습니다.

PARADOXES & DILEMMAS IN ECONOMICS

행복의 경제학 : 소유와 존재의 이중주

PARADOXES & DILEMMAS IN ECONOMICS

10
성공은 축복이고 실패는 저주인가?

이카루스의 역설

그리스 신화에 '추락하는 것은 날개가 있다'는 이야기가 있습니다. 다이달로스의 아들 이카루스는 건축가이자 발명가인 아버지와 함께 아버지가 만든 날개를 달고 하늘로 날아올라 미궁迷宮을 탈출합니다. 날개는 새의 날갯짓을 실과 밀랍으로 이어붙여 만들었습니다. 사실 미궁도 다이달로스가 만든 것이었는데, 왕의 노여움을 사 아들과 함께 이곳에 갇혔던 것입니다. 그런데 이카루스는 미궁을 벗어나 하늘을 날자 태양이 있는 곳까지 날아오르고 싶은 욕망이 생겼습니다. 태양에 너무 가까이 가지 말라는 아버지 다이달로스의 경고를 무시하고 말이죠. 그런데 이카루스가 힘차게 날갯짓을 하며 이글거리는 태양에 한층 가까워지자 날개를 만드는 데 썼던 밀랍이 녹기 시작했습니다. 밀랍으로 이어붙인 새의 날개

깃들이 떨어지면서 날갯짓을 제대로 할 수 없게 된 이카루스는 그만 에게해에 추락해 목숨을 잃고 맙니다.

이카루스는 왜 아버지의 경고를 무시했을까요? 태양에 가까이 다가가면 밀랍이 녹는다는 사실을 몰랐을까요? 다이달로스가 아들에게 경고할 때 그 이유를 말해주지 않았을까요? 그런데도 이카루스는 왜 태양에 다가가고자 했을까요? 사람들은 이카루스의 날개를 통해 정점에 오른 영웅들의 고질병을 지적합니다. 바로 오만 혹은 자만(휴브리스, hubris, hubris)입니다. 휴브리스는 비상飛上한 자의 추락과 성공한 자의 실패를 암시합니다. 힘차게 날아오를 때 사용했던 날개가 제 기능을 상실하면서 추락의 원인이 되는 겁니다.

이카루스의 이야기는 가장 소중한 것이 파멸에 이르는 도구가 될 수 있다는 역설을 보여줍니다. 미궁을 벗어나 하늘로 비상할 수 있었던 것은 다이달로스가 온갖 머리를 짜내어 만든 인조 날개 덕분이었지만, 이카루스는 날개의 한계를 제대로 인식하지 못하고 태양에 다가가려는 자신의 욕망 때문에 추락하고 말았습니다. 이에 빗대어 기업의 성공을 이끌었던 요인이 실패 원인이 되는 상황을 '이카루스의 역설Icarus paradox'이라고 합니다. 이 용어는 캐나다 경영학자인 대니 밀러Danny Miller가 1990년에 발간한 자신의 책『이카루스 패러독스』에서 사용한 것입니다. 그는 "우수한 기업들은 그들의 성공이 과잉을 잉태할 때부터 곤란에 처한다. 그리고 성공을 생성하였던 이러한 요소들은 역설적으로, 너무 과도하게 추진되면 쇠퇴를 가져온다. 좋은 일도 지나치면 실패를 가져오는 것이다"라고 말합니다.[*]

---

[*]   대니 밀러, 정범구·한창수 옮김, 『이카루스 패러독스』, 21세기북스, 1995, p.289

밀러는 성공을 거두었던 기업들의 역사를 추적해 이카루스의 역설이 광범위하게 발생하는 것을 확인했습니다. 그는 성공을 이끌었던 요소들이 도를 넘어 독단적인 신조로 자리 잡으면 판매 감소, 수익성 악화, 심지어 파산에 이르는 등 추락의 궤적을 그린다고 말합니다. 이 기업들의 공통점은 성공의 주요 요인이었던 경영전략을 무절제하게 확대했다는 점입니다. 성공이 불러온 자신감과 교조주의가 환경변화에 적응하는 기업 역량을 심각하게 훼손한 것입니다. 성공을 가져다준 요인과 외골수 사랑에 빠진 거죠. 이는 휴브리스의 덫에 걸린 겁니다.

이에 따라 집중focus은 편협함으로 바뀌고, 활발한 기업 문화는 방만한 경영으로 이어지고, 창조적인 분위기는 유토피아를 추구하는 비현실적인 방향으로 변하고, 탁월했던 판매 역량은 시장의 요구를 반영한 제품 생산에 오히려 걸림돌이 됩니다.**

밀러는 성공한 기업의 유형별로 어떤 과정을 거쳐 추락하는지를 보여줍니다. 예를 들어 최상의 품질을 무기로 성공한 개인용 컴퓨터 회사가 기술 지상주의에 빠져 영업과 회계 직원들을 무시하게 됩니다. 이 회사는 미세한 성능 향상에 경도되어 작고 사용하기 편한 제품을 원하는 소비자의 요구에 보조를 맞추지 못하게 됩니다. 이 회사는 제품의 품질에 집중한 장인기업으로 성공했지만, 품질의 목적이 고객을 끌어들이고 만족시키는 데 있다는 사실도 잊어버립니다. 성능 좋은 제품만 내놓으면 예전처럼 모든 것이 잘 풀릴 것으로 생각한 겁니다. 가진 도구가 망치뿐인 사람은 모든 것이 못으로 보이는 것처럼 오직 기술에 집중한 기업

**   대니 밀러, 같은 책, pp.13~15

은 모든 문제가 제품의 성능이나 기능과 관련된 것으로 보이게 됩니다. 제품에 과도한 기술이 부가되면서 가격은 높아지고 디자인은 시대를 따라가기 버겁습니다. 결국 기술로 성공한 장인기업이 환경변화에 적응하지 못하고 미세한 기술적 기교에 몰두하는 수선공처럼 추락하게 되는 것입니다.[*] 이는 탁월함의 위험peril of excellence이 현실화된 것이라고 할 수 있습니다. 성공이 또 다른 성공을 보장하지는 않는 거죠. 오히려 성공을 이끌었던 탁월함이 치명적인 관성의 법칙에 따라 무절제하게 쓰이면서 패착으로 작용하게 되는 겁니다.

밀러는 성공한 기업이 추락을 방지하는 방법과 추락하는 과정에서 궤도를 수정하는 방법을 제시하고 있습니다. 그런데 문제는 이카루스의 역설이 여전히 사라지지 않고 있다는 겁니다. 실물경제에서뿐만 아니라 금융 분야에서도 성공 요인이 실패의 원인이 되는 일들이 계속되고 있습니다. 사람들이 같은 실수를 반복하도록 만드는 심리적 과정이 있는 거죠. 원인은 아마도 휴브리스일 가능성이 큽니다.

승자의 저주

휴브리스에 빠지면 자신의 역량을 지나치게 믿고 모든 문제를 낙관적으로 바라보게 될 가능성이 큽니다. 특히 경쟁 상황에서 그렇습니다. 무언가를 먼저 차지하거나 보다 유리한 상황을 만들기 위해 서로 경쟁할 때

---

[*]   대니 밀러, 같은 책, pp.23~26

행복의 경제학 : 소유와 존재의 이중주

자신의 역량을 과도하게 믿고 낙관적으로 생각하는 거죠. 이런 경향은 이미 성공한 경험이 있는 사람이나 조직에서 더욱 강하게 나타납니다. 특정 기업을 인수하려는 매수합병M&A 경쟁에서 반복적으로 나타나는 목표 기업의 과대평가는 좋은 예가 될 것입니다.

증권거래소에 상장된 T기업을 인수하는 경우를 생각해 봅시다. 현재 T기업의 주가는 15,000원입니다. 이제 A기업이 T기업을 매수하려고 합니다. 이때 매수가격은 얼마가 될까요? 최소한 시장가격인 주당 15,000원은 넘어야 할 겁니다. 프리미엄을 주고 매수하는 거죠. 그런데 왜 시장가격을 초과하는 프리미엄을 주고 매수하려는 걸까요? A기업의 경영진은 독립된 T기업의 주가는 15,000원이 적정하겠지만 A와 T를 합해 AT기업이 되면 그 가치가 상승할 것으로 판단한 겁니다. AT기업으로 재탄생하면 덩치가 커져 규모의 경제를 누리거나, 서로 보완적인 A기업과 T기업의 자원과 기술 혹은 인력의 통합으로 커다란 시너지 효과를 볼 수 있다고 생각하는 거죠. 또한 무능한 경영진을 교체해 T기업의 효율성을 급격히 높일 수 있거나, T기업의 과잉 유보금을 수익률이 높은 분야에 현명하게 활용하거나, 막대한 세금을 절약할 수 있다고 생각할 수도 있습니다. 다른 기업을 매수할 정도면 기업 규모도 상당하고 어느 정도 성공을 맛본 기업이라고 할 수 있습니다. 휴브리스가 작용할 만한 환경이라는 겁니다.

많은 연구에 따르면 기업 인수에 따른 이득은 과대평가된 것으로 보입니다. 기업결합으로 인해 발생하는 경제적 가치를 과대평가한다는 거죠. 규모의 경제나 시너지 효과도 미미하고 자원, 기술, 인력의 융합도 기대했던 만큼 효과가 없는 겁니다. 인수 프리미엄을 지급할 근거가 희박하다는 거죠. 그렇다면 왜 이런 현상이 벌어질까요? 한가지 이유는 휴브리스입니다. 매수 기업의 의사결정자인 경영진은 자신들의 역량에 대한 과신 때문에 대상 기업에 평균적으로 너무 많은 대가를 지불한다는 겁니다. 이것을 기업 인수의 '휴브리스 가설(hubris hypothesis, 오만 가설, 교만 가설)'이라고 합니다. 매수 대상 기업을 지금보다 훨씬 나은 상태로 만들어 주식시장에서 결정된 시장가치보다 높은 기업가치를 창출할 수 있다고 생각하는 겁니다.*

기업 인수에서 경영진의 의사결정은 결정적인 역할을 합니다. 그리고 특정 기업을 인수하려는 기업이 나타나면 뒤이어 다른 기업들이 경쟁자로 등장하는 것이 보통입니다. 그러면서 인수 프리미엄은 점점 상승합니다. 이때 주식시장의 반응은 어떨까요? 매수 대상 기업의 주가는 상승하는 반면, 매수 기업의 주가는 하락하는 것이 일반적입니다. 해당 기업의 인수가 어떤 결과를 가져올지 시장은 알고 있는데 매수 기업의 경영진은 모르고 있습니다. 성공한 사람들이 앓는 휴브리스라는 고질병이 눈을 가리는 거죠. 물론 기업 인수에 있어 과도한 프리미엄이 전적으로 휴브리스 때문인 것은 아니지만 휴브리스가 근본적이고 광범위한 영향을 미치는 것은 분명한 듯합니다.

행동경제학자인 대니얼 카너먼도 기업 매수합병이 휴브리스의 결과일 수 있다고 말합니다. 그에 따르면 기업 인수는 경기 호황기에 큰 흐름을 타며 활발해지는데, 이때 경영자들은 기업의 좋은 성과가 경제성장이

---

*   Ricard Roll, 「The Hubris Hypothesis of Corporate Takeovers」, The Journal of Business, Vol. 59, No. 2, Part 1 (Apr., 1986), pp.197~216

아니라 자신들의 행위와 능력에 기인한다고 생각하기 쉽다고 합니다. 다시 말해 경영자는 자신의 능력을 과신하게 되는 거죠. 이러한 자신감은 기업 인수 대상에 자신의 능력을 발휘하여 적절한 계획과 탁월한 경영을 펼치면 더 큰 가치를 창출할 수 있다고 믿게 만듭니다.[**]

사업권을 따내는 경매에서도 비슷한 현상을 확인할 수 있습니다. 미국 멕시코만 지역의 석유 시추권 경매를 분석한 한 연구에서 낙찰자는 시추권 가치를 과대평가하는 경향이 있다는 점이 확인되었습니다. 대형 정유회사들은 밀봉경쟁입찰sealed competitive bidding을 통해 석유 시추권을 따낸 사례들의 기록을 검토했는데, 놀라운 사실이 확인되었습니다. 석유와 가스의 매장량이 많을 것으로 여겨졌던 이 지역에서 정유회사들은 기대했던 투자수익률을 거두지 못했다는 것입니다. "사실 땅값이 매우 쌌던 1950년 이전의 시기를 제외하면 멕시코만은 이 지역의 신용협동조합보다 수익률이 낮다는 것을 알 수 있다."[***] 멕시코만에서 경쟁입찰로 확보한 시추권을 통해 얻은 수익률이 기대에 미치지 못한다는 겁니다. 기회비용을 따지면 입찰 경쟁에서 승리한 것이 오히려 독이 되었다는 거죠. 낙찰에 성공했던 회사들이 엄청난 손실 때문에 도산 직전까지 간 경우도 적지 않았다고 합니다.[****]

경쟁입찰에서 승자는 입찰 대상의 진정한 가치를 심하게 과대평가하는 경우가 많습니다. 이에 따라 경매에서 승리했지만 손실을 보게 된다

[**]   Dan Lovallo and Daniel Kahneman, 「Delusions of Success: How Optimism Undermines Executives' Decisions」, Harvard Business Review, July 2003

[***] E.C. Capen, R.V. Clapp, and W.M. Campbell, 「Competitive Bidding in High-Risk Situations」, Journal of Petroleum Technology, June 1971, p.641

[****] 김영세, 『게임이론』, 박영사, 2020년, p.391

는 겁니다. 이런 상황을 '승자의 저주winner's curse'라고 합니다. 이 말은 승자가 누군가를 저주한다는 것이 아니라 승자 자신이 저주를 받는다는 의미입니다. 앞서 언급한 기업 인수에서도 휴브리스로 인해 승자의 저주는 빈번하게 발생합니다. 비록 인수 경쟁에서 승리자가 된다고 해도 너무 높은 프리미엄을 지불함에 따라 궁극적으로 얻는 것보다 잃는 것이 많다는 겁니다.

승자의 저주라는 개념을 처음 제시했던 케이펜, 클랩, 캠벨에 따르면 경쟁입찰에 참여한 회사들의 입찰가는 그 범위가 매우 넓습니다. 각 회사의 평가가 매우 상이하다는 겁니다. 최고 입찰가가 최저 입찰가에 비해 적게는 7배에서 많게는 100배를 초과하는 사례도 있습니다. 낙찰금액과 차상위 입찰금액이 큰 차이를 보이기도 했습니다. 예를 들어 1969년 알래스카의 한 지역에서 이루어진 입찰에서 낙찰금액은 9억 달러였고 두 번째로 높은 입찰금액은 3억 7,000달러였습니다. 비록 보유한 정보의 양과 질이 서로 달라 정보 비대칭 문제가 있다고 해도 입찰자 모두 경험이 많은 사람들이라면 차이가 이 정도로 크지는 않았을 겁니다. 그런데 문제는 이런 현상이 이례적인 것이 아니라는 사실입니다.[*] 다시 말해 입찰자들이 계속해서 똑같은 실수를 한다는 거죠. 일시적이고 우연한 실수가 아니라 체계적인 오류를 범한다는 것입니다.

입찰에서 경쟁자가 얼마나 많은가도 승자의 저주와 관련이 있습니다. 경쟁자가 2~3명일 때 낙찰을 받았다면 괜찮은 이득을 얻었다고 생각할

---

[*] E.C. Capen, R.V. Clapp, and W.M. Campbell, 「Competitive Bidding in High-Risk Situations」, Journal of Petroleum Technology, June 1971, p.642, p.646

행복의 경제학 : 소유와 존재의 이중주

수 있지만 50명과 경쟁해서 낙찰을 받았을 때도 과연 그런 기분이 들까요? 경쟁자가 2~3명일 때보다 경쟁자가 50명일 때 입찰 대상을 과대평가할 가능성은 그만큼 더 크다고 할 수 있습니다. 승자의 저주에 빠질 가능성이 더욱 커지는 겁니다.[**]

참고로 승자의 저주는 공통가치를 가지는 상황에서 발생한다는 사실입니다. 경매는 경매 물품의 객관적 가치가 존재하는가 그렇지 않은가에 따라 분류할 수 있습니다. 객관적인 가치를 산출하기 어려운 골동품이나 예술품처럼 각자의 기호에 따라 평가액이 달라지는 경매를 '개인가치private value 경매'라고 합니다. 이에 반해 석유 시추권, 광물 채취권, 기업가치 등 비록 정확한 가치를 알기 어려워 각자가 서로 다른 평가를 할수 있으나 모두가 객관적인 가치가 존재한다고 생각하는 경매는 '공통가치common value 경매'라고 합니다. 따라서 투자한 것에 비해 얻는 것이 적은 승자의 저주는 입찰자마다 기호가 달라 경매 물품의 가치를 다르게 평가하는 개인가치 경매에서는 발생하지 않습니다.

그렇다면 승자의 저주를 피할 방법은 없을까요? 가장 쉬운 방법은 승자의 저주가 존재한다는 사실을 인지하고 입찰가를 낮추거나 입찰에 참여하지 않는 것입니다. 하지만 다른 사람도 그럴까요? 여전히 입찰 대상을 과대평가하는 사람이 있을 겁니다. 더욱이 입찰가를 낮추거나 입찰에 참여하지 않는 것은 해당 산업에 얽매이지 않겠다는 것을 의미합니다. 기업의 성장을 바라지 않는다면 모르겠지만 과연 그럴 수 있을까요?

좀 더 나은 해결책은 승자의 저주 현상을 경쟁자들과 공유해서 모두

**   E.C. Capen 외, 같은 논문, p.645

가 입찰금액을 낮추도록 유도하는 겁니다. 그럴 수만 있다면 모두에게 이득이 돌아갑니다. 하지만 이 또한 쉽지 않습니다. 모두가 합리적인 것은 아니기 때문입니다. 따라서 승자의 저주는 경쟁자들이 합리적이지 않은 상태에서 게임을 할 때 최적의 전략이 무엇인지 찾는 것처럼 어려운 과제를 던져줍니다.[*]

또 하나의 방법은 입찰 방법을 바꾸는 것입니다. 승자의 저주가 최고 금액의 입찰가를 제시한 최고가밀봉경매에서 나타나므로 경매 방법을 차가밀봉경매, 즉 제2가격입찰제로 바꾸는 겁니다. 차가밀봉경매는 최고 금액을 제시한 입찰자가 낙찰을 받지만, 그가 지불하는 금액은 입찰금액 중 두 번째로 높은 금액입니다. 예를 들어 A가 100달러, B가 80달러, C가 60달러를 써냈다면 낙찰자는 A이며 그가 지불해야 하는 금액은 80달러가 됩니다. 차가밀봉경매는 관련 논문에서 이를 다루었던 학자의 이름W. Vickrey을 따서 흔히 비크리경매Vickrey auction라고 부릅니다.

하지만 실제로 이 방법을 활용한 사례는 찾아보기 힘들다고 하는데 주요 이유는 경매자가 입찰자들을 속일지도 모른다는 의구심 때문이라고 합니다.[**] 낙찰자가 써낸 입찰가(최고가)와 낙찰가(제2가격)가 다른데, 자신이 낙찰받은 가격이 정말로 두 번째로 높은 금액인지 아닌지 낙찰자는 알 수 없으니까요.

---

[*]   리처드 H. 세일러, 최정규·하승아 옮김, 『승자의 저주』, 이음, 2017년, p.125
[**]   이준구, 『미시경제학』, 문우사, 2022년, p.485

행복의 경제학 : 소유와 존재의 이중주

상승의 역설

지금까지 승자의 저주는 휴브리스에 빠진 사람들의 비합리성 때문에 일어난 것이었습니다. 그런데 합리적인 선택을 했는데도 승자의 저주가 일어나는 경우가 있습니다. 대표적인 예가 '달러 경매dollar auction'라는 게임입니다. 이 게임은 미국의 경제학자 마틴 슈빅(Martin Shubik, 1926~2018)이 합리적 선택 이론의 문제점을 보여주기 위해 고안한 것이라고 합니다.[***] 경매 물품은 1달러 지폐이고 규칙은 다음과 같습니다.

경매는 참가자 중에서 최초의 입찰가를 제시하면서 시작됩니다. 입찰가는 5센트 단위로 가능하며 일정 시간 동안 입찰가를 제시하는 사람이 없으면 그 상태에서 경매는 종료됩니다. 최고가를 제시한 사람은 자신이 제시한 금액을 지불하고 1달러 지폐를 가져갑니다. 주의할 점은 두 번째로 높은 가격을 제시한 사람은 얻는 것은 없지만 자신이 제시한 금액은 지불해야 합니다. 예를 들어 A가 15센트를 제시하고 B가 10센트를 제시한 상태에서 경매가 종료되었다면, A는 15센트를 지불하고 1달러 지폐를 가져가고 B는 10센트를 지불하는 것으로 마무리됩니다. 물론 경매인은 총 25센트를 받고 1달러 지폐를 A에게 넘겨주어야 합니다.

이 게임은 참가자가 많을수록 흥미진진하지만, 편의상 참가자가 두 사람이라고 가정하겠습니다. 먼저 A가 5센트를 제시하면 B는 10센트를 제시할 겁니다. A의 금액에 5센트만 더하면 자신이 90센트의 이득을 얻

[***]   Martin Shubik, 「The Dollar Auction Game: A Paradox in Noncooperative Behavior and Escalation」, The Journal of Conflict Resolution, Volume 15, Issue 1 (Mar., 1971), pp.109~111

을 수 있다고 생각하기 때문입니다. 같은 생각으로 A는 15센트로 올립니다. 이 상태에서 경매가 종료되면 A는 85센트의 이익을 얻습니다. 그런데 B가 그만둘까요? 당연히 20센트 이상으로 입찰금액을 올릴 것입니다. 이런 상황이 계속 이어지겠죠.

이 경매에서 중요한 전환점 중 하나는 두 사람의 입찰금액의 합이 1달러를 넘게 되는 때입니다. 예를 들어 A가 50센트, B가 45센트를 제시한 상태라면 그 다음은 분명합니다. B가 50센트를 초과하는 입찰금액을 제시할 겁니다. 그렇다면 이때부터 경매인은 경매 결과가 어떻게 되든지 이득을 보게 됩니다. 낙찰자를 포함해 경매 참가자들이 지불할 금액의 총합이 경매 물품인 1달러를 초과하기 때문입니다.

이 게임에서 또 다른 전환점은 어느 한쪽의 입찰금액이 경매 물품과 같은 1달러가 되는 때입니다. 이때 상대방은 낙찰을 포기하거나 입찰금액을 1달러 이상으로 올리거나 두 가지 선택을 해야 합니다. 예를 들어 그 사람의 직전 입찰금액이 80센트였는데 경매를 포기하면 80센트의 손실을 보게 될 것입니다. 그렇지 않고 1달러 5센트로 입찰금액을 올리고 그대로 경매가 종료되면 최종적으로 5센트의 손실만 부담하면 됩니다. 따라서 입찰금액을 올릴 이유가 충분합니다. 이런 면에서는 합리적인 판단이라고 할 수 있습니다. 하지만 이 단계부터 낙찰 여부와 관계없이 두 사람은 모두 손실을 보게 됩니다. 이런 사실을 알면서도 아마도 두 사람은 입찰금액을 계속해서 경쟁적으로 올릴 것입니다. 낙찰을 받지 못하면 1달러의 손실을 더 감수해야 하기 때문이죠. 슈빅은 이런 현상을 '상승㊀乘의 역설paradox of escalation'이라고 부릅니다.

실제 경매 실험에서 두 사람이 1달러 지폐를 낙찰받기 위해 쓰는 비

행복의 경제학 : 소유와 존재의 이중주

용이 모두 3~5달러 정도가 되는 경우가 적지 않다고 합니다. 슈빅은 많은 사람들이 모여 있는 곳에서 달러 경매를 할 때 일단 두 개의 입찰금액이 제시되기만 하면 실제로 상승의 역설이 발생한다고 말합니다. 만일 입찰금액에 상한선이 없다면 입찰가격은 무한대로 상승할 수도 있을 것입니다. 이카루스가 태양에 다가가려고 했던 것처럼요.

만일 입찰자 A와 B 두 사람이 서로 협조하면 어떨까요? 두 사람이 사전적으로 구속력 있는 협정을 맺을 수 있다면 95센트의 이득을 얻을 수 있습니다. A가 5센트를 제시하고 B는 경매를 포기하는 겁니다. 그러면 경매자는 95센트의 손실을 보고 두 사람은 95센트를 사전 약속에 따라 분배할 수 있을 겁니다. 이런 협조 게임cooperative game이 아니라면 상승의 역설을 피할 가능성이 있을까요? 먼저 A가 1달러를 제시하면 어떨까요? B가 합리적이라면 여기에서 멈출 겁니다. 하지만 이런 경매는 의미가 없습니다. 또 다른 가능성은 누군가 직전 최고 입찰금액보다 95센트 높은 금액을 제시하는 겁니다. 예를 들어 A가 50센트를 제시했을 때 B가 1달러 45센트를 제시하는 겁니다. 그러면 A는 1달러 50센트를 제시할 것인가 말 것인가 생각하겠지요. 1달러 50센트를 제시해서 낙찰을 받는다면 순손실은 50센트입니다. 지금 경매를 그만둔다고 해도 이미 50센트를 제시했기 때문에 손실의 크기는 같습니다. 과연 굳이 경매를 진행할 필요가 있을까요?

하지만 입찰자들이 사전에 서로 협정을 맺지 않은 비협조 게임noncooperative game에서는 재미나 호기심으로 시작된 게임이 대결 양상으로 치달을 수 있습니다. 특히 입찰금액이 1달러를 넘어서기 시작하면 경매는 자존심 싸움으로 변할 수 있습니다. 손실의 절대적인 크기보다 상대와 비교한 상대적인 크기에 신경을 쓰는 겁니다. A가 1달러를 제시했다고 해도 B는 1달러 5센트를 제시해서 A에게 1달러의 손실을 입히고자 할 수도 있다는 겁니다. 물론 여기서 끝나면 B는 5센트의 순손실을 보겠지요. 그러면 A도 B에게 손실을 입힐 목적으로 1달러 10센트를 제시하고, 이에 대응해 B가 1달러 15센트를 제시하는 등 상승의 역설이 일어날 수 있습니다.

상승의 역설을 통해 승자의 저주로 이어지는 달러 경매에서 A와 B는 사람이나 상황을 통제하기 어렵다는 점을 확인할 수 있습니다. 경매 과정에서 그들은 표정이나 말투 혹은 입찰가격을 통해 공격적인 전략을 드러내며 상대를 위협하거나 설득하려고 노력하겠지만 제대로 효과를 발휘하지 못할 것입니다. 경매의 각 단계에서 볼 때 A와 B는 손실을 회피하기 위해 상승하는 입찰금액을 제시하는 합리적인 선택을 할 것이기 때문입니다. 결국 달러 경매는 단계별로, 즉 단기적으로 합리적인 선택이 장기적으로 비합리적인 선택으로 변질되는 과정을 보여줍니다. 단기적 성공이 장기적 실패로 이어졌다고 할 수 있습니다. 약간의 이득을 얻기 위해 시작했지만 상승의 과정을 거쳐 결국 더 큰 손실을 본다는 의미에서 달러 경매는 비상과 추락이라는 이카루스의 역설과 비슷한 점이 있습니다.

운 그리고 변신

이카루스의 역설이나 승자의 저주는 성공이 반드시 더 나은 상태를 보장하지는 않는다는 것을 알려줍니다. 오만과 과신, 그리고 경쟁심이라는 인간의 심리적 특성을 고려하면 단기적 성공이 장기적 실패를 의미할 수도 있습니다. 그렇다고 성공을 마다하고 실패를 선택할 수는 없습니다. 다만 성공이 실패로 이어지지 않도록 주의해야 합니다. 자신의 성공이 오직 자신의 능력 때문이라는 오만과 과신으로 단기적 이익에 눈이 멀어 장기적 손실을 애써 외면하는 상황에 빠진다면 성공은 실패의 씨앗이 될 것입니다.

사람들이 휴브리스의 덫에 걸리고 승자의 저주에 빠지는 이유는 무엇일까요? 성공과 실패가 정말 개인의 능력에 의해서만 좌우될까요? 사람들은 대부분 자신의 성공이 운 때문이라고 생각하지는 않습니다. 물론 실패는 운이라고 생각하지만요. 대기업의 최고경영자와 같이 사회적으로 성공한 사람들은 자신이 모든 상황을 통제할 수 있다고 착각하는 경향이 있습니다. 따라서 어떤 행위의 결과에 대해서 운의 역할을 부정합니다. 이들은 자신이 사람과 사건을 모두 통제할 수 있다고 생각합니다. 목표를 향해 나아갈 때 걸림돌이 되는 우연이나 통제 불가능한 상황이 발생하는 것을 무시하거나 경시하는 경향이 있습니다.*

누군가 행동경제학자인 대니얼 카너먼에게 21세기 삶을 위한 공식은 어떤 것인지를 물었습니다. 카너먼은 이렇게 답했다고 합니다. 성공은 약간의 재능에 운이 더해진 것이고, 커다란 성공은 약간의 재능에 커다란 운이 더해진 것이라고요.** 성공에서 운을 배제하지 않고 받아들이는 것

---

* Dan Lovallo and Daniel Kahneman, 「Delusions of Success: How Optimism Undermines Executives' Decisions」, Harvard Business Review, July 2003

** 마이클 모부신, 김정주 옮김, 『왜 똑똑한 사람이 어리석은 결정을 내릴까?』, 청림출판, 2012년, p.214

10. 성공은 축복이고 실패는 저주인가?

345

이 성공을 운에 맡긴다는 뜻은 아닐 겁니다. 운의 진정한 역할은 사람을 겸손하게 만드는 것이 아닐까 합니다. 인간의 이기심을 정의正義로 베어내고 동여매어 공공의 이익에 유익하게 만드는 것처럼 휴브리스를 운으로 베어내고 동여매어 추락하지 않도록 돕는 겁니다.

오늘날 자본주의가 세계 경제의 기본 이념이 되었지만, 모두가 알고 있는 것처럼 자본주의의 시작부터 오늘에 이르기까지 그 과정이 순탄하지만은 않았습니다. 자본주의가 성공하면 할수록 그 내면에서는 빈부의 양극화라는 실패의 씨앗도 함께 자라났습니다. 양극화는 반복되는 공황을 통해 자본주의를 실패의 길로 몰아가기도 했습니다. 하지만 자본주의는 살아남기 위해 대응했습니다. 자본주의를 수정한 겁니다. 복지국가도 자본주의가 살아남기 위해 스스로 수정한 결과라고 할 수 있습니다.

마르크스는 자본주의가 발전하면 할수록 끝내 붕괴할 것이라고 말했습니다. 이윤율 저하의 경향이 자본주의의 원활한 작동을 방해한다는 겁니다. 자본주의의 성공 요인이라고 할 수 있는 자본의 이윤추구가 자본주의를 위기에 빠뜨리는 실패 요인이 된다는 거죠. 이것은 앞에서 살펴본 기업의 '미시적' 이카루스의 역설에 대비해 '거시적' 이카루스의 역설이라고 할 수 있습니다. 하지만 마르크스는 자본주의가 살아남기 위해 스스로 변신할 수 있다는 사실을 간과했습니다. 게다가 자본주의는 날개에서 밀랍을 떼어내고 금을, 금에서 다시 달러를 장착하며 고공비행을 이어왔습니다. 언젠가는 자본주의가 새로운 환경에서 살아남기 위해 달러를 다른 형태의 통화로 교체할지도 모르는 일입니다.

물론 여전히 자본주의는 양극화로 인한 실패의 씨앗을 함께 가지고 있습니다. 만일 자본주의가 성공의 요인이라고 생각하는 자유시장을 믿고 계속해서 자유시장에만 의존하는 휴브리스에 빠지면 어떤 일이 일어날까요? 우리는 신자유주의를 통해 경제의 자유낙하free fall를 경험했습니다. 정부가 시장의 조정자로 나섬에 따라 가까스로 다시 날기 시작했지만, 만일 시장 근본주의라는 휴브리스의 덫에 걸린다면 이런 일은 언제든지 다시 일어날 수 있습니다. 비록 자본주의가 체제 대결에서 승리했지만 체제에 내재된 양극화의 씨앗을 키우는 방향의 철학을 고집한다면 승자의 저주를 경험하게 될지도 모릅니다. 이겼지만 결국 사회의 붕괴로 많은 것을 잃게 될 것이기 때문입니다.

3인 결투

달러 경매에서처럼 합리적 이기심으로 대변되는 이콘의 세계는 대개 '2인 결투duel'로 묘사되지만 '3인 결투truel'라는 게임으로 그려지기도 합니다. 조금 각색한 게임의 내용은 이렇습니다.

　어느 날 저녁 '인간은 무엇으로 사는가'에 대해 이야기하던 미스터 블랙(B), 미스터 그레이(G), 미스터 화이트(W) 세 사람은 격렬한 논쟁을 벌입니다. 논쟁은 다툼으로 이어지고 다툼은 결투로 이어져 이들은 한 사람이 살아남을 때까지 권총 결투를 벌이기로 합니다. 그런데 세 사람의 명중률은 각기 다릅니다. B는 3분의 1, G는 3분의 2, 그리고 W는 백발백중입니다. 따라서 세 사람은 신사협정을 맺고 명중률이 낮은 사람부터 한 발씩 자신이 원하는 상대에게 쏘기로 합니다. B부터 시작해서 G, W 순으로 돌아가며 쏘는 겁니다. 물론 살아있다면 말입니다. 자 이제 B는 첫 번째 실탄을 어디로 겨냥해야 할까요?

먼저 G를 겨냥한다면 3분의 1 확률로 명중하겠지만 다음 순간 B 자신이 죽는 것은 자명합니다. 남아 있는 W가 B를 향해 쏘는데 그는 백발백중이니까요. 만일 B가 쏜 총알이 빗나가면 살아남은 G는 W를 겨냥할 겁니다. B보다는 W를 쓰러뜨려야 자신이 살아남을 가능성이 커지니까요.

이제 B의 두 번째 선택으로 W에게 첫 발을 겨냥하면 어떻게 될까요? 여전히 3분의 1 확률로 W가 죽는다면 남아 있는 G가 B를 향해 발사하겠지만 첫 번째 선택보다는 조금 나아 보입니다. G의 명중률이 3분의 2이기 때문이죠. 그런데 더 좋은 선택안이 남아 있습니다. 허공에 대고 쏘는 겁니다. 실탄을 낭비하는 거죠. 그러면 다음 순서인 G가 W를 쏠 텐데 명중시키면 다음은 B가 쏠 차례가 됩니다. 만일 G가 명중시키지 못한다면 곧바로 W가 G를 쓰러뜨리겠지요. 어떻게 되든 이제 게임은 3인 결투에서 2인 결투로 바뀌고, B가 우선권을 가지게 됩니다. 실력이 가장 뒤처지는 B가 지는 전략, 즉 경쟁자를 쓰러뜨리지 않고 총알을 낭비하는 전략을 선택함으로써 결과적으로는 가장 유리한 상황을 만들어낸 것입니다.

파론도의 역설

3인 결투에서 B의 반직관적인 행동은 실패 요인을 성공 요인으로 전환시킨 선택이었습니다. 앞서 본 이카루스의 역설과는 반대되는 상황입니다. 실패는 성공의 어머니라는 말이나 "지는 게 이기는 것"이라는 표현처럼요. 스페인의 물리학자 후안 파론도(Juan Parrondo, 1964~)는 1996년에 열역학과 관련된 연구를 하면서 개별적으로 사용하면 패하는 두 개의 전략을 함께 사용하면 이기는 전략이 될 수 있다는 사실을 발견했습니다.

비유적으로 예를 들어보죠. 참새와 곤충은 모두 농작물에 해롭습니다. 소중하게 가꾼 농작물에 피해를 주니까요. 개별적으로 보았을 때는 참새도 곤충도 농부에게 실패 요인입니다. 그런데 만일 참새와 곤충을 함께 두도록 한다면 어떻게 될까요? 참새가 곤충을 좀 잡아먹는다면 어쨌든 약간의 농작물 피해는 있겠지만 전반적으로 나쁘지 않은 결과를 기대할 수 있을 것입니다. 두 개의 실패 요인을 적절히 조합하면 성공을 이루어낼 수 있다는 거죠.[*] 이처럼 패하는 전략을 적절히 조합하면 이기는 전략이 되는 현상을 '파론도의 역설Parrondo's paradox'이라고 합니다. 즉, 지는 게임들을 섞어서 활용하면 이기는 게임으로 만들 수 있다는 것입니다.

이제 간단한 예를 들어 파론도의 역설이 어떻게 가능한지 살펴보도록 하겠습니다. 두 개의 지는 게임 A와 B가 있습니다. 게임 A는 매번 1달러를 잃는 게임입니다. 게임 B는 단계마다 보유하고 있는 게임 금액을 계산하여 짝수면 3달러를 벌고, 홀수면 5달러를 잃는 게임입니다. 이 게임 역시 지는 게임입니다. 예를 들어 100달러로 두 게임을 각각 실행한다고 합시다.

먼저 게임 A에서는 100달러에서 시작해 99, 98, 97 …처럼 계속해서 돈을 잃습니다. 게임 B에서는 처음에 100달러가 짝수이므로 3달러를 벌어 103달러가 됩니다. 그러면 이제 보유하고 있는 게임 금액이 홀수이므

---

[*]   Michael Clark, 『Paradoxes from A to Z』, Routledge, 2012년, p.165

로 5달러를 잃어 98달러가 됩니다. 다시 3달러를 따서 101달러가 되지만 이번에는 홀수이므로 5달러를 잃고 96달러가 됩니다. 이런 식으로 조금 따고 많이 잃는 게임이 계속됩니다. 결국에는 지는 게임인 거죠.

〈 게임 A와 B : 최초 게임 금액 100 〉

게임	1	2	3	4	5	6	…
A : -1	99	98	97	96	95	94	…
B : 짝수 +3 : 홀수 -5	103	98	101	96	99	94	…

하지만 두 게임을 적절히 혼합하면 상황은 달라집니다. 만일 게임 B부터 실행하고 이후 두 게임을 교차해서 실행한다면 어떻게 될까요? BABABA…처럼요. 먼저 100달러로 게임 B를 실행하면 103달러가 됩니다. 그다음 게임 A를 실행하여 102달러가 됩니다. 다시 게임 B를 해서 3달러를 벌어 105달러가 됩니다. 이제 게임 A를 통해 1달러를 잃고 104달러가 됩니다. 이런 식으로 게임을 하면 매 두 번의 게임에서 2달러를 벌게 됩니다. 이기는 게임이 되는 거죠.

〈 게임 BABABA… 〉

게임	1	2	3	4	5	6	7	…
B : 짝수 +3 : 홀수 -5	103		105		107		109	…
A : -1		102		104		106		…

행복의 경제학 : 소유와 존재의 이중주

이것이 가능한 이유는 손실은 작으면서 지속적으로 지는 게임을 이용하여 이익과 손실의 변동성이 큰 게임에서 기회를 잡기 때문입니다. 한 게임에서 작게 잃으면서 다른 게임에서 더 큰 이익을 볼 기회를 확보하는 것입니다. 즉, 1달러를 잃으면서 계속해서 3달러를 딸 기회를 만들어내는 거죠. 물론 이 게임은 지나치게 인위적인 느낌이 듭니다. 파론도의 역설을 설명하기 위한 단순한 예시이기 때문입니다. 그렇다면 현실성이 가미된 좀 더 정교한 사례를 살펴볼까요? 아래 내용은 파론도의 역설을 다방면에서 활용할 수 있도록 이 개념을 널리 확산시킨 하머Gregory P. Harmer와 애봇Derek Abbott의 논문을 정리한 것입니다.[*]

개별적으로 사용하면 패하는 두 개의 게임 A와 B가 있다고 가정해 봅시다. 게임 A는 찌그러진 동전 1개를 던지는 게임인데 이길 확률p_1은 2분의 1(50%)보다 조금($\varepsilon=0.005$) 낮습니다. 게임 B는 2개의 찌그러진 동전을 던지는 게임입니다. 만일 가지고 있는 게임 금액이 일정한 정수M, 예를 들어 3의 배수라면 동전 2를 던지고, 그렇지 않으면 동전 3을 던집니다. 동전 2를 던질 때 이길 확률p_2은 10분의 1보다 조금(ε) 낮고, 동전 3을 던질 때 이길 확률p_3은 4분의 3보다 조금 낮습니다. 동전 3의 이길 확률은 절반이 넘지만, 동전 2의 이길 확률이 매우 낮아서 게임 B는 전체적으로 지는 게임입니다. 다음 표는 두 게임의 전체적인 구조를 보여주고 있습니다.

---

[*]   Gregory P. Harmer and Derek Abbott, 「Losing strategies can win by Parrondo's paradox」, Nature, Vol. 402, Dec. 1999, p.864 / 「Parrondo's Paradox」, Statistical Science, 1999, Vol. 14, No. 2, pp.206~213

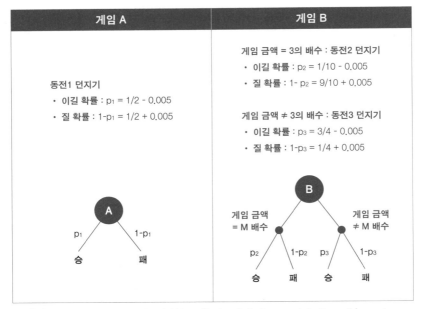

게임 A	게임 B

게임 A

동전1 던지기
- 이길 확률 : $p_1 = 1/2 - 0.005$
- 질 확률 : $1-p_1 = 1/2 + 0.005$

게임 B

게임 금액 = 3의 배수 : 동전2 던지기
- 이길 확률 : $p_2 = 1/10 - 0.005$
- 질 확률 : $1- p_2 = 9/10 + 0.005$

게임 금액 ≠ 3의 배수 : 동전3 던지기
- 이길 확률 : $p_3 = 3/4 - 0.005$
- 질 확률 : $1-p_3 = 1/4 + 0.005$

출처 : Gregory P. Harmer and Derek Abbott, 「Losing strategies can win by Parrondo's paradox」

각 게임은 독립적으로 실행되면 지는 게임입니다. 그런데 게임 A와 B를 두 번씩 교대로 실행하면 이기는 게임으로 변합니다. 즉 AABBAABB…를 실행하면 이기는 게임이 됩니다. 파론도의 역설이죠. 이렇게 일정한 패턴으로 두 게임을 교차 실행하지 않고 무작위로 혼합해서 실행했을 때도 이기는 게임이 됩니다.

다음 그림은 각 게임을 개별적으로 실행했을 때와 혼합 게임으로 실행했을 때의 시뮬레이션 결과입니다. 그림에서 아래의 두 그래프는 게임 A와 B를 개별적으로 실행했을 때의 결과인데, 계속해서 지는 게임이라는 것을 확인할 수 있습니다. 위의 두 그래프는 두 게임을 두 번씩 주기

행복의 경제학 : 소유와 존재의 이중주

적으로 교차해서 실행한 게임과 무작위로 혼합한 게임의 결과를 보여줍니다. 게임의 횟수를 늘릴수록 두 방법 모두 이기는 게임이 됩니다.

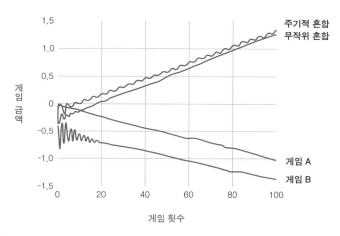

출처 : Gregory P. Harmer and Derek Abbott, 「Losing strategies can win by Parrondo's paradox」

파론도의 역설을 진화론의 적자생존에 빗대어 '약자생존survival of the weakest'이라고 부르기도 합니다.[*] 직관에 반하는 이런 현상은 어떻게 생기는 걸까요? 쉽게 말해 지는 게임을 이용해서 이기는 기회를 포착하는 겁니다. 세상은 언제나 지는 쪽으로만 움직이는 것은 아닙니다. 지는 게임이라고 하더라도 계속해서 지는 게임과 이기고 지는 과정을 반복하면서 지는 쪽으로 기우는 게임이 있습니다. 앞서 100달러를 가지고 시작했던 게임에서처럼요. 이런 경우 변동성이 거의 없이 지속적으로 작은

---

[*]   Derek Abbott, 「Developments in Parrondo's Paradox」, p.2

손실이 발생하는 게임을 이용하여 비록 지는 게임이지만 손익의 변동성이 큰 게임에서 이익 기회를 잡아내어 이기는 겁니다. 즉, 1달러를 잃는 게임을 매개로 하여 다른 게임에서 3달러를 따는 상황을 만들어내는 것입니다.

실제로 증권시장에서는 이러한 원리를 이용하여 수익을 얻는 방법이 존재합니다. 예를 들어 아주 미미하지만 수익률이 마이너스인 국채와 변동성을 보이며 크게 하락하는 주식을 함께 투자하면 좋은 수익률을 얻을 수 있습니다. 구체적인 방법을 보면 가격이 아주 조금씩 꾸준히 하락하는 미국 단기국채와 심한 가격 등락을 보이며 최종적으로 크게 하락하는 주식에 투자한 후 매년 정기적으로 가격 변동을 반영한 두 증권의 보유 금액의 비중을 50대50으로 재조정portfolio rebalancing하면 플러스 수익률을 얻을 수 있습니다.*

매년 포트폴리오를 50대50으로 재조정한다는 것은 등락이 심한 주식에서 큰 이익이 나면 그중 일부를 안전한 국채로 전환하고, 주식에서 큰 손실이 나면 국채 일부를 주식으로 전환하여 주가 상승의 기회를 잡는 겁니다. 변동성이 작은 단기국채를 안전판으로 하여 변동성이 큰 주식에서 이익 기회를 잡는 거죠. 이런 투자방법을 '변동성 펌핑volatility pumping'이라고 하는데, 파론도의 역설을 보여주는 대표적인 사례입니다.

---

* Michael Stutzer, 「The Paradox of Diversification」, University of Colorado 웹사이트

차선의 이론

파론도의 역설이 주는 한 가지 교훈은 세상에서 이기는 게임만으로 살아가야 하는 것이 아니라는 점입니다. 현실에는 오히려 지는 게임이 더 많을지도 모릅니다. 그렇다면 모든 지는 게임 하나하나를 이기는 게임으로 교정하려고 애쓰는 것보다 파론도의 역설이 시사하는 것처럼 지는 게임을 받아들이며 사는 것도 좋지 않을까요? 전화위복의 기회가 되는 실패의 가치를 재확인하면서 말이죠.

모두가 바라는 것은 성공적인 최선의 결과를 얻는 것이지만 성공에는 수많은 조건이 필요합니다. 그런데 그 많은 조건 중 일부를 충족시키지 못해 실패했을 때 하나라도 더 많은 조건을 충족시키면 성공에 좀더 가까워질까요? 직관적으로는 그렇습니다. 하지만 경제학에는 파론도의 역설처럼 직관에 반하는 이론이 있습니다. 바로 '차선의 이론theory of second best'입니다.

경제가 최선first-best의 상태에 있다는 것은 주어진 여건 속에서 사회후생을 극대화하는 여러 조건이 모두 충족되었다는 것을 의미합니다. 그러나 어떤 이유로 이들 조건 중 일부를 충족시킬 수 없는 상황이 된다면 어떻게 해야 할까요? 직관적으로는 나머지 조건이라도 가급적 많이 충족시키는 것이 사회후생을 조금이라도 더 증가시키는 방법으로 생각됩니다. 하지만 차선의 이론은 다르게 말합니다. 최선의 상태를 달성하기 위한 일단의 조건 중 하나 또는 그 이상의 조건을 충족시킬 수 없다면, 나머지 조건 중에서 더 많은 조건을 충족시킨다고 해서 최선의 상태에 더 가까워지는 것은 아니라는 것입니다.

예를 들어 사회후생의 극대화를 위해서는 다섯 개의 조건이 충족되어야 하는데, 이 중 한 가지 조건을 결코 충족시킬 수 없는 상태라고 가정해 봅시다. 그렇다면 나머지 네 개 조건 중에서 한 개를 충족시키는 것보다 두 개를 충족시키는 것이, 두 개보다는 세 개를 충족시키는 것이 다섯 개의 조건을 모두 충족시켰을 때의 사회후생, 즉 최선의 상태에 더 가까운 결과를 가져올까요? 차선의 이론에 따르면 그렇지 않다는 것입니다.

차선의 이론에 따르면 최선의 상태를 달성하는 데 필요한 어떤 조건을 충족할 수 없다면 비록 다른 조건들을 충족시키는 것이 가능하다고 해도 그것이 바람직한 것은 아니라고 말합니다. 달리 말하면 이런 경우에는 충족시킬 수 없는 조건과 함께 다른 조건들도 충족시키지 않는 것이 차선의 결과를 가져온다는 것입니다.[*]

차선의 이론은 경제 개혁과 관련해서 중요한 시사점을 줍니다. 점진적인 방법으로는 개혁의 목표를 달성하기 어렵다는 것입니다. 모든 비효율성을 일시에 제거하지 않고 하나씩 하나씩 점진적으로 제거해 나가는 것은 앞서 언급한 것처럼 오히려 역효과를 낼 수 있기 때문입니다. 비효율성을 제거하지 않고 과감하게 일부분만 손을 본다면 차선의 결과에 도달하지 못하고 최선에서 더욱 멀어질 수 있습니다.[**]

차선의 이론에 따르면 경제의 어느 한 부문에 존재하는 비효율성을 해소할 수 없다면 다른 부문에서 나타나는 비효율성을 모두 해소한다

---

[*]   R.G. Lipsey and Kelvin Lancaster, 「The General Theory of Second Best」, Review of Economic Studies 24, 1956, p.11

[**]   R.G. Lipsey and Kelvin Lancaster, 같은 논문, p.17

고 해서 경제가 더 나은 상태가 되지는 않습니다. 비효율성은 시장실패를 통해 시장에서도 나타날 수 있고, 정부실패를 통해 정부에서도 나타날 수 있습니다. 오늘날의 경제는 순수한 시장경제가 아니라 시장과 정부가 공동연출하는 혼합경제mixed economy입니다. 따라서 시장의 역할을 모두 정부가 대신할 수 없으며 정부가 규제하는 부문을 모두 시장에 맡기는 것도 불가능합니다. 특히 시장실패와 정부실패에 따른 비효율성을 완벽히 제거할 수 없는 현실 세계에서 정부의 역할을 극단적으로 제한하여 최소국가로 만들고 시장의 역할을 극대화하려는 시도는 차선의 이론 시각에서도 바람직하지 않습니다.

불완전한 세상에서 어느 한쪽의 효율성을 높인다고 해서 전체적인 효율성이 높아진다고 할 수는 없습니다. 효율성이 개선된 부문이 함께 개선되지 못한 비효율적 부문에 부정적 파급 효과를 초래할 수 있기 때문입니다. 부분적으로 이룬 성공이 남아 있는 실패를 증폭함으로써 전체적으로 순손실로 이어지는 역효과가 발생할 수 있다는 거죠. 따라서 문제는 시장과 정부의 비효율성 정도를 고려하여 경제를 더 나은 상태로 이끌 수 있는 두 부문의 적절한 균형점을 찾아내는 게 될 것입니다.

PARADOXES & DILEMMAS IN ECONOMICS

11
가진 게 많은데 왜 뒤처질까?

제국의 몰락

콜럼버스가 아메리카에 도착한 1492년 이후 스페인 정복자들은 원주민의 귀금속을 탈취하는 데 주력했습니다. 원주민의 귀금속이 고갈되자 이들은 금은 광맥을 찾으려고 애썼는데, 1545년 마침내 오늘날의 볼리비아에 위치한 포토시Potosi에서 대규모 은광을 발견하게 됩니다. 은을 채굴하면서 점차 경제성이 떨어졌지만, 생산비를 낮출 수 있는 수은 아말감법이 개발되고 때마침 페루에서 대규모 수은 광산이 발견되면서 채굴은 계속되었습니다. 아메리카의 은은 스페인에게는 일종의 지대rent였습니다. 스스로 어떠한 노동을 가하지 않고도 토지를 소유했다는 이유만으로 생산원가나 정상이윤을 초과하는 지대 수입을 올리는 것처럼, 스페인은 아메리카의 은광을 확보한 덕분에 막대한 불로소득을 얻게 된 겁니다.

아메리카로부터 유입된 막대한 양의 은은 스페인 경제에 절호의 기회를 제공한 것으로 보였습니다. 초기에는 아주 좋았습니다. 하지만 스페인 제국은 경제적, 정치적으로 서서히 무너져 갔습니다. 아메리카에서 확보한 귀금속은 법적으로 모두 스페인 왕실에 귀속되었습니다. 경제와 정치가 제대로 분리되지 않은 절대왕정 하에서 노다지가 가져다주는 이 막대한 지대가 어떻게 쓰일지는 쉽게 짐작할 수 있습니다.

먼저 아메리카에서 유입된 은은 왕실의 채무 변제나 지배층의 사치품 수입 등에 지출되었습니다. 또한 스페인 지배층은 은광으로 부풀려진 자신들의 야망 때문에 계속해서 전쟁을 벌였고, 이에 따라 군대 규모는 엄청나게 커졌습니다. 재정 수입의 80%가 군사비로 쓰일 정도였습니다.[*]

한편 은의 유입으로 스페인 통화는 과대평가되었고 물가는 상승했습니다. 한 세기 만에 물가가 다섯 배나 뛰어오른 것입니다. 오늘날과 비교하면 미미한 수준이지만 이전까지는 물가가 매우 안정적인 시기였기에 이 정도의 물가 상승은 '가격 혁명Price Revolution'이라고 할 만큼 예외적이었습니다. 이로 인해 국내 제품에 대한 수요가 줄어들면서 제조업과 농업에 치명타를 입혔습니다. 이제 스페인은 섬유, 선박, 농산물 등 필요한 재화를 자체적으로 조달하지 못하고 많은 것을 수입에 의존하는 상태가 되었습니다.

스페인이 다른 유럽 국가들의 절대왕정과 달랐던 점은 재정적, 행정적 통합의 필요성을 느끼지 못했다는 것입니다. 이는 아메리카에서 유입되는 은 때문에 일어난 현상이었습니다. 손쉽게 얻을 수 있는 귀금속 덕

---

[*] Terry Lynn Karl, 『The Paradox of Plenty : Oil Booms and Petro-States』, University of California Press, 1997, p.34

행복의 경제학 : 소유와 존재의 이중주

분에 제국 건설에 필수적인 국가의 통합과 행정적 중앙집권화에 소홀하게 된 것입니다.** 국부를 상징하는 귀금속이 아메리카로부터 대량으로 유입되면서 스페인 왕실은 자신의 한계를 넘어 야망을 부풀리는 잘못된 결정을 내렸습니다. 수입을 넘어서는 지출에도 불구하고 이미 부풀려진 야망은 쉽게 사그라지지 않았습니다. 스페인 왕실은 부족한 자금을 충당하기 위해 가혹한 수준의 세금을 부과했고, 이것으로도 충분치 않자 해외 차입을 늘렸습니다. 스페인에 막대한 지대를 가져다준 아메리카의 은은 결과적으로 재정 적자, 인플레이션, 식량 부족, 실업, 혹독한 과세, 외채 등으로 스페인이 경제적, 정치적으로 통합된 사회로 나아가는 길을 방해했습니다.***

풍요의 역설

스페인은 신세계에서 발견한 귀금속으로 풍요로운 세상을 기대했을 것입니다. 그러나 제국의 꿈은 포토시 은광이 고갈되기도 전에 이미 깨지기 시작했습니다. 스페인이 꿈꾸던 중상주의 시대에는 무역흑자를 통해 축적된 귀금속이 국부와 경제적 성공의 척도로 여겨졌습니다. 하지만 은 부국인 스페인은 네덜란드나 영국 등 다른 유럽 국가에 뒤처지는 처지가 되었습니다. 무역을 통해 제대로 획득한 국부가 아니라 약탈을 통해

**   Terry Lynn Karl, 같은 책, pp.35~37
***   Terry Lynn Karl, 같은 책, pp.39~40

손쉽게 얻은 귀금속이 오히려 해가 된 거죠. 이런 현상은 그 대상이 달라졌을 뿐 오늘날에도 여전히 존재합니다.

오늘날 세계 경제의 엔진을 돌리는 대표적인 천연자원은 석유입니다. 석유는 부존량이 정해져 있고 재생할 수 없으며 세계적으로 그 분포가 균일하지 않습니다. 석유뿐만 아니라 천연가스, 석탄, 철광석, 구리, 금, 다이아몬드 등 나라마다 그 부존량이 천차만별이어서 자원 부국과 자원 빈국으로 갈립니다. 물론 이것은 인간의 개입 이전의 자연상태에서 결정되는 것이므로 공정함이나 정의와는 무관합니다. 그저 운일 뿐입니다. 자원 부국은 운이 좋은 것입니다.

그런데 풍부한 자원을 보유한 운 좋은 나라가 그렇지 않은 나라에 비해 더 잘 살까요? 미국 경제학자인 제프리 삭스(Jeffrey Sachs, 1954~)는 오늘날 경제성장과 관련된 놀라운 특징 중 하나는 자원이 풍부한 나라가 자원이 부족한 나라보다 경제성장이 더디다는 것이라고 말합니다. 역사적으로도 그렇습니다. 17세기에 자원이 부족했던 네덜란드가 신세계로부터 대량의 귀금속이 유입되었던 스페인을 앞질렀던 것처럼요.* 물론 항상 그렇지는 않지만 적지 않은 자원 부국이 풍부한 자원에도 불구하고 경제발전에서 뒤처지는 모습을 보이는 경향이 있습니다. 경제뿐만 아니라 정치에서도 후진적인 상태에서 벗어나지 못하기도 합니다.

이처럼 자원 부국이 자원 빈국과 비교해 경제와 정치의 발전이 더디고 취약한 현상을 '풍요의 역설paradox of plenty' 또는 '자원의 저주resource

---

*   Jeffrey D. Sachs and Andrew M. Warner, 「Natural resource abundance and economic growth」, NBER Working Paper Series 5398, December 1995, pp.1~2

행복의 경제학 : 소유와 존재의 이중주

curse'라고 합니다. 특히 풍부한 자원이 민주주의의 발전을 저해하는 현상을 '자원의 정치적 저주political resource curse'라고 말하기도 하죠. 다시 말해 좋은 운이 바람직한 결실로 이어지지 못하고 오히려 해가 되어 자연의 선물이 저주로 변하고 마는 겁니다.

'자원의 저주'라는 용어를 처음 명시적으로 사용하기 시작한 것은 영국의 경제지리학자인 리처드 오티Richard M. Auty입니다. 그는 1993년 발간된 자신의 저서에서 천연자원과 관련된 전통적인 견해에 반하는 현상이 적지 않다고 지적했습니다. 전통적인 견해와 달리, 천연자원이 저소득 및 중소득 국가에 생각보다 유리하게 작용하지 않을 수 있다는 것입니다. 1960년대 이후 개도국의 산업화 결과를 볼 때 브라질이나 멕시코와 같은 자원 부국의 경제적 성과가 우리나라나 대만과 같은 자원이 빈약한 나라에 비해 저조하다는 사실을 확인할 수 있습니다. 이러한 결과는 다다익선이라는 직관에 반하는데, 이것이 바로 자원의 저주입니다.**

자원의 저주라는 역설은 원자재 수출국, 특히 산유국이 풍부한 석유에도 불구하고 경제발전이 더딘 것이 아니라, 그 풍부한 석유 때문에 경제가 흔들린다는 것을 의미합니다. 그렇다면 왜 산유국들은 자연으로부터 얻은 횡재를 활용해 자립적이고 공평하며 안정적인 발전의 길로 나아가지 못할까요? 산유국의 실망스러운 경제적 성과와 정치적 후진성은 우연의 일치일까요, 아니면 구조적 필연일까요? 이에 대한 한 가지 설명이 '네덜란드병'입니다.

**   Richard M. Auty, 『Sustaining Development in Mineral Economies』, Routledge, 1993, pp.1~2

네덜란드병

네덜란드는 1959년 흐로닝언주 앞의 북해에서 가스전을 발견했습니다. 당시 기준으로 유럽 최대의 규모였고, 세계 10위에 해당하는 규모였습니다.* 네덜란드는 천연가스 수출로 많은 달러를 벌어들였습니다. 달러가 유입되자 네덜란드의 통화가치가 상승하면서 물가도 상승하였고, 그 결과 해외시장에서 네덜란드 제품의 가격경쟁력이 약화되었습니다. 천연가스를 제외한 다른 수출 제조업의 경쟁력을 잃게 된 거죠. 더구나 네덜란드 사람들은 자국 제품보다 저렴한 수입품을 더 선호하게 되었고, 이로 인해 네덜란드 제조업은 이중으로 심각한 타격을 받을 수밖에 없었습니다. 네덜란드 경제가 침체에 빠진 겁니다.

이처럼 천연자원의 붐으로 인해 발생하는 부정적 현상을 '네덜란드병 Dutch disease'이라고 합니다. 이것은 수출 원자재의 가격이 특히 일시적으로 크게 상승할 때 나타나는 현상이라고 할 수 있습니다. 먼저 원자재 가격이 급등하면 원자재 수출국의 통화가치가 상승하고, 세금이나 로열티 증가로 정부 수입이 늘면서 정부지출이 증가합니다. 이로 인해 물가가 상승합니다. 특히 공산품과 같은 교역재와 비교해서 주택과 같이 수출입과 무관한 비교역재의 상대가격이 상승하게 됩니다. 물론 통화가치 상승과 물가 상승은 교역재의 수입을 부추깁니다.

한편, 수출산업에서 원자재의 비중이 커지면서 원자재 이외의 수출

---

*   Roy L. Nersesian, 『Energy Economics: Markets, History and Policy』, Routledge, 2016, p.207

산업에서 노동력이 이탈하게 됩니다.[**] 결과적으로 산업적 편중이 심해져 건전한 경제발전에 필요한 산업적 다양성이 훼손되는 겁니다. 원자재 붐이 끝나면 원자재 수출국은 원자재 가격 상승 덕분에 그동안 누렸던 혜택의 대가를 톡톡히 치르게 됩니다. 원자재만 믿고 있다가 경쟁력이 약화된 산업구조를 떠안게 되는 거죠. 이에 대해 자세히 살펴보겠습니다.

원자재를 수출하는 나라의 경제는 세 부문으로 구성되어 있습니다. 즉 원자재 부문, 교역 가능한 농업·제조업 부문, 비교역재 부문입니다. 그런데 원자재가 풍부할수록 노동과 자본은 농업·제조업에서 원자재 부문으로 이동하는 경향이 있습니다. 이는 수익률이 높은 쪽으로 생산요소가 이동하는 결과입니다. 따라서 농업·제조업에 배분되는 노동과 자본은 그만큼 줄어듭니다. 또한 원자재가 풍부할수록 비교역재 부문에 대한 수요도 증가하는 경향이 있습니다. 원자재 붐으로 늘어난 통화가 주택이나 토지와 같은 비교역재 부문으로 흘러 들어가는 겁니다. 이에 따라 노동과 자본이 비교역재 부문으로 이동하면서 이 부문이 확대되고, 이는 다시 농업·제조업을 위축시키는 원인으로 작용합니다. 네덜란드병은 이처럼 원자재 붐으로 인해 발생하는 편중된 산업구조로 나타나는 경제적 증상을 병에 비유한 거라고 할 수 있습니다.[***]

제조업의 위축을 병으로 칭하는 것은 단기간 내에 제조업의 역량을

[**]   Jeffrey Franke, 「The Natural Resource Curse: A Survey」, in 『Beyond the Resource Curse』 edited by Brenda Shaffer and Taleh Ziyadov, University of Pennsylvania Press, 2012, pp. 38~39

[***] Jeffrey D. Sachs and Andrew M. Warner, 「Natural resource abundance and economic growth」, NBER Working Paper Series 5398, December 1995, p.6

끌어올리기가 쉽지 않기 때문이기도 합니다. 제조업에는 실행에 의한 학습learning by doing 효과가 크게 작용합니다. 단순히 작업 환경을 바꾼다거나 생산절차를 개선한다고 해서 곧바로 생산성이 향상되는 것이 아니라 상당한 시간에 걸친 실제 경험을 통해 학습함으로써 생산성이 향상된다는 것이죠. 그런데 원자재 부문과 비교역재 부문으로 노동과 자본의 쏠림은 산업 전반의 이러한 실행에 의한 학습 효과를 약화시킵니다. 이는 장기적으로 원자재 붐에 따른 소득 증가분을 압도할 정도로 경제에 부정적인 영향을 미칩니다.[*]

네덜란드병을 더욱 심각하게 만드는 요인은 경기순응적procyclical 자본유입과 정부지출입니다. 원자재 가격이 상승하면 더 많은 돈이 들어오기 때문에 지출을 늘리고, 원자재 가격이 하락하면 들어오는 돈이 줄어들기 때문에 지출을 줄이게 됩니다. 다시 말해 호황기에는 확장정책을 쓰고, 불황기에는 긴축정책을 채택하는 거죠. 이에 따라 경제의 호황과 불황의 진동 폭이 확대되는 경향이 있습니다. 예를 들어 원자재 붐이 일어나면 자원 부국의 정부는 투자를 늘립니다. 만약 이 투자가 사회간접자본을 확충하는 것이라면 장기적으로 유익한 결과를 가져올 것입니다. 그런데 원자재 붐을 배경으로 이루어지는 투자는 많은 경우 흰 코끼리white elephant 프로젝트의 성격을 띤다고 합니다.[**] 이는 큰 돈이 드는 것

---

[*]   Ragnar Torvik, 「Why do some resource-abundant countries succeed while others do not?」, Oxford Review of Economic Policy, Volume 25, Number 2, 2009, p.251

[**] Jeffrey Frankel, 「The Natural Resource Curse: A Survey」, in 『Beyond the Resource Curse』, edited by Brenda Shaffer and Taleh Ziyadov, University of Pennsylvania Press, 2012, p.41

행복의 경제학 : 소유와 존재의 이중주

에 비하면 효과가 미미한 프로젝트가 많다는 것을 의미합니다. 이처럼 경제적 논리가 미흡한 프로젝트를 추진하는 이유는 경제적 성과는 미미하더라도 정치적 보상을 크게 얻을 수 있기 때문입니다. 문제는 흰 코끼리 프로젝트가 원자재 가격이 하락하면 더 이상 진행하거나 유지할 수 없는 애물단지가 된다는 점입니다.

원자재의 가격은 등락폭이 상대적으로 큽니다. 원자재는 공산품과 달리 수요의 변화에 즉각적으로 대응해 공급을 조절할 수 없습니다. 수요와 공급 사이에 시차가 존재하기 때문입니다. 따라서 수요가 증가해도 생산을 즉각적으로 늘릴 수 없으므로 가격은 상대적으로 크게 상승합니다. 반대로 수요가 감소해도 곧바로 공급을 줄일 수 없어 공급 과잉으로 가격이 그만큼 크게 하락합니다. 따라서 정부 수입에서 원자재에 의존하는 비중이 높을수록 정부지출의 변동이 심한 경기순응적 지출이 발생할 가능성이 큽니다. 그렇다면 자원의 저주를 피하는 한 가지 방법은 경기순응적 정책 대신 경기대응적countercyclical 정책을 채택하는 것이라고 할 수 있습니다.

다음 그래프는 산유국인 노르웨이와 베네수엘라의 정부수입과 정부지출의 연도별 증가율을 보여줍니다. 이를 통해 자원의 덫resource trap에 걸린 베네수엘라의 경기순응적 지출과, 이에 대비되는 노르웨이의 경기대응적 지출을 확인할 수 있습니다. 또한 베네수엘라의 지출 변동성이 훨씬 크다는 점도 알 수 있습니다. 이것은 그만큼 나라 경제가 불안정하다는 것을 의미합니다.

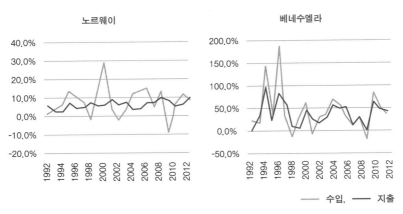

< 정부수입 vs. 정부지출 : 노르웨이와 베네수엘라 >

노르웨이

베네수엘라

수입, 지출

출처 : Andreas Goldthau 편, 『The Handbook of Global Energy Policy』, p.247

석유와 민주주의

자원 부국이 자원의 저주에 걸리면 산업구조가 원자재 수출 쪽으로 편중되어 장기적인 경제발전이 어렵게 됩니다. 그렇다면 정치적 측면에서는 어떨까요? 자원의 저주가 민주주의 발전에 미치는 영향을 알아보려면 1980년 이후의 산유국 정치 현실을 살펴보아야 합니다. 1970년대에 산유 개도국들이 석유산업을 국유화함으로써 오늘날과 같은 세계 석유산업의 구조가 형성되었기 때문입니다.

결론적으로 말하면 개도국 중 석유 부국은 민주주의가 덜 발달하는 경향이 있는 것으로 나타납니다. 석유가 민주주의의 발달을 지연시키는 겁니다. 산유국은 비산유국에 비해 민주주의로의 이행 속도가 느릴 뿐만 아니라 권위주의적인 전제정치가 스며들 가능성이 훨씬 큰 것으로 보입니다. 오일 달러가 민주주의로 가는 길을 막는 수단으로 활용된다고 할 수 있습니다.

산유국의 현직 정치지도자는 풍부한 오일 달러를 이용해 세금을 줄이고 가부장적 지원이나 공공재를 늘림으로써 잠재적인 정치적 도전자를 매수하고 반대 여론을 잠재울 수 있습니다. 이것을 '지대 생활자 효과rentier effect'라고 하는데, 석유가 풍부할수록 민주주의가 덜 발달하는 대표적인 이유입니다.* 원자재가 가져다주는 지대에 의존해 생활하는 사람들이 많을수록 권위주의 정치가 효과를 보기 쉽다는 거죠.

석유가 민주주의의 발달을 지연시키는 다른 이유도 있습니다. 권위주의적 정치지도자는 반대파를 억누르고 석유를 사이에 두고 벌어지는 분쟁에서 우위를 점하기 위해 군사력을 강화하는 경향이 있습니다. 권력자가 자신을 보호하기 위해 체제 보안을 강화하는 겁니다. 이에 따라 군사비 지출이 커지는데, 높은 수준의 군사비는 민주주의를 저해하는 경향이 있습니다.** 석유가 가져다주는 막대한 지대 때문에 책임을 강화하고 견제와 균형을 활성화하는 정치적 거버넌스governance가 후진적인 상태에서 벗어날 계기를 찾지 못하는 겁니다. 만일 정부의 수입이 석유를 팔아 벌어들인 지대가 아니라 국민 전체가 노력해서 얻은 소득이라면 정부는 사회후생을 증진할 수 있도록 정부지출에 책임감을 느끼고 더 신중하고

---

*   Michael L. Ross, 「What Have We Learned about the Resource Curse?」, The Annual Review of Political Science, 2015. 18:239-59, pp.243~245

**   Michael L. Ross, 「Does oil hinder democracy?」, World Politics 53 (April 2001), p.328, p.335, p.350

투명한 자세를 보일 것입니다.

산유국의 정치가 포퓰리즘이나 독재로 흐르는 것은 개인 차원의 문제도 있지만, 근본 원인은 자원 지대resource rent를 바탕으로 한 권력의 역학 관계에서 비롯된 구조적 문제라고 할 수 있습니다. 이는 베네수엘라의 사례에서도 확인됩니다. 1999~2013년까지 14년간 베네수엘라의 대통령을 역임했던 우고 차베스는 취임사에서 부정부패와 부실한 정부로 이끄는 석유의 위험성을 경고하며 석유 없는 미래를 약속했습니다. 하지만 그는 베네수엘라의 국영 석유기업인 페데베사(PDVSA, Petroleos de Venesuela, S.A.)를 중심으로 한 석유 기득권 세력을 척결하고자 했으나 실패하고 오히려 2004년에 대통령직에서 물러나야 할 위기에 처합니다. 다행히 때마침 유가가 꾸준히 상승한 덕분에 가까스로 자리를 지킬 수 있었던 차베스는 이후 전임 대통령들처럼 오일 머니를 자신의 정치적 자산으로 이용했습니다. 오일 머니를 활용해 유권자의 환심을 사는 사회복지 프로그램을 시행한 겁니다. 나중에는 미래의 원유 수입을 담보로 해외에서 달러 빚을 끌어다 쓰기도 했습니다. 차베스가 2013년 사망한 후 니콜라스 마두로가 대통령이 되었지만, 이후 유가가 급락하면서 베네수엘라 경제는 빚에 허덕이며 위기를 맞습니다.[*]

차베스는 석유 수입에 의존하지 않는 나라를 건설하고 석유를 통해 정치와 경제를 좌지우지하는 암적인 존재들을 뿌리 뽑겠다는 약속을 지키지 못했습니다. 오히려 자신의 권력 기반을 위해 그 암 덩어리를 키웠습니다. 하지만 그에게 모든 책임을 묻는 것은 산유국의 정치·경제적 특

---

[*] 루퍼트 러셀, 윤종은 옮김, 『빈곤의 가격』, 책세상, 2023년, pp.242~249

행복의 경제학 : 소유와 존재의 이중주

성을 간과한 단견일 수 있습니다. 산유국에서 정치적으로 성공하려면 오일 머니에 기득권을 가진 세력과 타협해야 하고, 혼란을 틈타 이득을 얻으려는 외부 세력에 적절히 대응할 수 있어야 합니다. 이런 면에서 러셀의 다음과 같은 진술은 많은 것을 생각하게 합니다.

"누가 도덕적으로 문제가 있는지 따지는 일은 핵심을 벗어난다. 산유국의 정치인들은 미로 속에서, 가장 악독한 자가 보상을 받는 경쟁 속에서 괴물이 되었다. 산유국에서 부정부패와의 전쟁은 마약과의 전쟁만큼이나 무의미하다. 니콜라스 마두로나 사담 후세인을 제거하면 또 다른 정치인이 그 자리를 채워 똑같은 보상과 똑같은 유혹, 똑같은 외세의 위협에 맞닥뜨릴 뿐이다. 자원의 저주는 혼돈을 가져온다. 그리고 이 혼돈은 가격이라는 숫자와 무기, 사람들의 목숨으로 이루어져 있다."**

석유와 분쟁

천연자원, 특히 석유는 분쟁의 씨앗이 되기도 합니다. 유산을 두고 가족 간에 갈등이 일어나는 것처럼 석유를 차지하기 위해 집단 간 분쟁이 발생하는 겁니다. 일반적인 경제활동을 통해 부가가치를 창출하여 부를 축적하고 이를 활용해 권력을 확보하고 유지하는 것은 간단한 문제가 아닙니다. 그런데 유전을 확보하면 이 모든 과정을 비교적 쉽고 단기간에 해결할 수 있는 열쇠를 손에 쥐게 됩니다. 토지 지대와 비슷한 자원 지대를

** 　　루퍼트 러셀, 같은 책, p.255

얻는 것입니다. 따라서 막대한 지대를 제공하는 유전을 가지는 것만으로도 권력을 한층 강화할 수 있게 됩니다. 이 때문에 세계 경제를 움직이는 에너지 자원으로써 석유를 차지하기 위한 싸움은 매우 치열합니다. 특히 인종적 갈등이 있는 지역의 유전은 피비린내 나는 전쟁의 원인이 되기도 합니다. 자연의 선물이 호모 사피엔스 간 골육상쟁의 도화선이 되는 것입니다. 이런 경향은 특히 저소득국과 중소득국에서 강하게 나타납니다.[*]

석유를 둘러싼 분쟁은 단순히 유전에서 나오는 지대를 차지하기 위해 특정 국가 내에서 인종 간 혹은 정치세력 간 발생하는 분쟁만 있는 것은 아닌 듯합니다. 유가를 끌어올리기 위해 인위적으로 분쟁을 조성할 가능성도 존재합니다. 만일 1970년대의 석유 파동과 같은 사태가 특정 집단의 이익을 위해 의도된 것이거나, 혹은 이들의 이익 추구 행위에서 파생된 결과라면 믿을 수 있을까요? 물론 이것은 하나의 가설입니다.

1960년대 말, 중동지역에는 석유수출국기구OPEC, 글로벌 메이저 석유회사, 군수회사, 글로벌 건설회사, 금융기관 사이에 느슨한 연합체가 형성되기 시작했다고 합니다. 이들은 중동의 군사적 갈등과 에너지 위기에 직간접적으로 연결된 무기 거래상, 정치인, 지역 군벌, 테러집단, 언론 재벌 등으로 둘러싸여 있었습니다. 정치경제학자인 비클러Shimshon Bichler와 닛잔Jonathan Nitzan은 이들의 연합을 '무기와 석유의 달러 연합Weapondollar-Petrodollar Coalition'이라고 불렀습니다.[**]

---

[*]   Michael L. Ross, 「What Have We Learned about the Resource Curse?」, The Annual Review of Political Science, 2015. 18:239-59, p.252

[**] Shimshon Bichler & Jonathan Nitzan, 「Blood and Oil in the Orient: A 2023 Update」, Working Papers on Capital as Power, No. 2023/03, November 2023, pp.2~3

행복의 경제학 : 소유와 존재의 이중주

이 연합의 구성원들을 이어주는 끈은 유가입니다. 이들의 이익이 유가에 좌우되기 때문입니다. 그런데 유가는 산유국과 관련된 분쟁에 민감하게 반응하므로 이들의 이해관계는 지역 분쟁과 에너지 위기가 발생하고 해소되는 사태의 전개와 함께 강해지거나 약해집니다. 이런 면에서 유가는 이 연합 구성원 간 이해관계의 강도를 반영한다고 할 수 있습니다.

글로벌 메이저 석유회사와 OPEC 사이에는 유가를 매개로 매우 밀접한 관계가 형성되어 있는데, OPEC의 석유 수출 추이와 메이저 석유회사의 순이익이 매우 유사하게 움직인다는 사실에서 이를 확인할 수 있습니다. 에너지 분쟁이 발생하면 글로벌 대형 석유회사뿐만 아니라 OPEC도 이익을 봅니다. 물론 분쟁이 없을 때는 이익이 줄어들겠지만 결국 두 집단의 이해관계가 일치한다는 겁니다.[***]

여기서 놀라운 그래프 하나를 소개합니다. 다음의 그래프는 BP, 셰브런, 엑손모빌, 로열더치셸, 텍사코와 같은 글로벌 메이저 석유회사와 포천Fortune 500대 기업의 자기자본수익률(return on equity, ROE= 순이익/자기자본)의 차이를 나타냅니다. 그래프의 세로축은 글로벌 메이저 석유회사들의 평균 ROE에서 포천 500대 기업의 평균 ROE를 차감한 수익률 차이를 표시한 것입니다. 예를 들어 글로벌 석유회사들의 평균 ROE가 20%이고 포천 500대 기업의 평균 ROE가 15%라면 세로축에 5% 높이로 표시됩니다. 따라서 가로축 위의 파란색 막대는 메이저 석유회사의 평균 수익률이 포천 500대 기업의 평균 수익률보다 높은 것을 의미하고, 가로축 아래의 회색 막대는 그 반대 상황을 의미합니다.

[***]   Shimshon Bichler & Jonathan Nitzan, 같은 논문, pp.2~4

아래 그래프에서 회색 막대로 표시된 가로축 아래 영역은 비클러와 닛잔이 '위험지대danger zone'라고 부르는 부분입니다. 이 영역에 막대가 나타나면 조만간 에너지 분쟁이 발생할 것임을 암시합니다.

그래프에서 실제로 발생한 에너지 분쟁은 폭탄이 터지는 모양으로 표시되어 있습니다. 그래프에서 알 수 있듯이 글로벌 석유회사가 수익률 면에서 일반 대기업보다 낮은 위험지대에 빠지면 머지않아 에너지 분쟁이 발생했습니다. 2011년 분쟁을 제외한 모든 분쟁 직전에 글로벌 석유회사는 위험지대에 있었습니다.

< 글로벌 석유회사의 상대적 수익률과 에너지 분쟁 >

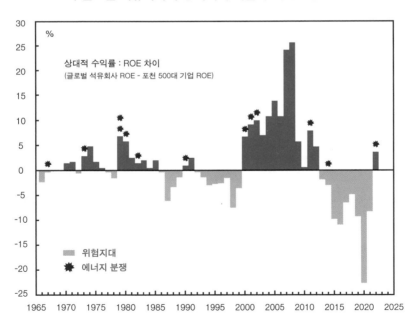

행복의 경제학 : 소유와 존재의 이중주

✷ 시점	분쟁 내용
1967년	아랍-이스라엘 전쟁
1973년	아랍-이스라엘 전쟁
1979년	이란 혁명 / 소련의 아프가니스탄 침공
1980년	이란-이라크 전쟁
1982년	이스라엘의 2차 레바논 침공
1990~1991년	걸프전
2000년	2차 팔레스타인 인티파다
2001년	9·11과 테러와의 전쟁 및 아프가니스탄 침공
2002~2003년	제2차 걸프전
2011년	아랍의 봄과 외주 전쟁(outsourced wars) • 외주 전쟁 : 해당 지역 안팎의 여러 정부의 자금과 지원을 받아 벌어졌던 레바논-시리아-이라크 지역의 분쟁
2014년	시리아, 리비아, 예멘, 이라크에서 이란, 러시아, 튀르키예, 사우디아라비아, 미국의 개입
2022년	러시아의 우크라이나 침공

출처 : Shimshon Bichler & Jonathan Nitzan, 「Blood and Oil in the Orient: A 2023 Update」

그리고 2014년의 예외를 제외하고 에너지 분쟁이 발생할 때마다 글로벌 석유회사의 수익률은 포천 500대 기업의 수익률을 넘어섰습니다. 이런 점을 고려할 때 글로벌 석유회사는 생산이 아니라 에너지 분쟁을 통해 수익률을 개선하는 것처럼 보입니다.[*] 만일 그렇다면 석유는 자연의 선물이 아니라 '악마의 배설물devil's excrement'이라는 말이 더 적절할지도 모릅니다.

OPEC의 설립을 주도하고 1970년대 베네수엘라의 석유장관을 지냈던

---

[*]   Shimshon Bichler & Jonathan Nitzan, 같은 논문, pp.6~8

페레스 알폰소Juan Pablo Pérez Alfonso는 석유를 '악마의 배설물'이라고 불렀는데, 석유가 끝내는 베네수엘라를 파멸시키리라 생각했기 때문입니다. 베네수엘라, 이란, 나이지리아, 멕시코, 러시아 등 여러 석유수출국들은 유가가 높을 때는 좋지만 오랫동안 저유가 상태가 이어지면 정치적 불안과 사회적 동요가 심각한 수준에 이르는 모습을 보였습니다. 유가가 하락하여 장기간 지속되면 이들 정부는 유가가 높을 때 국민에게 했던 약속을 지킬 수 없게 됩니다.* 또한 자원 지대를 향유하던 부패세력의 응집력이 약화되고 반대세력과의 갈등이 표면화되는 것도 체제 불안정의 한 원인이 될 것입니다. 기득권 세력은 권력 유지를 위해 검은 황금을 믿고 내건 대국민 약속을 지키고, 계속해서 지대를 향유할 수 있는 방법으로 전쟁이 발발해 유가가 급등하는 것입니다. 그렇다면 석유는 정말로 전쟁과 파멸로 이끄는 악마의 배설물이 되는 거죠.

그런데 여기서 잠깐 생각해 봅시다. 자원의 저주라는 역설은 한 나라의 석유가 풍부하다는 사실 때문에 발생하는 걸까요, 아니면 다음 그래프에서 보듯이 석유 가격의 급등락 때문에 나타나는 현상일까요? 어쩌면 자원의 저주를 야기하는 것은 자원의 풍부함 그 자체가 아니라 자원 가격의 변동성일지도 모릅니다.** 그렇다면 자원의 저주는 풍요의 역설이라기보다는 '변동성의 저주'라고 할 수 있을 것입니다. 결국 석유로 인한 분쟁은 유가가 상승하는 쪽으로 변동성을 폭발시켜 지대를 추구하려는 무기-석유 달러 연합의 합작품일 수 있습니다.

---

* Roy L. Nersesian, 『Energy Economics』, Routledge, 2016, p.209

** Weishu Leong and Kamiar Mohaddes, 「Institutions and the Volatility Curse」, Cambridge Working Papers in Economics, 1145, July 2011

행복의 경제학 : 소유와 존재의 이중주

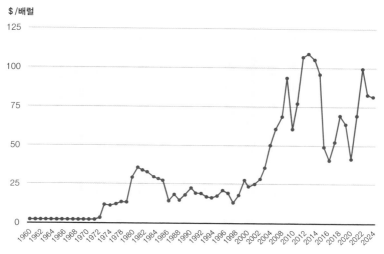

〈 OPEC 석유의 연평균 가격 흐름 : 1960~2024년 〉

$ /배럴

출처 : statista(https://www.statista.com), 2024년은 3월 기준

산업 다양성의 회복

자원의 저주가 발생하는 근본 이유는 석유에서 얻은 수입이 '지대'라는 사실에 있습니다. 석유를 팔아 번 돈은 모두의 노력으로 획득한 부가가치가 아니라 자연에서 얻은 행운으로, 일종의 불로소득이라고 할 수 있습니다. 이를 두고 벌어지는 지대 쟁탈전은 어떤 영향을 미칠까요? 우리는 앞에서 지대 추구 사회의 부작용을 살펴보았습니다. 지대 추구 행위는 생산적인 활동을 위축시키고, 혁신을 억누르며, 사회후생을 감소시킵니다. 게다가 지대 추구 행위는 불평등을 심화시킵니다. 자원의 저주에 걸린 산유국은 이러한 극단적인 행태를 보일 가능성이 큽니다. 이익집단

의 차원을 넘어서 국영 석유회사를 소유한 정부가 지대 추구에 기반하여 운영되고 있기 때문입니다. 더구나 국제정세나 경제 동향과 같은 외부요인에 의해 가격이 급등락하는 석유에 깊이 의존하는 경제는 불안정할 수밖에 없습니다.

그렇다면 자원의 저주에서 벗어나기 위해서는 어떤 방법이 있을까요? 자원의 저주가 유가의 변동성에 따른 저주라는 특징을 갖는다면 가장 효과적인 방법은 아마도 경기대응적 정책일 것입니다. 원자재 붐으로 정부 수입이 증가하면 힘들 때를 대비해서 정부지출을 제한하고, 이렇게 축적한 재원으로 침체기를 이겨내는 것입니다. 일종의 석유 안정화 기금과 같은 구조적 안전판을 구축하는 것이죠. 앞에서 언급한 노르웨이의 경우처럼요.

하지만 자원의 덫에 걸린 산유국에서는 이런 방법조차 쉽지 않습니다. 합리적인 생각을 제도화할 만큼 거버넌스가 받쳐주지 못하기 때문입니다. 따라서 이 방법은 순환 오류가 될 수 있습니다. 민주주의와 사회제도의 발전이 미흡해서 자원의 저주에 빠졌는데, 자원의 저주를 벗어나기 위해 민주주의와 선진 사회제도가 필요하다는 것이기 때문입니다. 예를 들어 수십 년간 유가의 등락에 따라 짧은 호시절과 긴 고통의 시기를 반복해온 베네수엘라는 자원의 덫에서 벗어나는 방법을 몰랐을까요? 아마도 그렇지 않을 겁니다. 오히려 석유가 제공하는 지대를 중심으로 한 정치적, 경제적 역학관계가 베네수엘라를 그런 상황으로 몰아갔다고 보는 것이 더 합리적인 설명일 것입니다.

자원의 저주는 한 나라의 산업적 다양성이 사라지는 결과를 초래합니다. 인력과 자본이 석유산업을 중심으로 집중되면서 국가 경제의 무게

행복의 경제학 : 소유와 존재의 이중주

중심이 한쪽으로 쏠리고, 관성의 법칙에 따라 그런 경향은 더욱 가속화됩니다. 석유산업이 커지는 만큼 농업이나 제조업은 경쟁력을 잃고 점차 공동화됩니다. 균형발전을 위한 사회적 역량을 소진하는 겁니다. 더구나 석유산업이 나라의 정치와 경제를 좌우하게 되면 정치인과 관료는 석유를 통해 얻는 지대에 대한 통제권을 손에 넣기 위해 치열하게 경쟁합니다. 이 때문에 내전이나 국가 간 전쟁이 발발하기도 합니다. 결국 풍부한 석유가 결과적으로 경제발전을 더디게 하고, 민주주의를 지체시키는 원인이 되는 거죠.

자원의 저주는 자연에서 얻은 행운을 마치 당연히 누려야 할 권리이자 자국의 경제적 역량으로 간주한 데서 시작된 것인지도 모릅니다. 석유가 가져다주는 지대를 사회적 역량으로 간주한다면 다른 분야에 소홀할 수밖에 없습니다. 네덜란드병에 걸리면 농업과 제조업이 취약해지는 것처럼 말이죠. 경제학은 부富를 다루는 학문이지만 결과로서의 부에 치중하다 보면 과정으로서의 가치 창조를 외면하기 쉽습니다. 석유 수출에 의존하는 경제는 다른 산업의 부가가치 창출 역량을 감퇴시킬 수 있습니다. 자원의 저주에서 벗어나려면 산업의 다양성이 필요한 이유입니다.

세계화와 민주주의에 관한 폭넓은 연구를 했던 경제학자 대니 로드릭은 원자재에 집중하는 나라는 세계 경제의 중심부로 진입하지 못한다고 지적합니다. 그런 나라의 정치는 소수 기득권층에게 휘둘리고, 경제는 원자재의 시세 변동에 끌려다니기 때문에 세계 경제의 주변부에서 벗어나기 어렵다는 겁니다.*

---

* 대니 로드릭, 고빛샘·구세희 옮김, 『자본주의 새판짜기』, 21세기북스, 2011년, p.233

시장의 논리에 따르면 산유국은 비교우위를 가진 석유산업에 집중하는 것이 이익입니다. 직관적으로도 남들보다 더 잘할 수 있는 일에 집중하는 것이 최선으로 생각됩니다. 그러나 이런 논리는 역사적으로도 현실적으로도 설득력이 없습니다. 한 가지에만 몰입하는 국가는 건강한 사회로 성장할 수 없습니다.

지금의 선진국들은 관세나 수입할당 또는 보조금 지급 등을 통해 자국의 유치산업을 보호하는 정책을 통해 성장해온 나라들입니다. 비교우위가 있는 산업에만 특화하는 정책을 쓴 것이 아니라는 겁니다. 한 나라의 경제가 정상적으로 장기 성장을 이루려면, 정도의 차이는 있겠지만 산업의 다양성이 필요하기 때문입니다. 더구나 산유국은 급등락을 반복하는 유가의 변동성에 직면합니다. 이것은 때때로 산유국의 비교우위가 변할 수 있다는 것을 의미합니다. 무엇보다 오늘날의 현실에서 특정 산업에 특화하여 장기적으로 안정적인 경제성장을 한 나라를 본 적이 있나요? 만일 여러분이 다시 태어날 나라를 선택할 수 있다면 석유산업이 국내총생산의 30% 이상을 차지하고 수출액의 80% 이상을 차지하는 나라에 태어나고 싶을까요?

미다스 왕의 이야기처럼 손대는 것마다 황금으로 변한다면 처음에는 좋을지 모르겠지만 생명을 부지하기도 어려울 겁니다. 나뭇가지도 황금 가지로 변하고, 조약돌도 황금 돌로 변하며, 사과도 황금 사과로 변한다면 엄청난 부자가 될 것입니다. 하지만 제대로 먹을 수조차 없다면 사는 게 사는 게 아닐 것입니다. 빵이나 고기를 먹으려고 손을 대면 먹을 수 없는 황금으로 변한다면 어쩔 수 없이 물이나 포도주를 마실 수밖에 없겠지요. 사람은 빵만으로 살 수 없다고 하지만 빵이 없으면 다른 것은 큰 의미가 없습니다. 다행히 미다스 왕은 강물에 온몸을 씻은 후 황금 풍요의 저주에서 벗어날 수 있었습니다.

산유국의 권력자들도 그럴 수 있을까요? 그런데 미다스 왕이 강물에 씻겨 보낸 것은 무엇이었을까요? 손쉽게 부를 얻으려는 욕망이었을까요, 아니면 잘못된 소원을 빌었던 자신의 무지였을까요? 산유국의 권력자들도 사회의 다양성을 질식시킬 정도로 막대한 검은 황금이 나라를 고통에 빠뜨리는 악마의 배설물로 변질될 수 있다는 깨달음을 얻을 수 있을까요?

PARADOXES & DILEMMAS IN ECONOMICS

12
소득이 증가하면 더 행복할까?

국내총생산

경제학은 개인, 기업, 정부의 경제적 성공에 관한 학문이라고 할 수 있습니다. 효용, 이윤, 그리고 사회후생의 극대화를 위한 정교한 논리를 제공하는 거죠. 그리고 개인, 기업, 정부를 포괄하는 한 나라의 모든 경제주체의 평균적인 성공, 즉 국가의 성공 여부는 최종적으로 1인당 국내총생산(Gross Domestic Product, GDP)으로 집약됩니다. 이것은 아마도 전 세계의 정치인과 관료, 기업인과 학자, 그리고 일반인들이 가장 많은 관심을 보이는 성공의 지표일 것입니다. 사람들은 한 나라의 1인당 GDP를 통해 그 나라의 경제적 성취와 더불어 정치적 성숙, 문화적 충만함, 사회적 안정감을 가늠하곤 합니다.

오늘날 GDP를 사용하는 것과 달리 과거에는 국민총생산(Gross National

Product, GNP)을 지표로 사용했습니다. GNP는 국민을 기준으로 한 경제 성과 지표입니다. 예를 들어 한국 국적을 가진 사람들의 경제활동을 기준으로 우리나라의 경제 성과를 파악하는 것입니다. 하지만 세계화로 인해 국내기업의 해외 진출과 외국기업의 국내 진출이 활발해지면서 국적을 기준으로 한 국민총생산으로는 국가 경제의 동향을 제대로 파악할 수 없게 되었습니다. 이에 따라 국적을 불문하고 한 나라의 영토 안에서 일어나는 경제활동을 집약하는 지표가 필요하게 되었는데, 이것이 GDP입니다. GNP에서 GDP로 바뀐 것은 세계화가 진전됨에 따라 한 나라의 경제를 파악하는 대상이 '국민'에서 '주민'으로 바뀐 것을 의미합니다.[*]

GDP는 '한 나라 안에서 일정 기간 동안 생산된 최종 재화와 서비스의 시장가치'로 정의됩니다. 이 정의에서 주목할 점은 GDP를 '시장가치'를 기준으로 산출한다는 것입니다. 따라서 시장에서 가격이 매겨지지 않은 생산물은 GDP에 포함되지 않습니다. 가격이 매겨지지 않은 채 시장 밖에서 이루어지는 가사 노동, 자급용 농산물, 무료의 전문적 조언 서비스, 자원봉사 등은 GDP에 반영되지 않습니다. 이런 활동이 많을수록 그 나라의 GDP는 다른 나라에 비해 상대적으로 과소평가될 것입니다. 물론 가사도우미처럼 가사 노동이 노동시장을 통해 공급된다면 그 서비스의 시장가격은 GDP에 반영됩니다.

경제활동의 결과이지만 GDP에 반영되지 않는 항목이 또 있습니다. 바로 외부효과(externality, 외부성)입니다. 외부효과는 시장의 테두리 밖에서 발생한다는 의미에서 붙여진 이름으로, 어떤 사람의 행위가 다른 사

---

*   김수행, 『알기 쉬운 정치경제학』, 서울대학교출판부, 2009년, p.340

행복의 경제학 : 소유와 존재의 이중주

람의 후생에 영향을 미치지만, 그에 따른 보상이 시장을 통해서 이루어지지 않는 현상을 말합니다. 공해와 같은 부정적 외부효과도 있고, 신기술의 개발이나 기초학문 연구와 같은 긍정적 외부효과도 있습니다.

외부효과 중에서 특히 문제가 되는 것은 대부분 부정적 외부효과입니다. 공해를 일으키는 기업이 공해로 피해를 보는 사람들에게 보상하지 않는다면 해당 기업의 제품가격에는 공해로 인한 비용이 반영되지 않습니다. 이로 인해 제품의 부가가치는 부풀려집니다. 결과적으로 환경오염이나 사회적 폐해를 초래하는 재화나 서비스가 많은 사회일수록 GDP는 사람들의 삶을 실제보다 더 나은 것으로 평가할 것입니다.

이처럼 GDP에는 시장 밖의 경제활동들이 반영되지 않기 때문에 1인당 GDP를 기준으로 사람들의 전반적인 삶의 질을 평가하는 데에는 일정한 한계가 존재합니다. 이러한 GDP의 문제점에 대해 많은 사람들이 지적했지만, 그중에서 로버트 케네디의 지적이 우리의 감성을 자극합니다. 존 F. 케네디의 동생이자 상원의원이었던 로버트 케네디는 1968년 캔자스대학에서 행한 연설에서 다음과 같이 말했습니다. 참고로 당시는 GDP가 아닌 GNP를 경제 성과의 지표로 쓰던 시대였습니다.

"GNP는 우리 자녀들의 건강, 교육의 질 또는 놀이의 즐거움을 반영하지 않습니다. 그것은 시의 아름다움이나 결혼생활의 강건함, 공개토론에서의 지성 혹은 공무원들의 건실함을 수용하지 않습니다. 그것은 우리의 재치나 학식, 그리고 국가에 대한 연민이나 헌신도 측정하지 않습니다. 요컨대 GNP는 모든 것을 측정한다고 하지만 인생을 의미 있게 만드는 것들은 배제합니다."[**]

[**] Rorbert F. Kenndy, Remarks at the University of Kansas, March 18, 1968 (https://www.jfklibrary.org)

GDP가 삶의 질을 제대로 측정하지 못한다면 다른 지표가 필요하지 않을까요? 이러한 필요를 반영하여 2008년 프랑스의 사르코지 대통령의 요청에 따라 경제학자 조지프 스티글리츠를 위원장으로 하는 위원회가 조직되었습니다. 이 위원회는 경제 성과와 사회 진보의 지표로서 GDP의 한계를 인식하고, 더 적절한 지표를 작성하는 데 필요한 정보를 검토하고, 새로운 지표의 실제 측정 가능성을 평가하는 등의 작업을 수행했습니다. 2009년 9월에 발표된 위원회의 보고서는 웰빙, 지속가능성, 환경 등 여러 시각에서 GDP의 문제점을 지적하고 권고 사항을 제시하고 있습니다.* 여기서는 '생산에서 웰빙으로from production to well-being'라는 제목 하에 제시한 권고 사항을 살펴보도록 하겠습니다.

위원회는 먼저 물질적 웰빙을 평가할 때 생산보다는 소득과 소비에 주목할 것을 권고합니다. GDP는 최종 생산물의 시장가치로 측정되는데, 이는 실제 삶의 질과 괴리가 있다는 겁니다. GDP를 경제적 웰빙을 측정하는 지표라고 생각하지만, 사실 경제적 웰빙은 생산보다는 개인의 실질 소득이나 소비와 더 깊은 관련이 있다는 거죠. 따라서 실질소득에 영향을 미치는 세금이나 정부의 보조금, 그리고 대출이자 등도 지표에 반영해야 한다고 강조합니다.

위원회는 소득과 소비뿐만 아니라 부도 함께 고려해야 한다고 권고합니다. 가계나 기업의 자산, 부채, 자본의 현황과 그 흐름을 파악하는 것은 해당 가계나 기업의 지속가능성을 측정하는 데 매우 중요합니다.

---

* Joseph E. Stiglitz, et. al., 「Report by the Commission on the Measurement of Economic Performance and Social Progress」, September, 2009

행복의 경제학 : 소유와 존재의 이중주

이런 생각을 국가에 적용하자는 것입니다. 즉, 국가의 대차대조표를 작성하여 경제의 지속가능성을 평가하는 것이 삶의 질에 중요하다는 것입니다. 여기서 말하는 부는 단순히 일반적인 의미의 재산만을 지칭하는 것은 아니며, 인적 자본과 같은 비화폐적 자본도 포함하는 넓은 의미의 부입니다.

나아가 위원회는 소득, 소비, 부의 분배를 더욱 부각시켜야 한다고 권고합니다. GDP를 인구수로 나눈 1인당 GDP와 같은 평균은 계층 간 불평등이 어떤 상황인지 제대로 반영하지 않기 때문이죠. 따라서 1인당 소득, 소비, 부와 같은 평균값average과 함께 각각의 중앙값median을 함께 보여줄 필요가 있다는 겁니다. 예를 들어 5명으로 이루어진 나라에서 각각의 소득이 10, 15, 25, 50, 100이라고 할 때, 소득의 평균은 40이지만 중앙값은 다섯 명을 나란히 세웠을 때 가운데 있는 세 번째 사람의 소득인 25가 됩니다. 소득 평균이 40이라고 하면 모두가 웬만큼 사는 것처럼 생각되지만, 사실은 5명 중 3명이 평균보다 훨씬 적은 소득으로 살아가는 겁니다. 이런 상황을 제대로 보여주자는 것이 위원회의 생각인 거죠.

위원회는 소득 측정 대상을 시장을 통하지 않는 비시장 경제활동으로 확대해야 한다고 권고합니다. 앞서 살펴본 것처럼 GDP는 시장가치를 기준으로 산출되기 때문에 가사 노동이나 외부효과 등은 반영하지 못합니다. 오늘날 가사 노동이 시장화되는 경향이 커지는 점에서 알 수 있듯이, 비록 측정의 어려움이 있다고 해도 경제적 웰빙을 제대로 평가하려면 비시장 경제활동을 제대로 반영해야 한다는 겁니다. 특히 비시장 경제활동이 많을 것으로 생각되는 개발도상국의 경우에는 더욱 그렇습니다. 또한 위원회는 삶의 질에 중요한 요소인 여가leisure를 고려할 필요가 있다고 지적합니다.

위원회는 GDP를 대신할 새로운 지표를 제시하지는 않았지만, GDP의 한계와 대안을 검토하는 출발점을 마련했다고 할 수 있습니다. 물론 위원회가 중점을 둔 것은 경제적 웰빙입니다. 좀 더 현실을 반영한 지표를 모색한 것이지만 여전히 물질적 웰빙이 중심이라는 거죠.

그렇다면 1인당 GDP로 압축되는 경제적 성공과 행복은 어떤 관계가 있을까요? 다시 말해 경제적으로 성공할수록 사람들은 더 행복해질까요? 만일 그렇다면 1인당 GDP가 높은 나라일수록 사람들은 평균적으로 더 행복하다고 느낄 것입니다. 직관적으로도 1인당 GDP가 상승하여 평균 소득이 높아지면 물질적으로 더 나은 생활을 할 수 있고, 이는 행복감이 커지는 것을 의미한다고 생각할 수 있습니다. 실제로 그럴까요?

이스털린의 역설

흔히 '행복 방정식'이라고 불리는 식은 다음과 같습니다.

행복=소비÷욕망. 여기서 소비는 소득을 바탕으로 이루어집니다. 따라서 소득이 증가하면 소비가 늘면서 행복이 커진다고 생각합니다. 그런데 문제는 분모에 있는 욕망이 고정되어 있지 않다는 겁니다. 아래에서 살펴보겠지만 소득이 증가하면서 욕망수준도 함께 높아지는 경향이 있습니다. 그렇다면 소득이 증가한다고 비례해서 행복이 증진된다고 할 수는 없을 겁니다.

미국의 경제학자인 리처드 이스털린(Richard A. Easterlin, 1926~2024)은

행복의 경제학 : 소유와 존재의 이중주

1974년에 발표한 논문에서 제2차 세계대전 이후 기간의 경제성장과 행복의 상관관계를 분석했습니다.[*] 경제가 성장하면 과연 행복도 커질까를 살펴본 겁니다. 참고로 경제학에서는 행복이라는 말보다는 후생이라는 용어를 주로 사용합니다. 물론 경제학에서 사용하는 후생은 경제적 후생economic welfare을 의미합니다.

1인당 GDP는 객관적이고 측정 가능한 경제적 후생 지표라고 할 수 있습니다. 그런데 행복은 경제적 후생보다는 더 포괄적인 의미를 가집니다. 경제적 후생뿐만 아니라 비경제적 후생까지 포함하는 개념입니다. 포괄적으로 말해 좋은 삶의 질이라고 할 수 있을 것입니다. 행복의 구체적인 기준을 제시하기는 어려워도 대체로 삶의 만족, 웰빙well-being 등과 같은 의미라고 할 수 있습니다. 따라서 아래 논의에서도 알 수 있듯이 행복도는 객관적 기준에 따라 기계적으로 측정하는 것이 아니고 각 개인이 자기 자신의 상태를 주관적으로 평가하는 조사를 통해 확인하게 됩니다.

이스털린은 경제성장이 인간의 행복과 어떤 관계가 있는가를 묻습니다. 다시 말해 경제가 성장하면 과연 행복도 커질까 하는 것입니다. 이스털린은 세 가지 경우로 나누어 경제성장과 행복의 관계를 분석했습니다. 먼저 일정 시점을 기준으로 미국에서 소득이 낮은 사람들과 높은 사람들의 행복도를 비교했습니다. 행복도는 매우 행복함, 상당히 행복함, 그다지 행복하지 않음 등과 같이 몇 개의 범주 중에서 조사 대상자가 선택

---

[*]   Richard A. Easterlin, 「Does Economic Growth Improve Human Lot? Some Empirical Evidence」, in 『Nations and Households in Economic Growth』 edited by P. David and W. Melvin, 89-125, Stanford University Press, 1974

하게 하거나, 일정한 평가 구간(예 : 0~10)에서 조사 대상자가 자신의 점수를 평가하도록 한 것입니다. 자기 스스로 평가한다는 의미에서 이것을 '주관적 웰빙subjective well-being'이라고 부를 수도 있을 것입니다. 분석 결과는 분명했습니다. 일정 시점에서 한 나라의 사람들을 비교하면 소득이 높으면 행복도도 높다는 것입니다.

두 번째 분석은 일정 시점에서 소득이 낮은 나라와 높은 나라의 행복도를 비교한 것입니다. 이스털린에 따르면 그 결과는 다소 모호합니다. 각국의 소득 수준과 행복도의 관계는 매우 약했으며, 소득의 높고 낮음에 관계없이 대체로 중간 정도의 행복도를 보이는 경향이 있었습니다. 정치적 특수 상황 때문이기도 하지만, 소득이 아주 낮은데도 행복도가 매우 높은 나라도 있었습니다. 결론적으로 국가 간 비교에서는 소득 수준과 행복도의 관계가 매우 약하다는 것입니다. 사실 조사 대상 국가가 10개국 전후로 많지 않아서 확실한 결론을 내리기는 쉽지 않았을 것으로 생각됩니다.

세 번째 분석은 한 나라의 소득이 시간이 지나면서 증가할 때 그 나라 국민의 행복도가 어떻게 변하는지를 분석한 것입니다. 이스털린은 1946년부터 1970년까지 미국 경제의 성장이 행복도에 미친 영향을 분석했습니다. 분석 결과 행복도는 일정한 방향으로 움직이지 않았으며 세부 기간별로 상승하거나 하락하는 모습을 보였습니다. 전반적으로 소득과 행복도의 관계는 없는 것으로 나타났습니다. 해당 기간 동안 1인당 소득은 크게 늘었지만 '매우 행복하다', '상당히 행복하다', '그다지 행복하지 않다'고 생각하는 사람들의 비율은 거의 변하지 않았습니다. 경제성장이 행복도를 증가시킨다고 할 수 없다는 거죠. 이처럼 국가 수준에서 장기적으로 볼 때 경제성장과 행복은 유의미한 상관관계가 없다는 것을 '이스털린의 역설Easterlin paradox'이라고 합니다. 경제성장이 인간의 운명을 개선하지 못한다는 것이죠.

이러한 결과는 직관에 반합니다. 특히 높은 소득을 최우선 목표로 삼고 있는 사회에서는 더욱 그렇습니다. 경제적 성공의 지표인 소득의 증가에도 불구하고 행복도가 커지지 않는다는 것은 쉽게 납득할 수 없는 일입니다. 따라서 이스털린의 논문이 발표된 이후 많은 연구가 진행되었습니다. 때로는 이스털린의 역설을 지지하는 결과가 제시되기도 하고, 때로는 역설은 없다는 결과가 제시되기도 했습니다. 하지만 이스털린의 역설이 없다고 주장하는 연구결과에서도 경제성장이 행복을 증진하는 정도는 매우 미약한 것으로 보입니다. 즉, 이스털린의 역설을 확실하게 부정할 만큼 경제성장과 행복 사이에는 의미 있는 강력한 관계가 없다는 것입니다.

여기서 주의할 점이 있습니다. 이스털린의 역설은 특정 시점에서 각 개인의 소득 수준과 행복도의 관계를 말하는 것이 아닙니다. 이스털린의 역설은 한 나라의 1인당 소득이 '시간이 지남에 따라' 증가하는데도 불구하고 '장기적으로' 행복도는 소득에 따라 함께 증가하지 않는다는 것을 말해주고 있습니다.

다음 그래프는 이스털린의 역설에 대한 핵심을 보여줍니다.* 실선 그래프 중 아래는 행복도의 변화, 위는 1인당 소득의 변화를 나타냅니다.

---

*   Richard A. Easterlin and Kelsey J. O'Connor, 「The Easterlin Paradox」, IZA Discussion Paper Series No. 13923, December 2020

가로축은 시간을 나타내는데 소득과 행복의 단기 정점(peak, p)과 저점 (trough, t)으로 구분할 수 있습니다. 그래프에서 소득과 행복의 단기 정점 과 저점은 일치합니다. 소득이 증가하면 행복도도 증가하고, 소득이 감 소하면 행복도도 감소하는 거죠. 다시 말해 단기적으로 이스털린의 역설 은 존재하지 않는다는 겁니다.

이처럼 단기적 변동fluctuation의 관점에서는 소득과 행복은 같은 방향 으로 움직이는 상관관계를 보입니다. 하지만 점선으로 표시된 소득과 행 복의 장기 추세를 보면 이야기는 달라집니다. 소득은 장기적으로 증가 추세를 보이는 반면 행복은 그렇지 않습니다. 이것은 장기적으로 소득과 행복의 상관관계가 없다는 것을 의미합니다. 이스털린은 바로 이것이 '이 스털린의 역설'이 의미하는 바라고 말합니다.

< 소득과 행복의 단기 변동 및 장기 추세 >

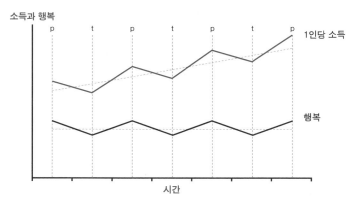

출처 : Richard A. Easterlin and Kelsey J. O'Connor, 「The Easterlin Paradox」, p.24

행복의 경제학 : 소유와 존재의 이중주

그래프에서 장기적으로 행복도는 일정한 것처럼 보입니다. 하지만 나라마다 상황에 따라 장기적으로 행복도가 증가하거나 감소하는 것도 가능할 것입니다.

이스털린의 역설이 말하는 것은 소득의 추세와 행복의 추세 사이에는 양의 상관관계가 없다는 것입니다. 즉, 한 나라의 소득이 빠르게 증가한다고 해서 그 나라 사람들의 행복도가 마찬가지로 빠르게 증가하지 않는다는 겁니다. 소득만으로는 행복을 제대로 설명할 수 없다는 거죠. 나아가 단기적으로 소득과 행복 사이에 양의 상관관계가 있다고 해도 그 크기는 너무 작아서 실제적인 의미를 찾기는 어렵다고 말합니다. 이스털린의 역설을 부정하는 사람조차도 0~10점으로 평가하는 행복도의 경우 1점을 올리려면 매년 5% 경제성장률을 60년간 지속해야 한다고 말하고 있습니다.*

미국의 경우를 보면 분명하게 알 수 있습니다. 다음 그래프는 미국의 소득과 행복도의 추이를 대비해서 보여주고 있습니다. 소득은 계속 상승하는 추세를 보이지만, 행복도는 소득의 추이와는 달리 약간의 등락을 보일 뿐 일정한 수준에 갇혀 있습니다.

---

* Ruut Veenhoven and Floris Vergunst, 「The Easterlin Illusion: Economic growth does go with greater happniess」, International Journal of Happiness and Development, 2014, Vol. 1 (4), 311-343

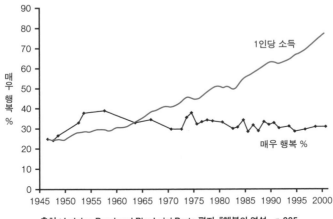

〈 미국의 소득과 행복도 : 1인당 소득 vs. 매우 행복 % 〉

출처 : Luigino Bruni and Pier Luigi Porta 편저, 『행복의 역설』, p.225

　　이스털린은 일본, 중국, 인도 등 특정 시기에 급속한 경제성장을 한 나라의 행복도 추이를 통해 소득의 증가가 행복으로 이어지지는 않는다는 사실을 다시 한번 확인하고 있습니다. 다음 그래프에서 이들 국가의 행복도는 소득 증가에도 불구하고 일정한 수준을 유지하고 있거나 오히려 하락하는 모습을 보이고 있습니다.[*]

---

[*]　Richard A. Easterlin and Kelsey J. O'Connor, 「The Easterlin Paradox」, IZA Discussion Paper Series No. 13923, December 2020

행복의 경제학 : 소유와 존재의 이중주

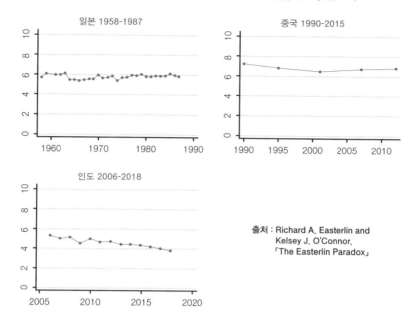

〈 소득이 급증한 나라의 행복도 추이 : 일본, 중국, 인도 〉

일본 1958-1987

중국 1990-2015

인도 2006-2018

출처 : Richard A. Easterlin and
Kelsey J. O'Connor,
「The Easterlin Paradox」

행복 체감의 법칙

이스털린의 역설과 별개로 일반적으로 소득과 관련된 행복의 역설로 알려진 것은 개인의 소득과 행복도의 관계가 다음 그림과 같은 모습을 띤다는 것입니다. 일정한 소득 수준, 즉 기준선 아래에서는 소득이 증가할수록 행복도도 증가합니다. 하지만 그 행복이 커지는 비율은 감소합니다. 소득 증가의 효용이 체감하는 겁니다. 소득의 행복 체감의 법칙이라고 할 수 있습니다. 특히 기준점을 넘어선 구간에서는 소득 증가가 행복도에 거의 도움이 되지 않습니다. 이 수준에 이르면 소득이 높다고 해서 행복도가 높은 것은 아닌 거죠. 이것은 물질적으로 기본적 욕구가 충족된 경제 선진국은 경제성장만으로는 사람들이 더 행복해지지 않는다는 것을 시사합니다. 물론 나라마다 그 기준점의 소득 수준은 다를 것입니다.

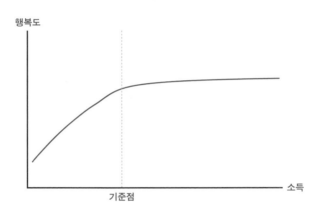

〈 행복 체감의 법칙 : 소득과 행복도 〉

비교와 적응

장기적으로 행복이 소득과 상관관계를 가지지 않는다는 이스털린의 역설이 발생하는 이유는 무엇일까요? 이스털린은 크게 두 가지의 이유를 제시합니다. 하나는 '사회적 비교social comparison'이고, 다른 하나는 '쾌락 적응hedonic adaptation'입니다. 사회적 비교는 다른 사람과 비교하여 자신의

행복의 경제학 : 소유와 존재의 이중주

위치를 파악하는 것입니다. 예를 들어 키가 180cm라면 큰 키일까요? 이에 대한 답은 그 사람이 어디에 사는지에 달려 있습니다. 어떤 나라에서는 큰 키이지만 다른 나라에서는 보통의 키가 될 수 있기 때문입니다.

이와 마찬가지로 소득과 행복의 관계에서도 행복은 자신의 소득뿐만 아니라 다른 사람의 소득 수준에도 영향을 받습니다. 따라서 한 나라에서 소득이 높은 사람이 소득이 낮은 사람보다 더 행복할 수 있지만, 모든 사람의 소득이 증가한다고 해서 모두의 행복이 함께 커지는 것은 아닙니다.

이러한 인간의 심리를 보여주는 재미있는 실험이 있습니다. 학생들에게 아래의 A와 B 중에서 어떤 상태를 더 선호하는지 물었고 절반 이상의 학생이 A를 선택했다고 합니다. 이는 '사람들은 부자가 되려고 하기보다는 남들보다 더 부자가 되려고 한다'는 말이 그대로 들어맞는 실험입니다.

A : 본인은 $50,000를 벌고 타인은 $25,000를 번다.
B : 본인은 $100,000를 벌고 타인은 $250,000를 번다.

이스털린의 역설에 대한 또 다른 설명은 쾌락 적응입니다. 소득이 증가하면서 행복도 함께 증진되었다고 해도 시간이 지나면서 향상된 생활 여건에 익숙해지면 더는 이전과 같은 행복감을 느끼지 못한다는 겁니다. 충족된 욕망은 또 다른 충족되지 않은 욕망을 만들어내는 경향이 있

기 때문이죠.[*] 이스털린은 사회 전체적으로 소득이 증가하면 행복, 즉 삶의 만족도나 웰빙을 가늠하는 물질적 기준이 같은 정도로 높아진다고 말합니다. 이는 기대수준(aspiration, 희망수준, 포부)이 높아진다는 것을 의미합니다.[**] 가진 것이 늘어나면 가지고 싶은 것도 그만큼 늘어나는 거죠. 더 많이 가질수록 더 많은 것을 욕망하게 됩니다. 자기 소유의 집이 없이 전세를 살 때는 아파트를 사는 것이 꿈이지요. 그러다 아파트를 사면 행복감이 넘쳐납니다. 하지만 시간이 지나면 자기 집에서 사는 생활에 적응되어 행복감은 약화되거나 사라집니다. 그리고 더 큰 집을 욕망하게 됩니다.

물론 행복에 영향을 미치는 요인들이 발생했을 때 언제나 그것에 완벽하게 적응하는 것은 아닙니다. 예를 들어 결혼, 출산, 이혼, 사별, 장애 등은 오랫동안 영향을 미칠 것입니다. 어쨌든 쾌락 적응을 고려하면 행복은 한 방에 해결되는 것이 아님을 알 수 있습니다. 계속해서 행복할 수 있는 방법은 작은 기쁨들을 계속해서 느끼는 겁니다. '행복은 기쁨의 강도가 아니라 빈도다'라는 말처럼요.[***]

---

[*]   Richard A. Easterlin, 「Does Economic Growth Improve Human Lot? Some Empirical Evidence」, in 『Nations and Households in Economic Growth』 edited by P. David and W. Melvin, 89-125, Stanford University Press, 1974

[**]   Richard A. Easterlin, 「Will raising the incomes of all increase the happiness of all?」, Journal of Economic Behavior and Organization, Vol. 27, 1995, 35-47

[***] 서은국, 『인간의 행복은 어디서 오는가 - 행복의 기원』, 북이십일, 2014년, p.123

행복의 원천

행복을 이야기할 때 가장 먼저 언급되는 인물은 아리스토텔레스입니다. 그는 『니코마코스 윤리학』에서 모든 인간 활동은 어떤 목적을 가지고 있으며 그 목적은 좋음(선)을 추구한다고 합니다. 예를 들어 의술은 건강을, 조선술은 선박을, 군사학은 승리를, 그리고 경제학은 부를 목적으로 합니다. 그러나 이것들은 다른 어떤 것, 즉 최고선을 위한 수단이라고 할 수 있습니다. 그렇다면 최고선은 무엇일까요?

아리스토텔레스는 정치학이 추구하는 목적이 바로 최고선이며, 이를 행복(eudaimonia, 에우다이모니아)이라고 칭합니다. 아리스토텔레스에 따르면 행복은 그 자체로 바람직한 것이며 결코 다른 목적을 위한 수단이 아닙니다. 행복은 궁극적인 목표라는 말이죠.[****]

그런데 여기서 아리스토텔레스는 흔히 사람들이 생각하는 행복과는 다른 관점을 제시합니다. 그는 인간 행위의 최고 목적인 행복이 단순한 마음가짐이 아니라고 말합니다. 만약 그렇다면 평생 잠만 자는 사람이나 큰 불행을 당한 사람도 행복할 수 있다는 것입니다. 아리스토텔레스는 최고선인 행복은 '소유'가 아니라 '사용'으로 보아야 한다고 말합니다. 다시 말해 행복은 '활동'이라는 겁니다. 그것도 유덕한 활동이라는 겁니다. 물론 행복은 그 자체로 바람직한 활동이지 다른 것 때문에 바람직한 활동이 되는 것은 아니라고 강조합니다. 행복은 자족적이어서 다른

[****] 아리스토텔레스, 천병희 옮김, 『니코마코스 윤리학』, 도서출판 숲, 2023년, pp.22~27, p.36

것이 필요하지 않기 때문입니다.[*]

아리스토텔레스는 유덕한 활동으로서의 행복은 실천을 통해 얻을 수 있다고 강조합니다. 그는 "올바른 사람이 되려면 먼저 올바른 행위를 해야 하고 절제 있는 사람이 되려면 절제 있는 행위를 해야 한다"고 주장합니다.[**] 단순한 마음가짐만으로 유덕한 행위가 저절로 실현되는 것은 아니라는 겁니다. 행복은 덕에 합치하는 능동성에 있다는 거죠.

오늘날 경제학자들이 사용하는 '행복'이라는 표현에서 아리스토텔레스가 말하는 에우다이모니아와 같은 의미를 찾아보기는 어렵습니다. 경제학자들은 벤담의 공리주의 입장에서 '행복'이라는 용어를 사용한다고 할 수 있습니다.[***] '최대 다수의 최대 행복'과 마찬가지로 다다익선의 관점에서 행복을 바라보는 겁니다. 이 때문에 경제적 후생의 극대화가 최고의 목표가 됩니다. 돈이 평가의 기본 기준이 되는 자본주의 사회에서 이것은 결국 '최대 소득의 최대 행복'이라는 생각으로 이어질 수밖에 없습니다. 하지만 인간의 오랜 지혜는 돈을 행복의 충분조건으로 받아들이지 않았습니다.

사람들을 서로 다르게 보이도록 하는 돈, 건강, 종교, 학력, 지능 등과 같은 여러 조건들은 개인의 행복을 비교했을 때 그 차이의 10~15% 정도만 설명할 수 있다고 합니다. 달리 말해 행복과 불행은 가진 자와 못 가진 자의 차이가 아니라는 겁니다. 하지만 사람들은 행복에서 그렇

---

[*]   아리스토텔레스, 같은 책, p.42, p.390

[**]   아리스토텔레스, 같은 책, p.68

[***] Luigino Bruni and Pier Luigi Porta 편저, 강태훈 옮김, 『행복의 역설』, 경문사, 2015년, p.38

행복의 경제학 : 소유와 존재의 이중주

게 작은 비중을 차지하는 조건들, 특히 돈을 얻기 위해 너무 많은 시간과 에너지를 쏟고 있습니다.[****]

경제학은 부의 극대화를 목표로 합니다. 암묵적으로 부 또는 소득이 증가하면 물질적 풍요와 더불어 삶의 만족도, 즉 행복이 증진될 것이라는 전제에 기반하고 있기 때문입니다. 이것이 경제학에 도덕적 정당성을 부여하고 있다고 할 것입니다.[*****] 결과적으로 더 높은 소득과 부를 추구하는 개인의 욕망이 경제학의 도덕적 기반이 되는 것입니다.

하지만 아리스토텔레스에 따르면 부를 목적으로 하는 경제학은 궁극적이고 자족적인 최고선을 추구하는 것이 아닙니다. 어쩌면 이스털린의 역설은 다다익선이라는 경제학의 도덕적 정당성이 '인간의 좋음'이라는 아리스토텔레스의 철학적 관점에서 볼 때 근거가 없음을 드러내는 것일지도 모릅니다.

풍족한 사회가 되었는데도 오히려 행복이 작아지는 이유를 탐구했던 경제학자 티보르 스키토프스키(Tibor Scitovsky, 1910~2002)는 행복을 증진하는 방법으로 의미 있는 활동을 제안합니다. 그에 따르면 인류의 경제 발전은 편의를 추구하는 방향으로 진행되어 왔는데, 풍요로운 사회는 과도한 편의로 인해 노력을 절약하는 사회가 되었다고 합니다. 기술 발전으로 인간의 노력을 기계적인 힘과 기계적인 방법으로 대체하게 되었다는 거죠. 문제는 그렇게 절약한 인간 에너지의 증가분을 얼마나 유용하

[****] 서은국, 『인간의 행복은 어디서 오는가 - 행복의 기원』, 북이십일, 2014년, p.104
[*****] Luigino Bruni and Pier Luigi Porta 편저, 강태훈 옮김, 『행복의 역설』, 경문사, 2015년, pp.1~2

게 쓰느냐는 것입니다.*

만일 모든 불편이 제거되고 모든 욕구가 충족된다면 인간은 무엇을 할까요? 스키토프스키는 그런 상태가 되면 인간은 자극을 찾는다고 말합니다. 다시 말해 새로움을 추구한다는 겁니다. 운동이나 오락, 레크리에이션과 같은 육체적 자극이나 예술, 철학, 과학과 같은 정신적 자극을 찾는다는 거죠.** 따라서 새로움이 욕구의 대상이자 만족의 원천이 됩니다. 그런데 스키토프스키가 보기에 사람들이 새로움을 추구하는 정도는 평균 이하입니다. 더 많은 새로움을 추구할 수 있는데 그렇게 하지 않는다는 겁니다. 그 이유 중 하나는 편의를 지나치게 탐닉하는 현대 경제가 '규모의 경제'를 추구하게 되고, 이것이 어떤 일정한 취향을 사회 전체에 강요하기 때문이라고 합니다. 경제적 관점에서 보면 같은 방식의 생활양식이 광범위하게 퍼질수록 경제적 후생이 더 커진다는 거죠. 스키토프스키는 이런 이유로 다수가 새로움이라는 자극을 포기하거나 새로움을 찾는 일이 방해를 받는다고 지적합니다.***

그렇다면 행복의 또 다른 원천은 과도한 편의를 지양하고 의미 있는 활동을 찾아서 몸을 움직여 절약한 인간 에너지를 사용하는 것이라고 말할 수 있습니다. 경제적 만족에 머무르지 않고 취미활동, 여행, 운동, 예술 감상과 체험, 봉사활동 등 비경제적 만족으로 행복의 영역을 확장하는 거죠. 이러한 활동은 소득에 기초한 소비로 균질화된 인간이 각자의 개성을 회복하고 차별화된 행복을 누리는 데 도움이 된다는 겁니다.

---

*   티보르 스키토프스키, 김종수 옮김, 『기쁨 없는 경제』, 중앙북스, 2014년, p.223

**   티보르 스키토프스키, 같은 책, pp.151~152

***   티보르 스키토프스키, 같은 책, p.293

휴먼의 행복경제학

앞서 언급한 것처럼 오늘날의 경제는 '규모의 경제'를 추구하면서 인간의 욕망과 취미를 균질화시켰습니다. 이로 인해 개인의 고유성과 개별성이 감소하게 된 겁니다. 비록 소비의 차별화나 다양화를 추구함으로써 상실된 개인의 고유성과 개별성을 메우려고 애를 쓰지만, 자본주의의 끝없는 욕망의 시스템이 작동하는 한 개인의 진정한 행복은 쉽게 얻기 어려울 것입니다.

『돈의 철학』으로 유명한 독일의 사회학자이자 철학자인 게오르그 짐멜(Georg Simmel, 1858~1918)은 다음과 같이 말합니다.

"돈은 사물의 모든 다양성을 균등한 척도로 재고, 모든 질적 차이를 양적 차이로 표현하며, 무미건조하고 무관심한 태도로 모든 가치의 공통분모임을 자처함으로써 아주 가공할 만한 평준화 기계가 된다. 돈은 이로써 사물의 핵심과 고유성, 특별한 가치, 비교 불가능성을 가차없이 없애버린다."[****]

고전학파 경제학을 집대성한 존 스튜어트 밀에게 있어 자유는 개별성을 발현하는 것이었습니다. 그는 행복은 개별성의 발현을 전제로 한다고 주장합니다. 각자에게 맞는 다양한 삶의 형태가 허용되지 않으면 인간은 행복해질 수 없다는 것입니다. "자신의 삶을 자기 방식대로 살아가는 것이 가장 바람직하다. 그 방식 자체가 최선이기 때문이 아니라, 자기

[****] 게오르그 짐멜, 김덕영·윤미애 옮김, 『짐멜의 모더니티 읽기』, 새물결, 2005년, p.42

방식대로 사는 길이기 때문에 바람직하다는 것이다."* 비록 자기 방식이 최선이 아니라고 해도 자기 방식으로 사는 것이 행복의 열쇠라는 것입니다. 이런 이유로 집단주의보다 개인주의 문화에 속한 사람들이 더 행복하다고 느끼는 것일지도 모르겠습니다.**

정신분석학자이자 사회심리학자인 에리히 프롬(1900~1980)은 사람들이 살아가는 방식에는 두 가지가 있다고 말합니다. 하나는 소유하는 것 to have이고 다른 하나는 존재하는 것to be입니다. 소유하는 삶은 나와 세상의 관계가 소유나 점유의 관계입니다. 이는 모든 사람과 물건을 내 것으로 만들고 싶어 하는 거죠. 프롬에 따르면 소비는 소유의 한 형태로 '나는 소비한다. 고로 존재한다'라는 말은 오늘날 소유하는 삶을 살아가는 사람들의 모습을 표현하고 있습니다. 프롬이 말하는 소유하는 삶은 사물에 중심을 둔 삶입니다. 반면에 존재하는 삶은 인간에 중심을 둔 삶으로 모든 것이 살아있으며 변화하고 생성한다는 것을 경험하는 것입니다. 그리고 이런 삶은 자기의 재능을 생산적으로 사용하고 세계와 하나가 되는 삶을 의미합니다.***

경제성장으로 인한 소득의 증가가 행복을 증진하지 못하는 것은 사람들이 소유의 삶을 살기 때문이 아닐까요? 프롬은 재산에 중점을 두는 소유하는 삶은 필연적으로 힘에 대한 욕망을 낳는다고 말합니다. 사실 충분히 갖는다는 것은 누구에게나 어려운 일이기 때문에 항상 타인의 것을 빼앗으려는 사람이 있다는 것입니다. 프롬에 따르면 소유하는

---

* 　　존 스튜어트 밀, 서병훈 옮김, 『자유론』, 책세상, 2022년, pp.145~146

** 　　서은국, 『인간의 행복은 어디서 오는가 - 행복의 기원』, 북이십일, 2014년, p.161

*** 　　E. 프롬, 정성환 옮김, 『소유냐 삶이냐』, 홍신문화사, 2007년, pp.33~45

삶에서 사람의 행복은 다른 사람들에 대한 우월성, 힘, 그리고 정복하고 빼앗는 능력에 달려 있습니다. 이와 달리 존재하는 삶에서는 사랑, 공유, 주는 행위에서 행복을 찾습니다.[****]

애덤 스미스도 사람은 오직 사회에서만 생존할 수 있어서 다른 사람에 대한 사랑과 연대를 통해 번영과 행복을 맛볼 수 있다고 말합니다. "인간 사회의 모든 구성원은 서로의 조력을 필요로 하지만, 마찬가지로 상호 침해에 노출되기도 한다. 그와 같은 필요불가결한 조력이 상호성을 기초로 애정, 우정, 존경 등으로부터 제공될 때 그 사회는 번영하고 행복하게 된다. 이러한 사회의 모든 서로 다른 구성원은 애정과 애착의 유쾌한 유대로 연결되어 있고, 말하자면 상호 선행이라는 하나의 공통된 중심점으로 이끌리게 된다."[*****]

20세기 대표적 지식인의 한 사람인 버트런드 러셀(Bertrand Russel, 1872~1970)은 막대한 재산 덕분에 별다른 노력 없이 온갖 변덕을 만족시킬 수 있는 생활을 하게 되면 행복의 본질적 요소를 빼앗기게 된다고 말합니다. 일상적인 욕망을 쉽게 충족시킬 수 있다면 행복은 멀리 있다는 겁니다. 그는 원하는 것 중에서 일부 부족한 상태가 행복의 필수조건이라고 말합니다.[******] 러셀은 행복의 비결을 다음과 같이 알려줍니다.

"행복의 비결은 되도록 폭넓은 관심을 가지는 것, 그리고 관심을 끄는 사물이나 사람들에게 적대적인 반응을 보이는 것이 아니라 되도록

[****]   E. 프롬, 같은 책, p.107
[*****]   애덤 스미스, 김광수 옮김, 『도덕감정론』, 한길사, 2022년, p.237
[******] 버트런드 러셀, 이순희 옮김, 『행복의 정복』, 사회평론, 2022년, p.32

따뜻한 반응을 보이는 것이다."* 이것이 호모 이코노미쿠스의 경제적 후생 극대화라는 편협함을 극복하고 휴먼이 행복한 경제학이 필요한 이유입니다.

이스털린의 역설은 풍요로운 삶과 '잘 삶'은 동의어가 아니라고 말합니다. 자신의 욕망을 손쉽게 충족시킬 만한 재산을 가지고 있다고 해도 그것이 행복을 의미하는 것은 아니라는 겁니다. 인간은 역경 속에서도 더 나은 내일을 꿈꾸는 생명체입니다. 심지어 역경을 극복하기 위해 위험을 무릅쓰고 도전해서 새로운 세상을 만들기도 합니다. 낙원은 행복의 전제조건이 아니라는 겁니다.** 모자라는 부분을 채워가는 것이 진정한 행복이라는 말처럼요.

---

*   버트런드 러셀, 같은 책, p.171

**   루트 벤호벤, 「역경 속의 행복」(Luigino Bruni and Pier Luigi Porta 편저, 강태훈 옮김, 『행복의 역설』, 경문사, 2015년, p.323)

행복의 경제학 : 소유와 존재의 이중주

나가며

조금은 긴 여정이었습니다. 처음에는 경제학의 역설과 딜레마와 함께 하는 가벼운 산책이 되리라 생각했습니다. 살면서 누구나 흔히 할 수 있는 질문에 대한 답을 찾아보는 것이었으니까요. 그런데 책을 쓰는 과정에서 점점 진지해지는 나 자신을 발견했습니다. 어쩌면 세속적인 질문이 사실은 우리 삶에서 가장 근본적인 질문이기 때문인지도 모르겠습니다. 쓰기를 잠시 멈추고 삶을 되돌아보는 순간들이 많았습니다. 생각하면서 살지 않고 사는 대로 생각했던 건 아닌지 돌이켜보기도 했습니다.

책을 쓰면서 때로는 힘에 부친 순간도 있었지만 경제학이 무엇인지 다시 한번 생각하는 좋은 기회가 되었습니다. 경제의 작동원리를 이해하고 이를 바탕으로 경제의 현재 동향을 파악하거나 미래 상태를 예측하고 조절하는 것이 경제학의 전부는 아닙니다. 경제학은 자본주의 사회

세상을 이해하는 경제학의 12 질문

를 형성해온 위대한 사상들의 저수지와 같습니다. 그 사상들은 정교한 이론으로 완성되어 우리의 물질생활뿐 아니라 전반적인 삶의 질에 적지 않은 영향을 미칩니다.

그런데 경제학이 사회에서 힘을 발휘하는 것은 논리적 정교함이나 수학적 엄밀성에 있지 않습니다. 오히려 세상을 움직이는 진정한 힘은 개념concept이나 이야기(narrative, 서사)에서 나온다고 했습니다. 정통 경제학이 들려주는 논리와 메시지를 뒤집어 생각하는 역설과 딜레마를 살펴보게 된 이유이기도 합니다.

편협한 인간관과 과도하게 비현실적인 가정을 전제로 도출한 개념과 이야기를 마치 인간 본성과 자연법칙에 기반한 것처럼 미신화하고 신비화하면 모두가 현혹될 수 있습니다. 호모 이코노미쿠스는 현실의 사람들이 개인의 합리성을 넘어 집합적 합리성을 추구할 수도 있다는 사실을 은폐합니다. 가치가 가격의 중심을 잡아주지 못하고 가격이 가치를 결정하는 세상에서는 시장 논리가 우리의 삶에 깊숙이 똬리를 틀 겁니다. 그러면 존재하는 것은 무엇이든 옳다고 믿는 시장 신앙에 빠져 질문도 없이 사는 대로 생각하는 사람이 될지도 모릅니다. 이때 필요한 것이 지금까지 살펴보았던 세속의 질문들입니다.

물론 열두 개의 질문으로 세상을 모두 고찰할 수는 없습니다. 경제학의 논리를 꿰뚫고 자본주의 역사를 조감하기에는 많이 부족할 겁니다. 하지만 본문에서 살펴본 역설과 딜레마는 세속의 질문을 고찰하는 아주 유용한 출발점이 될 수 있습니다. 경제학의 역설과 딜레마를 통해 세속적 삶에 대한 시각을 뒤집어보면 경제학이 만들어온 광활한 사상의 저수지를 탐험하는 데 많은 도움이 될 것입니다. 이 책이 여러분에게도 멋진 경제학 유람이 되었길 바랍니다. 감사합니다.

세상을 이해하는 경제학의 12 질문

PARADOXES & DILEMMAS IN ECONOMICS

세상을 이해하는 경제학의 12 질문

지은이 | 이대규

1판 1쇄 발행 | **2025년 4월 4일**

펴낸곳 | ㈜지식노마드
펴낸이 | 노창현

표지 및 본문 디자인 | 스튜디오41
등록번호 | 제313-2007-000148호
등록일자 | 2007. 7. 10

(04032) 서울특별시 마포구 양화로 133, 1201호(서교동, 서교타워)
전화 | 02) 323-1410
팩스 | 02) 6499-1411
이메일 | knomad@knomad.co.kr

값 22,000원
ISBN 979-11-92248-27-1 (13320)